OMID SCOBIE *e* CAROLYN DURAND

HARRY *e* MEGHAN

LIBERTÀ

Traduzione di Roberta Zuppet

HarperCollins

ISBN 978-88-6905-892-9

Titolo originale dell'edizione in lingua inglese:
Finding Freedom
DEY ST. / William Morrow
an Imprint of HarperCollins *Publishers*

Traduzione di Roberta Zuppet

Fotografia a p. 6: © Steve Parsons - WPA Pool/Getty Images

Prima edizione HarperCollins
agosto 2020

MISTO
Carta da fonti gestite in maniera responsabile
FSC® C021883
FSC www.fsc.org

Non andare dove il sentiero ti può portare, vai invece dove il sentiero non c'è ancora e lascia dietro di te una traccia.

RALPH WALDO EMERSON

PROLOGO

Fu un battito di ciglia. Mentre osservavamo Meghan che si lisciava la cintura del cappotto bianco ghiaccio Line the Label e si spostava una ciocca di capelli dagli occhi, lei guardò Harry, visibilmente nervoso, e gli posò la mano sulla schiena, accarezzandolo più volte nello stesso punto. Harry era abituato a stare davanti ai giornalisti, ma quel giorno era diverso. Non avrebbe promosso la causa di uno dei suoi enti benefici né esortato i leader politici a prendere sul serio il cambiamento climatico, bensì avrebbe fatto un annuncio personale: la notizia del suo fidanzamento con Meghan. Tenendosi per mano, si diressero verso la folla di fotografi in attesa, poco lontano.

«Puoi farcela» gli sussurrò Meghan mentre, usciti da un piccolo cancello sul lato di Kensington Palace, percorrevano il lungo vialetto alberato fino al Sunken Garden, che, con il suo laghetto ornamentale coperto di ninfee e il suo tripudio di viole, tulipani e begonie multicolori, era uno dei luoghi preferiti della principessa Diana nella residenza di cui un tempo era stata ospite.

Quello era il grande servizio fotografico della coppia, a cui ero arrivato solo con pochi minuti di anticipo dopo una folle corsa in autostrada alla fine di un lungo weekend nell'Oxfordshire. Carolyn era già al suo posto con il capannello di corrispondenti che ogni giorno lavorano a diretto contatto con gli uffici reali. In quanto veterani di questo drappello, riceviamo informazioni esclusive mentre talloniamo i membri senior della Royal Family britannica in patria e all'estero.

Il privilegio di seguirli così da vicino consiste nell'essere in prima linea nei momenti cruciali della loro vita. Eravamo sui gradini della Lindo Wing, l'ala privata dell'ospedale St Mary di Paddington, quando sono nati George, Charlotte e Louis. È facile dare per scontati questi attimi destinati, un giorno, a entrare nei libri di storia, ma, mentre Harry sorrideva a Meghan con la mano infilata tra le sue e le acclamazioni degli ammiratori riuniti a Kensington Gardens esplodevano in un *hip hip urrà!*, si intenerirono persino i reporter più coriacei. Fu un momento di innegabile magia.

Io e Carolyn seguivamo attentamente l'attività della famiglia reale da molto prima che Meghan entrasse a far parte della cosiddetta «Firm». Da anni viaggiamo per il mondo con William, Kate e Harry. Da Singapore alle Isole Salomone, dal Lesotho all'India, dagli Stati Uniti alla Nuova Zelanda, abbiamo condiviso gli stessi aerei e itinerari vertiginosi di questi giovani reali. Ho sempre paragonato i royal tour alle gite scolastiche o alle colonie estive, perché ti ritrovi stipato su grandi autobus e insisti per avere le camere migliori in hotel. C'è pure un senso di cameratismo, non solo tra i reporter, lo staff e gli addetti alla sicurezza, ma anche con i membri della Royal Family.

Prendete la volta che persi il passaporto a San Paolo, in Brasile. All'aeroporto stavo rovistando con foga nella borsa quando ricevetti la chiamata di un aiutante di Palazzo, con la risata inconfondibile di Harry in sottofondo. L'avevano trovato sul pavimento. Non volendo lasciarmi nei guai, il principe incaricò una delle sue guardie del corpo di portarmelo al terminal affinché potessi arrivare puntuale in Cile. Durante il nostro incontro successivo, tuttavia, Harry non mi chiamò per nome, bensì mi affibbiò il nomignolo di «Passaporto», dimostrando che gli piace fare dell'ironia.

La lontananza dalle pressioni e dall'attenzione dell'opinione pubblica britannica gli diede anche l'opportunità di parlarmi a cuore aperto. Durante quello stesso viaggio, in occasione di un piccolo cocktail party in hotel, mi confessò che avrebbe tanto voluto essere «una persona comune», con la possibilità di fare i bagagli e passare un anno in Brasile inseguendo le sue passioni. Odiava gli smartphone che gli venivano sbattuti in faccia di continuo, e certe volte il rumore degli otturatori delle macchine fotografiche professionali lo faceva star male fisicamente.

Io e Carolyn avevamo sempre saputo che Harry sognava di vivere lontano dalle mura del Palazzo ma, viaggiando con lui, specialmente in campagna, notammo che il suo desiderio di immergersi nella quotidianità della vita rurale era spesso accompagnato da una vena di malinconia. Pur sapendo che era impossibile, il principe sarebbe voluto entrare in contatto con le persone del luogo senza il trambusto che il suo arrivo provocava ogni volta.

Nutre tuttora il profondo desiderio di una normalità come quella che sua madre Diana cercò di riprodurre con le gite ai parchi di divertimento e con i pranzi da McDonald's (è curioso scoprire che, per quel bambino nato in una condizione di ricchezza e di privilegio inimmaginabili, il momento preferito di un Happy Meal era quello in cui trovava un banale giocattolo di plastica dentro la scatola).

Harry è diverso da suo fratello William, che assomiglia alla loro compassata e pragmatica nonna, la regina. È emotivo e si aggrappa a ideali utopistici ma, a modo suo, lo fa in maniera ammirevole. La sua aspirazione a uscire dalla campana di vetro del Palazzo – un desiderio che si esprime in ogni cosa, dalla tendenza a elargire abbracci durante gli impegni ufficiali alla volontà di combattere in prima linea come membro delle forze armate – è una caratteristica lodevole, anche se a volte causa problemi al resto della Royal Family.

La sua espansività gli permise di iniziare un nuovo capitolo della storia reale quando si innamorò di Meghan Markle.

Il fatto di essere un britannico di origine mista fu una delle ragioni per cui, come molti dei giovani che il duca e la duchessa di Sussex hanno inserito nell'eterogeneo gruppo dei cronisti reali, trovai affascinante l'idea delle nozze tra un'attrice americana e un membro di Casa Windsor. Per una curiosa coincidenza, conobbi Meghan prima che Harry la incontrasse. Chiacchierai per la prima volta con lei nel 2015 a un evento della Fashion Week a Toronto, dopo che ebbe rilasciato alcune interviste alla stampa sul red carpet. Nessuno si sorprese più di me quando, soltanto un anno dopo, Meg (come la chiamano gli amici più cari e ora anche suo marito) conquistò il cuore del miglior partito su questa sponda dell'Atlantico.

Come emerse fin dall'inizio della loro love story, Harry aveva trovato una donna capace di ispirarlo con interessi filantropici che soddisfacevano la sua volontà di aiutare gli emarginati. Il mondo seguì con stupore il rapido consolidarsi della loro relazione. Anch'io e Carolyn ci meravigliammo quando alcuni tabloid cominciarono ad accusare

Meghan di essere un'esigente e intrattabile arrampicatrice sociale. Parte della stampa britannica non tentò neppure di nascondere i sottintesi razziali contenuti in commenti e titoli al vetriolo.

Il ritratto che si delineò colse di sorpresa soprattutto Meghan, che, per le sue iniziative benefiche e per gli impegni ufficiali come nuova arrivata della famiglia reale, adottò lo stesso approccio deciso di cui si serve da quando, all'età di undici anni, scrisse lettere di protesta ai leader nazionali, tra cui Hillary Clinton, per lo spot pubblicitario sessista di un detersivo. Non è insolito che resti sveglia fino a notte fonda prima di un evento, facendo ricerche e preparando appunti benché abbia uno staff incaricato di svolgere proprio tale compito. «È l'unico modo che conosco» mi ha confidato. Questo è uno dei motivi che spinse il principe a dichiarare di aver trovato la «compagna di squadra» che aveva sempre cercato.

Fu dunque surreale abbracciare forte Meghan e dirle addio in una sala di rappresentanza a Buckingham Palace nel marzo del 2020, mentre concludeva il suo ultimo impegno reale in solitaria. Lei e Harry avevano preso la difficile decisione di rinunciare al ruolo di *working royals*[1] nel tentativo di proteggere la loro famiglia. Fino ad allora eravamo stati nell'opulenta Room 1844 solo per occasioni felici, come gli incontri con la regina o i ricevimenti per i media. In quel momento, invece, persino i candelabri di malachite che illuminavano i ritratti proiettavano una luce tetra mentre l'ultima arrivata della Royal Family prendeva commiato non soltanto dallo staff, ma anche da un intero stile di vita.

Io e Carolyn avevamo seguito Meghan a tutti gli impe-

[1] Membri della famiglia reale pagati per rappresentare la monarchia.

gni di quel periodo, ma era ugualmente difficile credere che non ce ne sarebbero stati altri. I collaboratori che affiancavano la coppia fin dal primo giorno piangevano la fine di quella che avrebbe dovuto essere una storia felice: due persone si innamorano, si sposano, hanno un bambino, servono la regina, punto. Invece stavano per lasciare il paese. Abbracciandomi per l'ultima volta, Meghan disse: «Non doveva andare così».

Sì, io e Carolyn avevamo assistito alle numerose battaglie pubbliche e private che Harry e Meghan avevano dovuto affrontare nei primi due anni di matrimonio. Eppure non era quello il finale del libro che avevamo immaginato di scrivere o che la coppia aveva sognato di vivere.

Di norma, i membri della famiglia reale britannica non hanno il permesso ufficiale di autorizzare una biografia. Io e Carolyn, tuttavia, siamo riusciti ad avere parecchi contatti con le persone più vicine alla *royal couple*: amici, fidati aiutanti di Palazzo, collaboratori anziani della casa reale e molti appartenenti alla cerchia interna dei Sussex. Abbiamo anche accompagnato Harry e Meghan in centinaia di tour, impegni e viaggi di lavoro, dall'Irlanda a Tonga, con l'obiettivo di creare un ritratto intimo e accurato di una coppia reale davvero moderna che, a prescindere dagli elogi o dalle critiche suscitati dalle sue scelte, è sempre rimasta fedele alle proprie convinzioni.

Omid Scobie e Carolyn Durand,
Londra, 2020

INTRODUZIONE

Quando gli ultimi bagagli arrivarono a Mille Fleurs, una tenuta di quasi due ettari alla periferia della città canadese di Victoria, Harry e Meghan, che avrebbero trascorso lì le sei settimane successive, tirarono un sospiro di sollievo. Gran parte dei loro averi era già stata sistemata prima del loro arrivo nelle lussuose cabine armadio della villa da mille metri quadri che avevano preso in affitto da un conoscente. Erano lontani anni luce da Frogmore Cottage, la loro casa a Windsor, ma non era necessariamente un male.

Benché nel corso degli impegni pubblici prima della partenza fossero apparsi sorridenti, le settimane che avevano preceduto il volo Air Canada da Heathrow alla metà di novembre del 2019 erano state tutt'altro che allegre. Dopo aver fatto causa a tre tabloid britannici per violazione della privacy e presunte intercettazioni telefoniche, il duca e la duchessa di Sussex erano più che mai nel mirino della stampa.

Harry, in particolare, non ne poteva più. *La regina non merita di meglio?*, urlava un titolo del *Daily Mail* che il principe lesse online. Non riusciva a capire perché i media fossero così determinati a distruggerli. «Queste persone sono soltanto troll pagati» avrebbe detto in seguito a un amico. «Nient'altro che troll... Ed è disgustoso.»

Scorrendo sull'iPhone, di tanto in tanto non poteva fare a meno di leggere i commenti.

Harry e Meghan mi disgustano.
Sono la vergogna della famiglia reale.
Il mondo sarebbe un posto migliore senza Harry e Meghan.

Quest'ultima opinione aveva più di 3500 like.

Harry si pentì subito di aver aperto il link. Sentiva un nodo allo stomaco ogni volta che incappava in frasi simili. «Quella in cui viviamo oggi è una società malata, e nessuno fa niente» aggiunse. «Dov'è finita la positività? Perché tutti sono tanto infelici e arrabbiati?»

A infastidirlo non erano soltanto la stampa o i troll, ma anche l'istituzione della monarchia. Non passava settimana senza che le loro questioni personali o discussioni private trapelassero, distorte, alla stampa. Lui e Meghan avevano la sensazione di potersi fidare di pochissimi membri dello staff di Palazzo. Il rapporto di Harry con William, teso già da qualche tempo, non faceva altro che deteriorarsi.

Se c'era un risvolto positivo, era la conferma che avevano fatto la scelta giusta decidendo di allontanarsi per un po' dai riflettori e dal «rumore», come lo definiva Meghan. Gli spazi aperti e il relativo isolamento della proprietà di North Saanich, sull'isola di Vancouver, sarebbero stati un toccasana, soprattutto dopo il terremoto che si era scatenato a sei mesi dalla nascita del loro primogenito, a maggio. I neogenitori avevano lavorato senza sosta, sempre sotto le implacabili luci della ribalta che accompagnano costantemente la vita dei membri della Royal Family.

Seppur circondati da una natura incontaminata, Harry e Meghan non erano affatto sereni. «In realtà, è stata tutt'altro che una vacanza» afferma una fonte vicina alla coppia. Quella che al mondo esterno sembrava una fuga idilliaca fu un periodo angoscioso, con Harry e Meghan che passavano ore a tracciare diversi scenari per il futuro. Il principe non sopportava più i pettegolezzi, i litigi continui e l'irritante tira e molla con il Palazzo.

Quel 2019 aveva regalato alla coppia diversi momenti felici nella sfera personale, primo fra tutti la nascita del piccolo Archie. Il numero di settembre di *Vogue* UK, con Meghan come *guest editor*, era stato il più venduto in assoluto, e la *capsule collection* disegnata dalla duchessa per raccogliere fondi destinati alla Smart Works, un ente benefico a sostegno delle donne disoccupate, era andata subito a ruba da Marks & Spencer e altri retailer. Di recente Harry aveva lanciato Travalyst, una nuova piattaforma per promuovere viaggi sostenibili in tutto il mondo, con cui sperava di cambiare per sempre il settore del turismo.

Harry e Meghan intendevano continuare a lavorare durante il soggiorno in Canada. Avevano molto da fare, per esempio finire di avviare la loro organizzazione no-profit e sostenere le cause degli enti benefici di cui erano testimonial in Gran Bretagna. In qualche modo, però, pareva tutto più facile nello studio della villa in Canada, una stanza rivestita di pannelli di legno che si affacciava sulle betulle e sugli abeti bianchi del giardino curato (anche se, a dire il vero, di solito i due giovani finivano per lavorare in cucina, abbandonando i MacBook di tanto in tanto per prepararsi una tazza di tè o di caffè).

La decisione di andare all'estero – e di rimanere anche a Natale, invece di tornare in Gran Bretagna per i tradizionali festeggiamenti con altri membri senior della famiglia reale a Sandringham, la tenuta di campagna della regina nel Norfolk – non fece che rafforzare la loro immagine negativa nel Regno Unito. I giornali lo definirono un «grave affronto» alla sovrana, sebbene in realtà Harry avesse concordato quei piani con sua nonna – il suo capo – prima di lasciare il paese. La regina, che vedeva regolarmente lui e Meghan da quando vivevano tutti a Windsor, l'aveva incoraggiato a partire. Dopotutto la coppia aveva trascorso gli ultimi due Natali nel Norfolk, e di tanto in tanto pure altri membri della Royal Family – compresi il duca e la duchessa di Cambridge – avevano disertato i festeggiamenti.

Ma non era ancora il momento di appendere gli addobbi natalizi. Prima occorreva pensare al Ringraziamento, e proprio in quei giorni Doria, la madre di Meghan, stava organizzando la trasferta da Los Angeles, dove abitava, a Victoria. La donna, impaziente di vedere Archie, ebbe un fitto scambio di messaggi con la figlia prima della partenza. Il suo nipotino cresceva rapidamente ed era diventato molto più alto dall'ultima volta che l'aveva visto l'estate precedente. «È nel novantesimo percentile di altezza» si vantava Meghan con le amiche, per poi tirare fuori il telefono e mostrare le foto del piccolo.

Benché la villa in Canada fosse una sistemazione temporanea, lei e Harry avevano fatto il possibile per assicurarsi che fosse a misura di bambino, coprendo gli spigoli con dei paracolpi di gomma e spostando alcuni mobili. Dato che ormai, più che gattonare, Archie si alzava in piedi aggrappandosi a tavoli e sedie, non volevano correre rischi. Avevano cercato anche di difendere la proprietà dagli assalti dei paparazzi, facendo installare una recinzione aggiuntiva lungo il perimetro per impedire che i teleobiettivi delle inevitabili macchine fotografiche interrompessero le loro passeggiate quotidiane con il piccolo nei boschi e sulle spiagge sabbiose.

Per loro, proteggere il bambino e tutelare la sua privacy era la priorità assoluta. Avevano cominciato evitando di dargli un titolo reale. Harry aveva conosciuto il lato oscuro di un'infanzia sotto la campana di vetro del Palazzo, vedendo sua madre inseguita senza sosta dai paparazzi, e Meghan non aveva tardato a imparare la stessa lezione. Perciò volevano entrambi dare al figlio la possibilità di scegliere il proprio destino, anziché essere costretto ad accettare quello imposto dai suoi natali illustri.

Quei primi giorni nella villa sul mare restituirono loro la pace di cui avevano bisogno. Per la prima volta dopo mesi, Harry e Meghan – che iniziavano le giornate praticando yoga e preparando la colazione insieme – provarono un senso di calma. Tuttavia, nonostante il silenzio che li circondava, erano in agitazione. Dopo quasi tre anni di costanti attacchi da parte della stampa britannica e una famiglia che, a loro avviso, non aveva fatto abbastanza per aiutarli, le cose dovevano cambiare. Non sapevano ancora come e con quali conseguenze, ma erano certi di dover seguire il loro cuore.

1

LONDRA

La prima mattina dopo essere atterrata a Londra, nel giugno del 2016, Meghan andò dritta da Selfridges. La giovane attrice americana aveva uno scopo ben preciso: acquistare delle scarpe nuove.

Nel grande magazzino in Oxford Street vagò per gli oltre tremila metri quadri del reparto calzature – il più grande del mondo – esaminando le creazioni dei suoi stilisti preferiti, tra cui Stella McCartney, Chloé e Marc Jacobs, per vedere se riuscisse a trovarne un paio all'altezza di quei prezzi scandalosi. Anche se *Suits*, la famosa serie televisiva in cui recitava, era ormai arrivata alla sesta stagione, Meghan era ancora oculata nelle spese. Avendo trascorso parte dell'infanzia in un appartamento angusto nel cuore di Los Angeles, ed essendo figlia unica di genitori divorziati, non amava sprecare soldi per oggetti che sarebbero passati rapidamente di moda. Se doveva investire in qualcosa, voleva che fosse un acquisto duraturo, come le scarpe con il tacco a spillo di Sergio Rossi. Apprensiva come da bambina, a volte Meghan aveva ancora la sensazione che le cose belle potessero scomparire da un momento all'altro.

Ma quel mattino di fine giugno, circondata da costosi

sandali e tacchi a spillo, la tentazione di fare una spesa folle le pareva perdonabile.

Meghan era appena tornata da un favoloso weekend tra ragazze sull'isola greca di Idra, un viaggio che aveva organizzato per festeggiare le nozze imminenti di Lindsay Roth, una delle sue migliori amiche fin dai tempi del college. Come damigella d'onore, aveva preso sul serio i suoi doveri, programmando le giornate con svariate attività: escursioni, nuotate, sonnellini e cucina locale dell'isola che, situata a due ore di navigazione da Atene, si può visitare soltanto in bicicletta o in groppa a un asino.

Il weekend era stato ben diverso dai tipici addii al nubilato in stile Las Vegas, durante i quali si sale su una limousine e ci si ubriaca in discoteca, indossando per tutto il tempo cerchietti con corna a forma di fallo. Il gruppo di donne aveva infatti trovato piaceri più raffinati nel sole e nel mare del Mediterraneo, nelle insalate greche e nel pesce fresco, nel vino e nella compagnia reciproca.

Il viaggio aveva avuto l'impronta inconfondibile di Meghan: semplice ma lussuoso, divertente ma sobrio e intimo, e organizzato nel minimo dettaglio. Fin da quando era una studentessa costretta a barcamenarsi tra la scuola e diversi lavori, facendo provini su provini per ottenere una particina e poi diventando una celebrità della TV e lanciando persino un popolare sito di lifestyle, Meghan ha sempre avuto un obiettivo chiaro: lavorare sodo per mettere a fuoco i suoi piani e poi realizzarli.

Il viaggio a Londra non fece eccezione. Selfridges era soltanto la prima tappa dell'itinerario che aveva programmato prima di arrivare. Aveva una lista di ristoranti dove voleva mangiare, di bar dove voleva bere un drink e di persone che voleva conoscere.

Era un periodo gratificante per la trentaquattrenne. Il successo nel competitivo mondo dello showbiz, che aveva cominciato a offrirle opportunità di ogni tipo, era frutto della fiducia in se stessa, della perseveranza e dell'impegno che aveva dimostrato fin da bambina.

La sicurezza di sé mostrata da Meghan è, almeno in parte, merito della devozione dei suoi genitori. Sua madre, Doria Ragland, e suo padre, Thomas – che si conobbero sul set di *General Hospital*, dove lui faceva il direttore delle luci e lei l'apprendista truccatrice –, divorziarono dopo due anni di matrimonio, ma rimasero uniti per amore della figlia, crescendola insieme senza troppi attriti, optando per la custodia congiunta e festeggiando le ricorrenze insieme.

Il segno più tangibile del loro affetto, a ogni modo, fu l'impegno per l'istruzione di Meghan. Nessuno dei due poté frequentare subito il college, anche se Doria conquistò un banco nella classe riservata agli studenti più dotati alla Fairfax High School di Los Angeles. Dopo il diploma lavorò nel negozio d'antiquariato di suo padre, Alvin Ragland, e in un'agenzia di viaggi, i primi di una lunga serie di impieghi. Si iscrisse al college solo molto più tardi, perché la sua famiglia non poteva permettersi di pagarle la retta. Memore delle difficoltà economiche che incontrò per la mancanza di una laurea, inculcò a Meghan l'importanza degli studi universitari.

Per l'istruzione di Meghan, entrambi vollero il meglio del meglio, a partire dalla Little Red Schoolhouse, una piccola e prestigiosa scuola elementare privata, frequentata fin dagli anni Quaranta dall'élite di Hollywood (tra cui Johnny Depp e Scarlett Johansson). Poi Meghan frequentò le medie e le superiori all'Immaculate Heart, un istituto femminile cattolico a Los Feliz.

Consapevole di quanti sacrifici i suoi genitori avevano fatto per mandarla in quelle scuole, riteneva che quel privilegio implicasse una certa responsabilità personale. «Mia madre e mio padre sono di umili origini, così hanno scelto di dare molto [...] compiendo silenziosi gesti di gentilezza, per esempio un abbraccio, un sorriso o una pacca sulla spalla per fare coraggio alle persone in difficoltà» scrisse nel 2016 sul suo blog *The Tig*. «Sono cresciuta vedendo questo, perciò è questo che sono diventata.»

Meghan aveva determinazione da vendere. Sempre la prima ad alzare la mano quando la maestra faceva una domanda o cercava una volontaria per leggere ad alta voce, aveva il massimo dei voti e non saltava mai una lezione. La sua coscienziosità non emerse solo a scuola. Quando, da piccola, si imbatté in un senzatetto sulla strada, chiese alla madre: «Possiamo aiutarlo?». Non è insolito che i bambini vogliano dare una mano ai bisognosi, ma Meghan dimostrò di essere diversa dagli altri perché non se ne dimenticò una volta che furono passate oltre. Per il resto della giornata, e per molto tempo dopo, fu tormentata dalla domanda: *Cosa posso fare?*

A dieci anni andò per la prima volta all'estero, in Giamaica. Doria non la portò nelle località dove si ferma la maggior parte dei turisti, bensì nei quartieri degradati, per mostrarle come vivessero le persone più sfortunate. A tredici anni Meghan fece la volontaria in una mensa per i poveri nello Skid Row, un quartiere fatiscente di Los Angeles. «Il primo giorno ho avuto davvero paura» dichiara. «Ero una ragazzina, e laggiù la realtà era brutale. Pur essendo circondata da uno straordinario gruppo di volontari, mi sono fatta prendere dal panico.»

Indecisa se tornare oppure no, chiese consiglio a Maria Pollia, la sua insegnante di religione all'Immaculate Heart. Maria, una volontaria dei Catholic Workers, aveva molta esperienza nel lavoro con gli emarginati e voleva spingere la giovane studentessa coscienziosa a seguire il suo esempio.

«La vita consiste nell'anteporre le esigenze degli altri alle proprie paure» disse. Quelle parole convinsero l'adolescente a tornare alla mensa.

«Non ho mai dimenticato il suo insegnamento» afferma Meghan.

La sua determinazione ad aiutare gli altri e a eccellere in ogni cosa fece sì che spesso venisse giudicata «falsa» dai compagni di scuola, convinti che fosse impossibile essere tanto «perfetti». Meghan, però, non si riteneva affatto perfetta. Anzi, non di rado aveva la sensazione di avere ancora molto da dimostrare. Siccome era di origine mista e non sempre sapeva quale fosse il suo posto, una parte di lei voleva soltanto che le persone apprezzassero le sue capacità. Non le piaceva l'idea di essere considerata una perdente.

Alle superiori la sua risolutezza continuò a rafforzarsi. Meghan entrò in ogni circolo possibile e immaginabile, dal comitato per l'annuario scolastico alla compagnia teatrale Genesian Players. Fu eletta reginetta del ballo. Attrice nata e sempre in cerca di elogi, stava dando grande prova di sé.

«Lavorava incredibilmente sodo. Ero affascinata dalla forte etica del lavoro che aveva nonostante la giovane età» ricorda Gigi Perreau, che fu sua insegnante di recitazione per diversi anni. Meghan si buttava a capofitto anche nel ruolo più irrilevante, come quando interpretò una segretaria in una produzione di *Annie*.

Spesso Thomas dava una mano con le scenografie per gli spettacoli scolastici e «assisteva al maggior numero possibile di rappresentazioni» aggiunge la Perreau. «Vedevi sempre il suo viso tra il pubblico, raggiante d'orgoglio per la sua bambina.»

Thomas svolse un ruolo importante anche nella trasformazione di Meghan in femminista e, come si definisce lei stessa, «paladina dei diritti delle donne». Quando aveva undici anni, la sua classe stava guardando un programma televisivo quando andò in onda lo spot di un detersivo per i piatti con lo slogan *Le donne di tutta l'America sfidano l'unto di pentole e padelle.* Un bambino seduto vicino urlò: «Sì, è quello il posto delle donne, la cucina!».

Thomas suggerì a Meghan, indignata dall'episodio, di spedire lettere di protesta contro lo spot. La ragazzina scrisse alle «persone più potenti che mi sono venute in mente», tra cui la first lady Hillary Clinton, la conduttrice di Nickelodeon Linda Ellerbee e l'azienda produttrice del detersivo. Risposero tutti. Meghan ricevette una lettera dalla Casa Bianca, l'emittente televisiva trasmise un'intervista alla bambina e la ditta modificò lo slogan in *Le persone di tutta l'America sfidano l'unto di pentole e padelle.*

Alle superiori la passione di Meghan per la recitazione diventò un obiettivo professionale, ma sua madre – sempre convinta dell'importanza dell'istruzione universitaria – le consigliò di laurearsi, desiderando che la figlia avesse un titolo di studio in caso non fosse riuscita a sfondare come attrice. Non fu un problema per Meghan, che aveva deciso di non sostenere audizioni professionali fin dopo il diploma e che si era già assicurata un posto alla Northwestern University.

Stava frequentando quel college privato, situato in un sobborgo di Chicago e considerato una delle migliori università del paese, quando ottenne la sua prima particina nel video musicale della canzone *1000 Oceans* di Tori Amos. Un battito di ciglia e potreste perdervi il cammeo in cui Meghan interpreta una passante che osserva un'angusta scatola di vetro con dentro la cantante, ma guadagnò 600 dollari e, di lì a qualche settimana, fece un provino per un altro ruolo in un video di Shakira (non lo ottenne, anzi non fu più ingaggiata finché non comparve in *General Hospital* durante l'ultimo anno di college).

Alla Northwestern, ancora una volta, si ritrovò perlopiù circondata da studenti facoltosi che venivano da famiglie facoltose. Beneficiaria di una borsa di studio, si destreggiava tra i corsi e diversi lavori part-time per pagarsi vitto, alloggio e tasse universitarie. Questo, in aggiunta agli incarichi di baby-sitter che accettava per far fronte alle spese extra, ai ruoli che interpretava per la specializzazione in teatro e al volontariato.

«Non riesco a capire dove trovi il tempo» disse una buona amica che la accompagnò in segreteria per l'assegnazione di un nuovo lavoretto, stupita dalla sua capacità di conciliare lo stress e il rigore della carriera universitaria con gli altri impegni. «Come fai a fare tutte queste cose?»

Evitando di fare baldoria come la maggior parte degli studenti del college. Gli amici non incrociavano mai Meg, come la chiamavano, in un bar nelle serate infrasettimanali. Il venerdì sera, quando le altre ragazze della sua confraternita andavano alle feste, Meghan faceva la baby-sitter a casa di qualche professore. Riuscì a entrare nella Kappa Kappa Gamma, trasferendosi nella sede dell'organizzazione e conoscendo alcune delle sue amiche più care, come Genevieve Hillis e Lindsay. Ma persino la sua vita da membro della *sorority* ricordava meno *Animal House* e più quella di Elle Woods, la protagonista di *La rivincita delle bionde.*

Come responsabile delle candidature e del reclutamento, era incaricata di trovare nuovi membri e di farli sentire i benvenuti. Raccoglieva anche fondi a scopo benefico con eventi come una maratona di danza, a cui partecipò con le altre studentesse della confraternita. Le giovani ballarono per trenta ore per aiutare la Team Joseph, una no-profit impegnata nella ricerca di una cura contro la distrofia muscolare di Duchenne. «Fu molto stancante» ha ammesso Meghan.

Al terzo anno aveva ormai accumulato quasi tutti i crediti universitari, così con l'aiuto di Mick, il fratello maggiore di suo padre, riuscì a fare uno stage presso l'ambasciata americana a Buenos Aires. In famiglia nessuno sapeva esattamente cosa facesse lo zio Mick o se il suo lavoro nel settore delle comunicazioni a Buenos Aires fosse, in realtà, una copertura per un incarico alla CIA. A ogni modo, i suoi contatti permisero alla ventenne di allargare i propri orizzonti oltre il palcoscenico.

«Alla Northwestern ero sempre stata fissata con il teatro. Sapevo di voler recitare, ma odiavo l'idea di incarnare il cliché della ragazza di Los Angeles che decide di fare l'attrice» ha raccontato Meghan a *Marie Claire*. «Volevo di più e avevo sempre amato la politica, così ho finito per cambiare totalmente la mia materia di specializzazione, conseguendo una doppia laurea in teatro e relazioni internazionali.»

Sostenne il competitivo Foreign Service Officer Test, un requisito indispensabile per diventare funzionario del Dipartimento di Stato, restando molto delusa quando non lo superò. Non era avvezza ai fallimenti. Fu un brutto colpo per l'autostima che aveva sempre cercato di proteggere.

Così, dopo essersi laureata, tornò a Los Angeles nel

2003. Era un'attrice in erba che, tra un'audizione e l'altra, si manteneva con qualche lavoretto, compreso un incarico temporaneo come calligrafa. L'anno successivo fu assunta da Paper Source, una cartoleria di lusso a Beverly Hills, dove le offrirono un corso di formazione di due ore in calligrafia, confezioni regalo e rilegatura. Mentre lavorava lì preparò le partecipazioni di nozze per il matrimonio, celebrato nel 2005, dell'attrice Paula Patton con il cantautore Robin Thicke.

I primi anni di «caccia ai provini», come l'avrebbe definita in seguito, furono scanditi da lunghi periodi di disoccupazione. E quando otteneva delle parti – per esempio, quella della ragazza sexy nella commedia romantica *Sballati d'amore* del 2005 con Ashton Kutcher – non erano esattamente ruoli da Oscar.

Nel 2006 diventò valletta in *Deal or No Deal*, una delle ventisei donne vestite tutte uguali, ciascuna con in mano una valigetta color argento contenente una somma compresa tra un centesimo e un milione di dollari. Il gioco a premi televisivo della NBC non era soltanto una fonte di guadagno regolare, ma anche un programma di enorme successo. Dopo l'esordio nel dicembre del 2005, la prima stagione totalizzò in media dai dieci ai sedici milioni di spettatori a puntata. Benché le stagioni seguenti abbiano registrato un notevole calo, il quiz continuò a essere molto seguito, generando una serie in syndication e una schiera di prodotti collegati come videogame e giochi da tavolo.

«Buonasera, signore!» diceva il conduttore, Howie Mandel, alle perfette vallette in fila sul set.

«Buonasera, Howie!» rispondevano in coro le ragazze.

Questa era la formula d'apertura delle trentaquattro puntate a cui Meghan partecipò nel 2006 e nel 2007. Nel ruolo di valletta #24, come le altre modelle, apriva la valigetta ogni volta che il concorrente chiamava il suo numero con la speranza di vincere un milione di dollari.

Meghan e le altre donne registravano fino a sette puntate al giorno. La necessità di girarne così tante in così poco tempo imponeva lunghe giornate di lavoro. Dopo, quasi tutte le modelle amavano uscire insieme, a volte senza neppure struccarsi prima di precipitarsi a fare l'happy hour. Non Meghan. Pur essendo abbastanza cordiale, non si aggregava mai alle colleghe. «Era simpatica a tutte» dichiara Leyla Milani, un'altra valletta, «ma non appena finivamo, correva a fare qualcos'altro.» Come al college, Meghan lavorava quando le sue coetanee si rilassavano. Si teneva occupata persino durante le pause sul set. «Quando le altre ragazze spettegolavano o chiacchieravano» aggiunge Leyla, «lei se ne stava per conto suo a leggere copioni e a prepararsi per i provini.»

Dopo due stagioni nel programma Meghan era pronta ad appendere la valigetta al chiodo. Nei tre anni successivi continuò a fare audizioni, ottenendo una parte in uno spot della Tostitos e piccoli ruoli in alcuni film e serie televisive, tra cui *Come ammazzare il capo... e vivere felici*, *CSI: New York*, *Supercar*, *Senza traccia* e *Til Death – Per tutta la vita*. Nel 2008, in una puntata in due parti del reboot di *90210* trasmessa su The CW, Wendy, il suo personaggio, finiva nei guai quando la pizzicavano a fare sesso orale con lo studente playboy Ethan Ward nel parcheggio della scuola. Meghan esitò a girare la scena, ma le aspiranti attrici non possono fare le schizzinose.

Non si perse mai d'animo, nemmeno quando credeva di non aver superato il provino per il ruolo della splendida e disinvolta assistente Rachel Zane in *Suits*, una nuova serie dello USA Network. Invece di piangere e di tornare a casa a rimpinzarsi di gelato, chiamò il suo agente.

«Temo di non avercela fatta» disse. «Devo riprovarci.»

«Ormai è andata» rispose l'altro. «Concentrati sul prossimo provino.»

2

HARRY TI PRESENTO MEGHAN

All'arrivo di Meghan a Londra, erano passati cinque anni da quando si era trasferita a Toronto per recitare in *Suits*, e la sua vita era lontana anni luce da quella della sconosciuta attrice di Los Angeles che andava ai provini con una Ford Explorer scassata, senza avere abbastanza soldi per ripararla quando le chiusure automatiche si bloccarono (ragione per cui era entrata per cinque mesi dal bagagliaio).

Sebbene il suo ruolo nel *legal drama* dello USA Network non l'avrebbe resa una VIP in città come Los Angeles o New York, ben presto i canadesi iniziarono a considerarla una celebrità. Anche mentre il suo astro era in ascesa, Meghan non smise mai di darsi da fare per moltiplicare le proprie opportunità. Dopo aver incaricato l'agenzia di PR londinese Kruger Cowne di promuovere la sua immagine, cominciò a guadagnare più di 10.000 dollari ad apparizione per presentarsi sui red carpet. Per esempio, partecipò al lancio della collezione di Marchesa Voyage per Shopstyle a New York nel settembre del 2014, e tenne discorsi al Dove Self-Esteem Project a Toronto e al Women in Cable Telecommunications Signature Luncheon a Chicago nel 2015.

Quando firmò il contratto con la Kruger Cowne, Meghan entrò in contatto anche con l'APA, una delle più grandi agenzie di talenti del mondo, per farsi notare come influencer grazie a *The Tig*, il blog di lifestyle che aveva lanciato nel 2014. Pensato come luogo dove condividere le sue passioni (cibo, moda e viaggi, oltre a temi sociali come la parità di sesso) dal «punto di vista di un'ambiziosa ragazza della porta accanto», il sito prendeva il nome dal Tignanello, il corposo vino rosso che l'aveva conquistata al primo sorso.

«È stata la mia prima illuminazione. Finalmente ho capito cosa si intendesse per corposità, struttura, affinamento e lacrime di vino» scrive. «*The Tig* è il mio soprannome per quando ottengo un risultato. Non soltanto riguardo al vino, ma a ogni cosa.»

Non era la prima volta che Meghan usava Internet non solo per esprimersi, ma anche per rivolgersi agli altri. Dal 2010 al 2012 aveva tenuto *The Working Actress*, un blog anonimo che descriveva le insidie e i trionfi di chi lotta per sfondare a Hollywood. A scuola aveva sempre amato scrivere e, a un certo punto, aveva persino pensato di diventare giornalista, così da sfogare creatività e frustrazione. *The Working Actress* documentava i momenti di gioia quando Meghan otteneva una parte, e la disperazione e il senso di rifiuto che gli attori provano ogni volta che non vengono presi per un ruolo, in un settore spesso basato più sull'aspetto fisico che sul talento. Benché Meghan non abbia mai ammesso pubblicamente di essere l'autrice del popolare blog, gli addetti ai lavori riconobbero ben presto il suo tocco nei consigli intelligenti e negli aneddoti sinceri.

Se *The Working Actress* era crudo e candido, *The Tig* era raffinato e ottimista. A prescindere dai contenuti – Meghan che passeggiava lungo una costa frastagliata con un impeccabile cappotto color cammello, un *Tig Talk* (una rubrica del blog) con amiche famose come l'attrice Priyanka Chopra o la ricetta della zuppa di broccoli piccante con semi di canapa –, il sito era un'assoluta delizia per gli occhi, e Meghan sperava che sarebbe diventato «un vivaio di idee ed emozioni per uno stile di vita ispirato».

Il volto nuovo del suo ambiente lavorativo era Violet von Westenholz, PR di Ralph Lauren, che aveva fissato diversi eventi durante il viaggio di Meghan a Londra, dove l'attrice sarebbe stata una dei tanti testimonial del brand. Oltre che nel mondo della moda, Violet era conosciuta anche nell'alta società inglese. Suo padre, il barone ed ex sciatore olimpico Frederick Patrick Piers von Westenholz, era uno dei più vecchi e cari amici del principe Carlo, perciò Violet e i suoi fratelli erano cresciuti sciando in Svizzera con William e Harry.

Sull'agenda di Meghan c'era anche Wimbledon. Siccome Ralph Lauren era lo sponsor incaricato del merchandise ufficiale, Violet si occupò dei biglietti e dei pass. Nel secondo giorno del torneo, Meghan era seduta sugli spalti a tifare per l'amica Serena Williams, che aveva conosciuto a una festa per il Super Bowl a Miami nel 2010. Tra tutte le star e gli atleti presenti, le due erano «entrate subito in sintonia», come avrebbe ricordato Meghan più avanti. Chiacchierando dei «soliti argomenti di cui si parla tra ragazze», si erano scattate foto a vicenda con i telefoni.

A Wimbledon, tuttavia, Meghan aveva un'espressione seria mentre seguiva lo scontro tra Serena e Amra Sadiković. Era la prima a sollevare il pugno in aria quando la sua amica segnava un punto o ad alzarsi per applaudirla quando vinceva un set. Prima di conoscere Serena, non si intendeva molto di tennis, ma ormai era una fan.

Si allontanò dal proprio posto solo per andare al VIP

bar, dove, riconoscendo l'attore britannico Dominic Cooper – l'affascinante protagonista della serie TV *Preacher* –, confessò in tono scherzoso di aver avuto una piccola cotta per lui e si domandò se andare a parlargli. Alla fine decise di no. Era troppo impegnata a divertirsi con le sue amiche.

Violet non era stata l'unica a fissare appuntamenti per Meghan a Londra. Qualche mese prima che la giovane arrivasse in città, Jonathan Shalit – che ha avuto il merito di lanciare Simon Cowell, Mel B e altre celebrità televisive britanniche – l'aveva reclutata per la Roar, la sua agenzia di talenti. La speranza era che Meghan prendesse dimestichezza con un nuovo mondo, magari conducendo un programma di cucina.

L'interesse di Jonathan per l'attrice americana come protagonista di un'eventuale trasmissione su cibo, viaggi e cultura era nato da *The Tig*, e quella era esattamente l'occasione che Meghan si era augurata di avere grazie al blog.

«C'è un progetto ed è di ampio respiro» dichiarò riferendosi a *The Tig*, che sognava di trasformare in un ricettario o in un marchio di lifestyle. «Le opportunità sono infinite.»

Se Gwyneth Paltrow, l'attrice che è diventata una guru del lifestyle e ha tramutato il suo sito *Goop* in un impero da duecentocinquanta milioni di dollari, era una fonte di ispirazione imprescindibile nell'ambito del marketing, Meghan trovò un altro modello, molto più accessibile, in Jessica Mulroney, l'influencer di lifestyle più importante del Canada, oltre che una carissima amica.

Jessica e suo marito Ben, figlio maggiore dell'ex primo ministro canadese Brian Mulroney e conduttore del programma di intrattenimento *eTalk*, erano la giovane coppia del momento, la più popolare in città. Jessica aveva sfruttato l'illustre reputazione della sua famiglia acquisita e il proprio gusto per la moda per sfondare come influencer, stylist e wedding planner. Il suo feed di Instagram era pieno di fotografie raffiguranti idilliache scene domestiche. Uno scatto, per esempio, la ritrae seduta sul pavimento mentre legge un libro ai suoi adorabili gemelli, Brian e John. Con i lunghi capelli castani dalla messa in piega impeccabile e gli occhi azzurri orlati dalle ciglia nere, ha le gambe snelle accavallate e un paio di scarpe nere dal vertiginoso tacco a spillo.

Dopo che un giornalista di moda locale le ebbe presentate, Jessica non solo incoraggiò Meghan a seguire la stessa strada, ma la introdusse in un entusiasmante ed effervescente contesto sociale ricco di iniziative benefiche di alto profilo, inaugurazioni di nuovi locali, ristoranti favolosi e star del calibro di Michael Bublé. Jessica e Ben erano buoni amici del cantautore canadese e di sua moglie, l'attrice e modella argentina Luisana Lopilato, i cui party per pochi intimi nella loro casa di Vancouver erano eventi molto ambiti. Quando Meghan si assicurò un posto al tavolo di Bublé nel novembre del 2015, raccolse il materiale per un post sulle canzoni natalizie preferite del cantante, intitolato *Tig Tunes with Michael Bublé*.

Nel 2016 *The Tig* e l'account Instagram di Meghan avevano raggiunto un seguito abbastanza grande da autorizzarla a sognare opportunità anche al di fuori di *Suits*. Spinta da un desiderio di cambiamento, aveva firmato un contratto con un'agenzia letteraria negli Stati Uniti e stava trattando per la pubblicazione di un libro di cucina per sfruttare la nuova piattaforma. Mentre Meghan era a Londra, Jonathan – sempre vestito con gilè nero, camicia bianca, cravatta a righe e calzini a tinte vivaci – immaginò un programma in cui l'attrice viaggiasse per il mondo, scoprendo nuovi cibi con una particolare attenzione alla sostenibilità. Un ibrido tra la conduttrice e modella Padma Lakshmi e lo chef Anthony Bourdain, insomma.

Jonathan non fu l'unico del settore di una certa fama con cui Meghan entrò in contatto mentre si trovava nella capitale britannica. Incontrò anche Piers Morgan, il conduttore di *Good Morning Britain*, allo Scarsdale Tavern, un pub a Kensington. «Sono a Londra per una settimana» gli aveva scritto in un messaggio diretto su Twitter dopo essere arrivata. «Mi piacerebbe passare a salutarti!» Non si erano mai visti prima, ma era ansiosa di conoscere la controversa e schietta personalità dietro gli scandalosi tweet su Donald Trump, di cui Piers era diventato amico-nemico in *Celebrity Apprentice*, un reality show della NBC.

Meghan entrò nel pub buio e accogliente «come l'incarnazione stessa della superstar di Hollywood» riferì Piers al *Daily Mail*, «molto magra, con le gambe chilometriche, elegantissima e incredibilmente glamour. Aveva persino gli immancabili occhialoni neri, tanto amati dagli attori di Los Angeles».

Per due ore Meghan sorseggiò Dirty Martini mentre discutevano delle regole per la detenzione di armi, della sua carriera, dei suoi sogni infantili di diventare presidente degli Stati Uniti o giornalista televisiva e delle sue origini miste. Piers era affascinato.

Poco prima delle otto, Meghan lo salutò perché aveva una cena al 5 di Hertford Street con Misan Harriman, il cui padre, Hope Harriman, era uno dei padri fondatori della Nigeria moderna. Misan – creatore del sito whatwesee.com e direttore della rete globale British Polo Day – assisteva spesso alle partite di polo con il principe William e Kate Middleton.

Misan aveva invitato Meghan al club-ristorante per soli membri a Mayfair, ritenuto uno dei circoli più prestigiosi del mondo. Tra le celebrità che avevano varcato la soglia dell'anonima porta bordeaux in Hertford Street per cenare a lume di candela in quelle sale private figuravano George e Amal Clooney, Mick Jagger e la principessa Eugenie, cugina di Harry. Anche se forse Meghan apprezzò la possibilità di sorseggiare Gin Fizz nella luce soffusa del locale, ciò che aspettava con impazienza era l'appuntamento al buio della sera successiva.

Era estate, ed era appena tornata single. Benché avesse troncato da poco una relazione di due anni (il primo legame serio che aveva avuto dopo il divorzio nel 2013), credeva ancora fermamente nell'amore eterno. Durante il soggiorno a Londra, però, disse in tono scherzoso a un amico che si sarebbe accontentata di «un bel gentiluomo inglese con cui flirtare».

Solo che quell'incontro non sarebbe stato con un tipo qualunque. Durante il pranzo del 1° luglio Meghan rivelò l'identità dell'uomo misterioso a Gina Nelthorpe-Cowne, la sua agente a Londra. Le due donne, che si erano conosciute allo One Young World Summit del 2014, avevano fatto insieme numerosi viaggi di lavoro all'estero e persino una vacanza a Malta nel marzo del 2015. Perciò l'attrice reputava Gina un'amica e sentiva di potersi confidare con lei.

«Questa sera ho un appuntamento al buio» disse timidamente dopo aver finito la sua insalata al ristorante Delaunay, vicino a Covent Garden.

«Con chi?» chiese l'altra. «Lo conosco?»

Emozionata, Meghan si chinò sussurrando: «Sono sicura di sì. È il principe Harry».

Sbalordita, Gina domandò sottovoce: «Sai in che guaio ti stai cacciando?».

«Be', sarà un'esperienza interessante, se non altro passerò una serata divertente.»

«Potrebbe essere una *pazzia*» osservò Gina, facendole presente che i tabloid britannici ci sarebbero andati a nozze. «Sarai la donna più ricercata del mondo.»

Meghan preferì non correre col pensiero così lontano, soprattutto perché colei che aveva fissato l'appuntamento con il principe aveva detto: «Proviamo a mettervi nella stessa stanza e vediamo cosa succede».

Nonostante le voci secondo cui a organizzare l'incontro fu Violet von Westenholz, a metterci lo zampino furono perlopiù Misha Nonoo e Markus Anderson, due amici di Meghan (anche nella sua cerchia più stretta, la *royal couple* preferisce mantenere il riserbo su chi le abbia fatto da cupido. All'epoca Meghan diede agli amici un unico indizio, definendo il primo appuntamento con Harry «una felice coincidenza»).

Soho House è un circolo privato riservato ai soci, con sedi sparse in tutto il mondo. Il canadese Markus, responsabile della *membership* globale, si assicurava sempre che l'attrice ricevesse un trattamento ineccepibile nella loro sede di Toronto. L'edificio georgiano del XIX secolo, la cui porta è protetta da una tenda di velluto e da una corda, è stato convertito in oasi esclusiva al costo di ben otto milioni di dollari. Meghan, che aveva un séparé riservato al terzo piano quando si recava lì per un drink, trascorse più di un pomeriggio rannicchiata con il suo MacBook su una poltrona di cuoio della biblioteca, impegnata a scrivere sul blog o a chiacchierare con i colleghi di *Suits*.

Markus la presentò a molti personaggi di spicco dell'economia e della cultura, sia in Canada sia all'estero. Durante un pranzo alla Soho House di Miami fu lui ad assegnarle il posto accanto a Misha, una stilista emergente dalla personalità vivace e dal lignaggio impeccabile. L'occasione per il viaggio a Miami nel dicembre del 2014 fu Art Basel, una fiera dell'arte che riunisce i ricchi e i famosi di tutto il mondo per una settimana di feste ed eventi di ogni tipo e portata. Markus invitò Meghan, appassionata d'arte, nel centro dell'azione, la Soho Beach House, perché prendesse un po' di sole, ammirasse le opere e si divertisse.

L'evento alla Soho House, la sede perfetta per stringere nuove amicizie e stabilire contatti, vide Misha e Meghan entrare subito in sintonia. Nata nel Bahrein ma cresciuta in Inghilterra, la stilista bionda, che si divideva tra New York e Londra, aveva frequentato la facoltà di Economia a Parigi prima di fare il suo ingresso nell'universo della moda. *Art+Auction* aveva inserito il suo bellissimo e influente marito, Alexander Gilkes, nella lista delle cento persone più potenti del mondo dell'arte dopo che aveva fondato la casa d'aste online Paddle8. Alexander, ex compagno dei principi William e Harry a Eton, aveva conosciuto Misha quando lei aveva diciassette anni, e si erano sposati a Venezia sette anni dopo, nel 2012. Alle loro nozze si era esibita nientemeno che Lana Del Rey.

Meghan rimase subito affascinata dal glamour spontaneo di Misha, e la stilista reagì nello stesso modo al candido interesse dell'attrice. «È una donna sorprendente e molto simpatica» dichiarò Misha.

Prima della fine del pranzo le due si scambiarono qualche informazione e si taggarono a vicenda su Instagram.

Misha, intelligente e graziosa, parlò di nuove opportunità di lavoro a Meghan, che era ansiosa di allargare i propri orizzonti sociali e professionali. Adorava la compagnia della stilista, che un'amica definisce «una di quelle ricche ragazze aristocratiche sobrie e spigliate». Ogni volta che Meghan andava a New York alloggiava nell'appartamento di Misha nel West Village, dove la donna e suo marito ospitavano regolarmente un variegato gruppo di persone interessanti.

Ma non era un'amicizia a senso unico. Nel novembre del 2015, quando Misha entrò nella rosa dei finalisti dei prestigiosi CFDA/*Vogue* Fashion Fund Awards durante la New York Fashion Week, Meghan fece colpo sul red carpet indossando uno dei suoi modelli alla cena della premiazione. Il giorno dopo la sua foto con il miniabito color argento dalla scollatura profonda comparve ovunque. Una grande spinta per la promettente collezione di Misha.

Quando le due si conobbero Meghan aveva una relazione seria benché avesse divorziato solo un anno e mezzo prima.

Aveva ventitré anni quando si innamorò del suo primo marito, Trevor Engelson, un giovane e sfacciato produttore emergente che nel 2009 *The Hollywood Reporter* inserì nella sua lista «Top 35 Under 35». La coppia si frequentò per sette anni prima che Meghan, che all'epoca ne aveva trenta, e Trevor, che invece ne aveva trentaquattro, pronunciassero il fatidico sì il 10 settembre 2011, con una romantica cerimonia su una spiaggia della Giamaica.

Prima del matrimonio Meghan aveva domandato alle sue migliori amiche perché Trevor le desse spesso l'impressione di non voler favorire la sua carriera di attrice. Dopotutto aveva molti contatti nel settore. Era come se volesse che dipendesse da lui. Era quella la dinamica del loro rapporto; Trevor era l'elemento dominante della coppia. «Era abituato ad avere il controllo, a essere l'uomo di cui lei aveva bisogno per trovare agganci nel mondo dello spettacolo» sostiene un'amica riferendosi alla prima fase della relazione. Ma il matrimonio coincise con il momento in cui Meghan ottenne il ruolo in *Suits*. Le offrirono infatti la parte di Rachel pochi mesi dopo che Trevor le aveva chiesto di sposarlo durante una vacanza in Belize, nel 2010. «Gli equilibri cambiarono all'improvviso» aggiunge l'amica, «e lui non era contento.»

Il fatto che Meghan vivesse a Toronto per gran parte dell'anno accelerò il declino della relazione. All'inizio fecero tutto il possibile per trascorrere del tempo insieme, ma con il passare dei mesi le visite si diradarono. Quando Trevor fu invitato agli Oscar, nel febbraio del 2013, non portò la moglie alla premiazione. Si giustificò dicendo di avere un solo biglietto, ma Meghan sospettò che non volesse condividere le luci della ribalta. Di lì a sei mesi la coppia, che meno di due anni prima era parsa follemente innamorata su una spiaggia giamaicana, preparò le carte del divorzio. Nonostante le illusioni infrante, però, Meghan non perse mai la speranza di trovare l'uomo giusto.

Quando decise di dare all'amore un'altra possibilità, l'occasione si presentò con Cory Vitiello, il miglior partito di Toronto, che secondo la rivista *Toronto Life* era «famoso tanto per le sue doti culinarie quanto per essere entrato nelle liste degli scapoli d'oro». Cory, nato a Brantford, nell'Ontario, aveva i lineamenti cesellati e una bellissima donna sempre diversa al suo fianco. Dopo aver avviato un'azienda di catering a casa dei suoi genitori quando aveva solo quindici anni, ora era il proprietario di uno dei ristoranti preferiti di Meghan, l'Harbord Room, dove i due si conobbero nel giugno del 2014. Poco dopo Meghan dedicò a lui e al locale un post su *The Tig*. «Il fascino provinciale e il rigore morale di una persona che non viene dalla metropoli, ma sogna in grande e realizza le proprie ambizioni» commentò. «È questo a rendere i suoi piatti così semplici ma anche così ricchi d'ispirazione.»

In un primo momento fu attratta dal bell'aspetto di Cory, ma ben presto imparò ad apprezzare anche la sua sensibilità, gentilezza e capacità imprenditoriale. E naturalmente l'interesse per il cibo era un punto in comune. Benché Meghan fosse una cuoca curiosa e una foodie appassionata già prima di conoscere Cory, secondo un'amica lo chef «le ha fatto riscoprire il cibo da una prospettiva diversa». Alla fine dell'estate i due stavano ormai insieme ufficialmente e, un mese più tardi, Meghan confidò alle amiche di essersi innamorata. «Ci va con i piedi di piombo ma, quando le piace qualcuno, perde quasi subito la testa» osserva una di loro. «È il suo lato romantico.»

Fin dai tempi delle superiori, e poi per tutto il college e dopo il divorzio, Meghan non è mai stata interessata ad avventure passeggere, ha invece cercato sempre una relazione seria. Con Cory accadde lo stesso; Meghan voleva avere un rapporto solido, sposarsi e alla fine diventare madre. La famiglia di Cory, con cui passò il Natale del 2015, non avrebbe potuto essere più felice. Erano tutti entusiasti di lei, compresa la madre Joanne, e convinti che i due non avrebbero tardato a fidanzarsi.

In realtà, la relazione aveva già cominciato a deteriorarsi. All'inizio del 2016 Meghan confessò alle amiche che rimpiangeva di aver bruciato le tappe con Cory. Alcune l'avevano già intuito perché, pur essendosi trasferita da lui, aveva tenuto il suo appartamento in affitto. Ma i loro due anni d'amore finirono ufficialmente solo ai primi di maggio. Il problema, secondo una fonte vicina alla coppia, era Cory, che non aveva intenzione di accasarsi. Meghan ruppe con lui senza rimproverargli nulla in particolare, e Cory non provò a farle cambiare idea. «Non è stato un bel periodo per Meghan» riferisce la fonte.

Ben presto, però, la tristezza cedette il passo al sollievo, tanto che quando arrivò l'estate, l'attrice non vedeva l'ora di partire per l'estero e divertirsi. E la sua nuova amica Misha pensò che fosse il momento ideale per organizzarle uno o due incontri.

Il principe Harry sembrava un tipo simpatico, anche se era membro di una famiglia reale costretta a rispettare un protocollo inconcepibile per un'americana come Meghan. Quando aveva tre anni, lo fotografarono mentre cacciava fuori la lingua tra le braccia di Lady D, che era accanto alla regina sul balcone di Buckingham Palace per il Trooping the Colour.[2] Fu così che si fece la nomea di sfacciato. Fare la linguaccia ai fotografi, un suo vezzo infantile, appariva un gesto molto irriverente perché, prima di William e Harry, i *royal babies* erano sempre stati spacciati per perfetti, silenziosi e discreti.

Sua madre non si sforzò di tenerlo a freno. Quando i due fratelli – prima William, poi Harry – frequentavano il collegio alla Ludgrove School, nel Berkshire, Diana infilava loro le caramelle nei calzini quando andava a trovarli per guardarli giocare a calcio. Siccome amava scrivere lettere, spediva loro anche bigliettini spiritosi. «Puoi combina-

[2] Letteralmente la «Sfilata della bandiera», la parata annuale per festeggiare il compleanno della regina.

re tutte le marachelle che vuoi» disse una volta a Harry. «L'importante è non farti pizzicare.»

Lui prese quelle parole alla lettera. Più interessato all'equitazione e agli sport di squadra che allo studio, aveva ereditato l'inclinazione materna all'umorismo e alle birichinate. In un'occasione, mentre giocava con Ken Wharfe, la guardia del corpo personale di Diana, eluse il servizio di sicurezza, sgattaiolò fuori dal cancello del palazzo e chiamò l'uomo con il walkie-talkie.

«Dove sei?» chiese Ken quando né lui né le guardie riuscirono a scovarlo.

«Davanti alla Tower Records» rispose Harry. Ken si precipitò in Kensington High Street, a quasi un chilometro di distanza, dove trovò il principe con la sua minuscola uniforme militare mimetica.

Forse Diana perdonava l'insofferenza di Harry verso il protocollo in parte perché, secondo le regole della successione al trono, William aveva un titolo più importante del suo. A quattro anni, Harry era ormai consapevole di essere destinato a fare l'*erede di riserva*. E così Lady D aveva sempre sottolineato che amava entrambi i suoi figli nella stessa misura. L'uguaglianza era una costante del loro nucleo familiare, perché all'esterno le cose funzionavano diversamente.

Quando i ragazzi crebbero la differenza tra le loro posizioni diventò più netta. William aveva incontri a tu per tu con la regina per prendere dimestichezza con il suo ruolo futuro, Harry no. Diana cercò di spiegargli che non avrebbe dovuto permettere a nessuno di farlo sentire inferiore solo perché non sarebbe mai stato re. Semmai, aggiunse, era fortunato, perché aveva l'opportunità di trovare la propria strada. I titoli sono insieme croce e delizia.

Non c'è da stupirsi che il giovane Harry fosse più a suo agio con gli amici più cari e con le persone non troppo interessate alla sua appartenenza alla Royal Family. Poco propenso allo sfarzo e all'etichetta, non amava certi impegni *soffocanti*, come i banchetti di stato a Buckingham Palace e l'abbigliamento formale che a volte imponevano. Odia tuttora indossare la cravatta. Una volta ci confessò: «Dobbiamo svecchiare queste cose, renderle più divertenti e stimolanti».

Si innamorò follemente della sua prima ragazza, Chelsy Davy, in parte perché amava l'avventura quanto lui e non era troppo interessata al suo lignaggio reale. Harry conobbe questa biondina vivace e intelligente nel 2004, durante l'anno sabbatico dopo il diploma. Chelsy, nata nello Zimbabwe, era figlia di Charles Davy, un facoltoso proprietario terriero e organizzatore di safari, e di Beverley Donald Davy, ex Miss Rhodesia. La giovane era a suo agio sia quando cavalcava a pelo sulle pianure africane sia quando partecipava agli eventi dell'alta società londinese. Per sette anni, lei e Harry condivisero una storia complicata, ma senza dubbio piena di passione. Chelsy amava divertirsi, ma era anche devota. L'amore sincero e disinteressato per il principe era una delle caratteristiche che le permisero di entrare nelle grazie sia di Harry sia della Royal Family. Discreta e leale, gli rimase accanto in tutti i momenti importanti della sua giovane vita, come il diploma all'esclusiva accademia militare di Sandhurst nel 2006, il concerto per Diana nel 2007 e le nozze di suo fratello con Kate Middleton nel 2011. A lungo andare, tuttavia, non riuscì ad accettare l'idea che la sua vita privata fosse sempre sotto la lente dell'opinione pubblica.

I paparazzi appostati in angoli inaspettati e gli articoli poco lusinghieri dei tabloid segnarono la fine anche della successiva relazione seria di Harry, quella con l'attrice Cressida Bonas, che sua cugina, la principessa Eugenie, gli presentò nella primavera del 2012. La bionda slanciata frequentava gli stessi ambienti aristocratici di Harry; sua madre, Lady Mary-Gaye Curzon, era tra gli eredi della fortuna bancaria dei Curzon e suo padre, Jeffrey, faceva l'imprenditore.

Nell'estate del 2016 Harry si sentiva pronto per un nuovo rapporto. Anzi, ebbe un breve ritorno di fiamma per Chelsy prima di conoscere Meghan, che, secondo l'ipotesi di alcuni tabloid, all'epoca stava ancora con Cory. Lo chef non ha mai parlato della sua ex con la stampa, se non per confutare la tesi delle presunte relazioni parallele, dichiarando: «Ho troppo rispetto per lei e per la sua privacy. È una ragazza magnifica».

Misha riteneva che Meghan potesse essere perfetta per Harry. Alexander, all'epoca ancora suo marito, aveva dei contatti negli ambienti sociali dei giovani membri dell'élite legati ai fratelli reali, un gruppo a cui i tabloid avevano affibbiato il nomignolo di «Glosse Posse».[3] Di quella cerchia di amici faceva parte anche Charlie, il fratello di Alexander, che ebbe un flirt con Pippa, la sorella di Kate Middleton, nel 2008, quando entrambi studiavano all'Università di Edimburgo. Alexander fu invitato alle nozze di William e Kate nel 2011, e nel 2014 Harry andò in Italia per il matrimonio di Charlie con Anneke von Trotha Taylor (c'erano anche la madre di Kate, suo fratello James e sua sorella Pippa,

[3] Il nomignolo affibbiato alla cerchia esclusiva allude al fatto che gran parte dei membri risiedeva nel Gloucestershire (da qui Glosse), contea dell'Inghilterra sud-occidentale dove si trova Highgrove, residenza reale di campagna. *(N.d.R.)*

ma la duchessa di Cambridge, che in quel periodo era in dolce attesa, ebbe un attacco di nausea mattutina così forte da non poter presenziare).

Come si sarebbe inserita Meghan, una ragazza della California, in quel mondo? «Hanno entrambi uno sguardo innocente» dice un amico comune riferendosi a lei e a Harry. Altre persone vicine ai due giovani pensavano che avrebbero semplicemente dovuto fare un tentativo.

Naturalmente entrambi si prepararono all'incontro con un'accurata ricerca su Google. Harry, che passò al setaccio gli account di Meghan sui social, provò un interesse immediato. Un amico gli aveva mostrato una foto su Instagram in cui l'attrice indossava l'attillato miniabito color argento ai CFDA/*Vogue* Fashion Fund Awards. Il principe rimase soddisfatto, ma non è detto che abbia visto nell'appuntamento qualcosa di diverso dalla possibilità di conoscere una donna attraente. Di sicuro non poteva prevedere che un giorno l'avrebbe sposata.

Ciò che forse Meghan trovò online avrebbe benissimo potuto convincerla a mandare tutto a monte.

A vent'anni Harry era un habitué dei locali alla moda di Londra e passava molte notti brave in posti come il Jak's, il Funky Buddha e il Wellington Club. Ma si guadagnò la fama di *principe delle feste* già durante l'adolescenza, quando diventò famoso per le sue bravate da ubriaco riportate dai tabloid (alcune vere, altre meno). Ci sono innumerevoli articoli sulle sue presunte cadute di stile. Lo buttarono fuori da un pub a circa tre chilometri da Highgrove, la residenza di famiglia nel Gloucestershire, per il suo comportamento maleducato. A quanto pareva, aveva preso alla lettera la prima parte della frase che sua madre gli aveva detto anni prima, ma non riusciva a mettere in pratica la seconda.

Toccò il fondo nel 2005, quando finì sulla copertina del *Sun* con un drink, una sigaretta e, intorno al braccio, una fascia con svastica. Il titolo del tabloid britannico era inequivocabile: *Harry il nazista*. Il principe era uno dei circa duecentocinquanta invitati a una festa in costume che Richard Meade, uno dei più importanti fantini britannici, aveva organizzato per il compleanno di suo figlio. Il costume, per cui poi Harry si sarebbe scusato, era indubbiamente di pessimo gusto, e il fatto che il party si fosse tenuto poco prima del sessantesimo anniversario della liberazione di Auschwitz lo rendeva ancora più discutibile.

L'altro grande scandalo che salta fuori quando si cercano informazioni online sul principe è il suo viaggio a Las Vegas nel 2012 con i vecchi amici Tom «Skippy» Inskip e Arthur Landon. Alcune giornate di bisboccia (durante le quali Harry sfidò Ryan Lochte, vincitore di dodici medaglie olimpiche, a una gara di nuoto in occasione di una festa in piscina) subirono una brusca interruzione quando TMZ pubblicò alcune foto sgranate del principe. Nelle immagini Harry è nudo e si copre quelli che il sito del tabloid chiama «gioielli della corona» durante una partita di *strip pool* nella sua suite con un gruppo di amici e amiche. Gli scatti, diventati immediatamente virali, costrinsero il Palazzo a chiedersi come potesse essere successo e di chi fosse la colpa. «È stato un brutto momento» ricorda un'ex guardia del corpo. «Sono finiti tutti in un mare di guai.»

Ma le notizie online sul «Wild Windsor» non scoraggiarono Meghan. Non solo l'episodio di Las Vegas risaliva a quattro anni prima, ma l'attrice, che aveva avuto un piccolo assaggio dell'interesse dei tabloid durante il divorzio e la relazione con Cory, sapeva meglio di molti altri che non sempre i media dicevano la verità.

«Di lui conosceva soltanto ciò che avevano scritto» dice un'amica. «Sapeva però quanto siano scorretti i tabloid e voleva scoprire il vero Harry di persona, non attraverso giornali come TMZ.»

La sera del primo appuntamento la maggiore preoccupazione di Meghan non era la reputazione di Harry in rete, bensì l'outfit da indossare. Una volta scelto il vestito, cominciò a truccarsi nella sua suite al Dean Street Townhouse, di proprietà della Soho House. Le avevano offerto un soggiorno superscontato al cinque stelle Dorchester Hotel, ma aveva preferito la lussuosa camera messa a disposizione da Markus. Come celebrità e influencer, si vedeva spesso offrire vacanze gratuite, sconti sui viaggi eccetera, ma aveva disertato il Dorchester nel quadro di un boicottaggio lanciato da Hollywood dopo che il proprietario della catena, il sultano del Brunei, aveva introdotto nel suo paese la legge della *sharia*, con tanto di lapidazione per coloro che venivano ritenuti colpevoli di rapporti omosessuali.

Oltre che della suite, Markus si occupò anche di alcuni dettagli logistici della serata, per esempio la presenza di altri amici all'incontro informale con il principe. «In modo da alleviare l'imbarazzo» spiega una fonte vicina a Meghan. «Se il primo appuntamento fosse andato bene, avrebbero potuto programmare un vero *tête-à-tête*.»

L'edificio georgiano del XVIII secolo che ospitava la Soho House era la location perfetta. Prima che il club lo scegliesse come sede nel 2008, fu un luogo d'incontro per artisti e intellettuali fin dal Seicento, quando l'attrice Nell Gwynn, amante di re Carlo II, passò del tempo al suo interno. Negli anni Venti del secolo scorso prese il nome di Gargoyle Club e fu frequentato dal drammaturgo Noël Coward, dal ballerino Fred Astaire e dalla leggendaria attrice Tallulah

Bankhead. Negli anni Cinquanta subì una nuova trasformazione, diventando un bar amato da personaggi illustri come Lucian Freud e altri artisti.

Nella sua versione moderna, il club avrebbe offerto a Harry la privacy necessaria per rilassarsi. Le numerose sale erano distribuite su quattro piani e i due edifici collegati gli avrebbero permesso di nascondersi da sguardi indiscreti. Markus scelse una sala da pranzo privata, delimitata da corde e protetta da tende di velluto che scendevano dal soffitto al pavimento.

Il Townhouse, che per Meghan diventò una seconda casa durante il soggiorno a Londra, dispone di trentanove camere (molte delle quali dotate di letto a baldacchino e vasca da bagno vittoriana con piedi a zampa di leone), e fu in una di queste che l'attrice optò per un vestito blu e scarpe con il tacco alto.

Arrivando al piano inferiore, entrò nella sala illuminata da una luce calda, piena di divanetti comodi e visi familiari. Rimase seduta per qualche istante, finché Harry, con l'immancabile camicia bianca e i pantaloni cachi, varcò la soglia e andò immediatamente a presentarsi. *Ci siamo.*

Un'amica ammette che all'inizio Meghan era nervosa, perché venivano da due mondi *molto* diversi. Secondo una fonte, però, Misha le disse di non preoccuparsi: avevano entrambi un «grande cuore». E se fosse andata male, Markus sarebbe stato pronto a intervenire.

Per sua stessa ammissione, Harry è difficile da stupire, ma per poco non si bloccò quando entrò nella sala e vide Meghan. Sapeva che era stupenda – aveva visto le foto del suo account Instagram e online –, ma di persona era ancora meglio. «Wow» avrebbe detto in seguito a un amico. «La donna più bella che abbia mai visto in vita mia.»

Meghan non era solo bella. Era anche diversa dalle donne a cui il principe era abituato, e Harry era intimorito dalle situazioni nuove. Il suo rango gli impedisce di compiere molte delle azioni quotidiane che quasi tutti fanno, come prendere la metropolitana o uscire senza guardia del corpo. In realtà, vive sotto una sorta di campana di vetro.

Lo stesso valeva per le donne che frequentava di solito, perlopiù appartenenti al suo piccolo mondo. Alle ragazze del Jak's o del Funky Buddha bastava sapere che era il principe Harry per rimanere colpite. Non doveva neppure aprire bocca.

Meghan invece lo colse di sorpresa. Non dipese soltanto dalle lentiggini irresistibili, dal sorriso perfetto o dall'accento americano. È una donna che non passa inosservata. Nei contesti sociali tutti gli sguardi sono puntati su di lei. Ride un po' più forte, brilla un po' più intensamente. La sua disinvoltura attira l'attenzione.

Ben presto Harry si rese conto che per far colpo sull'attrice non sarebbe stato sufficiente uno dei suoi grandi sorrisi. «Ho capito che dovevo mettercela tutta» racconta del loro primo incontro. «Dovevo sedermi e sforzarmi di fare una bella chiacchierata!»

Forse Meghan percepì il suo nervosismo, perché in un primo momento furono entrambi un tantino impacciati, ma non tardarono a rompere il ghiaccio. Seduti su due poltrone di velluto, ricorda una fonte, erano «in un piccolo mondo tutto loro».

Mentre bevevano un drink (una birra per lui, un Martini per lei) si scambiarono qualche domanda sui rispettivi lavori. Forse sul tavolino davanti alle enormi poltrone c'erano degli stuzzichini, ma nessuno dei due toccò cibo. Erano anche troppo assorbiti dalla conversazione, e troppo concentrati l'uno sull'altra, per notare l'allusiva carta da parati con fotografie di parti intime femminili che rivestiva le pareti.

Harry descrisse le sue iniziative benefiche, raccontando con entusiasmo dei suoi lunghi viaggi in Africa. Il «desiderio di cambiare le cose in meglio», come lo definisce Harry, fu, secondo Meghan, «uno dei primi punti in comune che abbiamo scoperto di avere». Meghan si illuminò parlando dei suoi cani, due trovatelli. E non passò molto prima che, come una mamma orgogliosa, gli mostrasse le loro foto sul telefono.

Si salutarono dopo quasi tre ore. Nonostante l'attrazione palpabile non ci furono baci né promesse, solo la vaga sensazione che fosse nato qualcosa e la speranza di rivedersi presto.

Harry non esitò a scrivere a Meghan, che aveva fatto ritorno alla sua camera di hotel.

I suoi messaggi erano quasi sempre brevi e costellati di emoticon, in particolare quello del fantasma, che il principe usa spesso al posto della faccina sorridente. Per quale ragione? Non si sa. Ma Meghan trovò quel vezzo simpatico e adorabile, proprio come lui.

«Sicuramente Harry non ha nascosto il suo interesse» afferma un'amica di Meghan. «Voleva che lei lo percepisse.»

3

CORTEGGIAMENTO NELLA NATURA SELVAGGIA

Anche se «tutti speravano» che Harry e Meghan avrebbero passato una piacevole serata insieme, nessuno si aspettava quello che accadde dopo.

«È stato quasi subito come se avessero una specie di ossessione l'uno per l'altra» riferisce una fonte. «Harry sembrava in trance.»

Persino Misha si disse sorpresa dall'intensità della scintilla che era scoccata tra loro.

Il giorno dopo l'appuntamento con il principe, Meghan chiamò un'amica. «Mi prendi per pazza se dico che potrebbe funzionare?» chiese.

Quella sera lei e Harry fissarono un altro incontro. Niente amici, niente distrazioni. Solo loro due. L'indomani tornarono al Dean Street Townhouse per una cena romantica organizzata da Markus, che lo staff chiamava scherzosamente «Lady A» per il modo in cui si assicurava che ogni dettaglio fosse impeccabile.

Nessuna entrata principale per la coppia, che ricevette le istruzioni per accedere all'edificio tramite una porta discreta, lontana dagli sguardi dei curiosi e nota soltanto al personale e ai fattorini incaricati di portare frutta, verdura e pesce fresco dal Billingsgate Market. Un inizio tutt'altro che glamour, insomma.

Lo staff fece il possibile per mantenere il segreto, permettendo a un solo cameriere fidato di servirli per l'intera cena. Come amano dire i membri del club, «ciò che succede alla Soho House resta alla Soho House».

Secondo un amico, Harry e Meghan «chiacchierarono a lungo» durante quella serata, che si concluse castamente col rientro di Harry a Palazzo. Tuttavia, la chimica tra loro era innegabile e i due flirtarono per tutto il tempo. Un braccio sfiorato qui, uno sguardo là.

«Ormai Harry era certo che si sarebbero messi insieme» racconta un amico. «Meghan stava dimostrando di avere tutte le carte in regola.»

Pur avendo condiviso gran parte del viaggio a Londra sui social, l'attrice sapeva di dover mantenere il riserbo sui suoi appuntamenti con quello che allora era il quinto in linea di successione al trono britannico. Ma gli indizi c'erano già. Più o meno nel periodo del loro primo incontro, Meghan cominciò a seguire il misterioso account Instagram @SpikeyMau5. La foto del profilo non mostrava un viso, ma solo la sagoma della testa di un topo, dettaglio che per la maggior parte delle persone non avrà significato nulla. In realtà, era l'account privato di Harry. Il principe, un grande fan della musica house, aveva ricavato lo pseudonimo dal nome di uno dei suoi DJ preferiti, DeadMau5. Spikey veniva invece da un alias di Facebook che il principe utilizzava per un account a nome di Spike Wells. «Spike» era un nomignolo usato talvolta per designare Harry, soprattutto dai funzionari di Scotland Yard. Il suo account Facebook (prima che lo chiudesse dopo lo scandalo di Las Vegas) aveva una foto profilo di tre uomini con il panama, scattata di spalle in una suite dell'MGM Grand Las Vegas, e diceva che il titolare veniva da Maun, nel Botswana. In precedenza, Harry aveva optato per l'immagine di re Julien, l'eccentrico lemure di *Madagascar*, il film d'animazione della DreamWorks.

Il post pubblico che comparve sull'account Instagram di Meghan la sera del loro primo *tête-à-tête* era molto più audace: la foto di una caramella Love Hearts con la scritta *Kiss Me* e la didascalia *Lovehearts in #London*.

A prescindere che per tutti gli altri significasse qualcosa oppure no, Harry recepì il messaggio.

La sera dopo, il 3 luglio, Meghan lasciò l'hotel e prese un taxi come una persona qualunque. Ma l'auto che percorse le vie buie e tortuose di Londra non aveva una destinazione qualunque: era diretta a Kensington Palace.

La vettura si allontanò dalla strada principale e proseguì lungo Palace Avenue, un viale privato che conduceva a un cancello dall'aria industriale e a una guardiola, molto diversi dall'ingresso dorato che Meghan aveva immaginato. Ma quell'entrata senza fronzoli, spesso usata dallo staff o da coloro che andavano a Kensington Palace per una riunione, era la via d'accesso più discreta. Meghan diede la mancia al tassista, come d'abitudine, ed entrò nel gabbiotto, dove fu accolta da una guardia.

La accompagnarono rapidamente lungo un vialetto acciottolato, fiancheggiato da piccoli cottage ricavati da antiche scuderie. In seguito Meghan avrebbe commentato che erano così piccini e perfettamente decorati con vasi e fioriere curatissimi da non sembrare nemmeno reali. Non aveva idea che a Kensington Palace vivessero tutte quelle persone ma, essendo una residenza operativa, il palazzo ospita una decina di membri della Royal Family e diversi funzionari del personale di corte in pensione.

«Carinissima!» avrebbe detto Meghan a un'amica riferendosi alla casa di Harry, il Nottingham Cottage.

Ancora una volta, la graziosa abitazione inglese non aveva nulla a che fare con l'imponente palazzo di pietra che l'attrice aveva immaginato basandosi sulle illustrazioni dei libri di fiabe. Quando Harry aprì la porta, Meghan non vide scaloni, lussuosi tappeti rossi, lampadari di cristallo o soffitti a doppia altezza, e nemmeno maggiordomi o dipinti con pesanti cornici d'oro. Il principe torreggiava in un piccolo ingresso con i cappotti appesi ai ganci e un paio di stivali accanto alla porta, come in una casa qualunque.

Se prima di arrivare Meghan si era sentita nervosa, l'atmosfera accogliente contribuì ad allentare la tensione. Pur essendo il Nottingham Cottage, o «Nott Cott» come lo chiamano gli habitué, un bel posto, è molto umile per un erede al trono. Chiaramente Harry non era materialista. Inoltre aveva un sorriso dolcissimo.

Meghan aveva abbastanza esperienza con gli uomini per riconoscere un seduttore quando ne vedeva uno, e Harry non lo era affatto. Semmai era molto spontaneo. Anche se era palese che voleva far colpo su di lei descrivendo il suo lavoro, parlava a ruota libera, senza mai accennare al proprio status di principe o di membro della famiglia reale. Fino a quel momento aveva ammesso tutt'al più che certe volte la sua vita era «un tantino movimentata».

Era insolitamente schietto per una persona del suo rango, ma si dimostrò anche un vero gentleman. Ovunque andassero, e ovunque vadano tuttora, si ricorda sempre di far passare Meghan per prima. Probabilmente l'avrà fatto anche mentre percorrevano il breve tratto verso il salotto.

Dopo la visita al Nott Cott, purtroppo il soggiorno londinese di Meghan era agli sgoccioli. Trascorse l'ultimo giorno nella capitale britannica tifando per Serena Williams nel Players' Box a Wimbledon (dove i fotografi non badarono a lei, concentrandosi piuttosto su Anna Wintour, la direttrice di *Vogue*, e su Pippa Middleton, sedute nel suo stesso palco). Quindi prese un volo per Toronto, lasciandosi dietro solo un breve post su Instagram: *Che peccato dover lasciare Londra!* Ancora una volta, pochissime persone ebbero sentore del vero significato di quelle parole.

Una di queste fu sua madre Doria, a cui Meghan raccontò quasi subito della sua nascente love story. Con molta probabilità, Doria era la persona più influente nella vita dell'attrice. «Ha contribuito a fare di Meghan una donna forte, potente e autonoma» dice di lei il fratellastro Joseph. Il legame tra madre e figlia si era consolidato durante l'infanzia di Meghan. Viaggiare, praticare yoga, fare jogging nel loro quartiere a Los Angeles, andare in bicicletta fino ai La Brea Tar Pits dopo la scuola, preparare ricette casalinghe con ingredienti freschi e sani: Meghan aveva imparato ad amare parecchie delle passioni di Doria. Erano sempre state molto sincere l'una con l'altra e le cose non erano cambiate quando Meghan era diventata adulta.

Nelle settimane successive – mentre Meghan andava a New York e a Boston per promuovere l'imminente stagione di *Suits* e poi a Madrid per una breve vacanza con Misha e Markus, durante la quale bevvero molto vino alla Taberna Carmencita, visitarono il Prado e ballarono in discoteca – non fu raro vederla digitare sul telefono sorridendo o ridacchiando. Stava messaggiando con il suo nuovo corteggiatore. Si scambiarono diversi selfie. Nulla di inopportuno, solo fotografie innocenti scattate nel corso della giornata. Meghan inviò a Harry anche le foto dei pasti che stava cucinando o di quando, truccata e pettinata, era pronta per andare sul set.

Si stavano innamorando rapidamente, anche se la fiducia era un problema per entrambi, seppure per ragioni assai differenti. Meghan tendeva a proteggere se stessa. Preferiva stare sulle sue e conoscere un uomo prima di impegnarsi. Detto ciò, quando era sicura di qualcuno, si buttava a capofitto nella relazione. Il suo sogno era sempre stato prima diventare amici e poi amanti.

Con le persone più care Harry parlava con il cuore in mano. Ecco perché cercava di proteggersi dalle delusioni. Occorreva molto tempo per guadagnare la sua fiducia, perché non era mai sicuro delle motivazioni di coloro che volevano essere suoi amici. Questa preoccupazione si esacerbava nel caso delle donne. Si interessavano a lui perché volevano stabilire contatti con l'alta società? Volevano soltanto vantarsi di uscire con un principe? Oppure vendere uno scoop alla stampa? Teneva sempre alta la guardia, soppesando quante domande le potenziali partner facessero sul Palazzo o sulla regina. Fosse stato per lui, quando trovava una donna con cui si sentiva in sintonia, si sarebbe buttato subito – messaggiandola e chiamandola ogni giorno – ma, dato il suo rango, aveva imparato a diffidare delle intenzioni altrui.

La corrispondenza continuò fino ai primi di agosto, quando Meghan andò a New York per le nozze della sua amica del college Lindsay con l'uomo d'affari britannico Gavin Jordan. Da lì partì per una vacanza sulla costiera amalfitana, che aveva programmato da tempo con Jessica. Alloggiate al Le Sirenuse Hotel, un elegante cinque stelle a Positano, le due donne passarono la maggior parte del soggiorno a bordo piscina, sorseggiando Negroni, Bellini e champagne mentre prendevano il sole. Si godettero quella che chiamarono «ora del cocktail» scambiandosi confidenze sulle rispettive vite. Con Capri e le cristalline acque azzurre del Tirreno visibili in lontananza, Meghan parlò di tutto, compreso il principe. Mentre documentava ciascun momento del viaggio sui social – denominandolo, con un'allusione sfrontata alla sua nuova fiamma, il tour «Mangia prega ama» della costiera amalfitana –, postò la foto di un volume rilegato in pelle rossa dal titolo *Amore Eterno*.

Jessica era una delle poche persone al mondo a conoscere il suo segreto: di lì a poco Meghan avrebbe rincontrato Harry a Londra. Solo sei settimane dopo il primo appuntamento in città, il principe l'avrebbe portata a fare un viaggio, un'avventura di cinque giorni organizzata nel minimo dettaglio. Meghan doveva soltanto arrivare nella capitale britannica, al resto avrebbe pensato lui.

La destinazione era l'Africa, un continente che per Harry aveva un grande valore personale.

Qualche settimana prima il principe aveva detto a Meghan che ci sarebbe andato di lì a poco – come faceva ogni estate – e l'aveva invitata ad accompagnarlo. Gli avrebbe fatto molto piacere, aveva aggiunto, perché sarebbe stata l'occasione perfetta per passare del tempo insieme in un luogo in cui era sicuro che nessuno li avrebbe seguiti.

Quando Meghan gli aveva chiesto maggiori informazioni, per esempio dove avrebbero alloggiato, Harry aveva risposto: «Me ne occupo io».

Non fu il primo viaggio di Meghan in Africa. Nel gennaio del 2015 era andata in Ruanda con i rappresentanti dell'ONU per visitare il campo profughi di Gihembe e trascorrere del tempo a Kigali con alcune parlamentari.

Il viaggio era frutto di un post di *The Tig* del 4 luglio

2014, in cui Meghan aveva collegato il giorno dell'indipendenza americana all'indipendenza individuale: «Oggi brindate alla vostra salute, alla libertà, all'emancipazione delle donne (e degli uomini) che lottano per conquistarla, e all'atto di conoscere, accettare, onorare, istruire e amare voi stessi».

Queste parole attirarono l'attenzione di un dirigente di HeForShe – la campagna globale delle Nazioni Unite per l'uguaglianza di genere –, che cercò di coinvolgere Meghan nelle loro iniziative. Per la giovane americana il crescente successo come attrice non significava soltanto inviti ai red carpet o vestiti omaggio, ma implicava anche la possibilità di allargare i propri orizzonti intellettuali e morali. Aveva visto attrici come Angelina Jolie sposare importanti cause umanitarie e aveva espresso un analogo desiderio di «sfruttare la mia notorietà per lasciare un segno tangibile». Così accettò, offrendosi persino di lavorare come stagista per una settimana durante l'imminente interruzione temporanea delle riprese di *Suits*. Tipico di Meghan, che prima di prendere un impegno ama prepararsi con cura.

Il Ruanda è l'unico paese al mondo con una maggioranza femminile del 64 per cento in Parlamento. Questa situazione nacque dalle ceneri del genocidio del 1994, che mieté tra ottocentomila e un milione di vittime, lasciando una popolazione composta per il 60-70 per cento da donne. Approvata nel 2003, la nuova Costituzione impone che le donne detengano il 30 per cento delle poltrone in Parlamento. Alle urne, tuttavia, gli elettori fecero aumentare questa quota, alzandola prima al 48 e poi al 64 per cento durante le elezioni successive.

Quasi un anno dopo il primo viaggio, Meghan tornò in Ruanda nel febbraio del 2016 con la World Vision, un'organizzazione umanitaria cristiana che lavorava con i bambini. Lo scopo era rendersi conto personalmente dell'importanza dell'acqua pulita. Durante la visita a una scuola Meghan insegnò agli studenti a dipingere con gli acquerelli, usando l'acqua prelevata dalle tubazioni appena installate nella loro comunità. Gli studenti fecero disegni ispirati alle loro speranze per il futuro. «È stata un'esperienza straordinaria prendere l'acqua da uno dei punti di approvvigionamento e usarla con i bambini per dipingere le immagini di cosa sognano di diventare da grandi» ricorda Meghan. «Ho capito che l'acqua non è solo fonte di vita per una comunità, ma che può essere davvero una fonte di fantasia.»

Ne parlò con Harry durante il loro primo appuntamento. Anche il principe esternò i suoi sentimenti verso l'Africa, un luogo dove, come ha ripetuto diverse volte, si sente «più se stesso che in qualunque altro posto del mondo».

Si innamorò dell'Africa dopo la tragica morte di sua madre, nel 1997. Negli anni il continente diventò la sua seconda casa, ma il primo viaggio laggiù gli resterà impresso nella memoria per sempre. Qualche giorno dopo che il quindicenne William e il dodicenne Harry avevano seguito il feretro di Diana da St James's Palace all'abbazia di Westminster, il principe Carlo, che aveva in agenda il suo primo tour in Sudafrica, li incoraggiò a seguirlo per evadere dall'atmosfera luttuosa da cui erano circondati.

La morte di Diana segnò un'importante svolta nel rapporto di Carlo con i due figli. Il principe di Galles aveva sempre fatto del suo meglio per essere un bravo padre, ma fin da bambino gli avevano inculcato un rigido senso di formalità. Pur dando a William e Harry molto più affetto di quanto ne avesse ricevuto come erede al trono, era incredibilmente severo e per nulla a suo agio nel tipo di mondo che Lady D aveva creato per loro.

Essendo figlia di genitori divorziati e avendo avuto un'infanzia difficile, Diana ce l'aveva messa tutta per creare a Kensington Palace un normale ambiente familiare, pieno di amore e di risate. La principessa, una dei primi membri della Royal Family a fare della cucina un luogo per la famiglia e non solo per i domestici, adorava quando la cuoca, Carolyn Robb, cucinava con i ragazzi. Carolyn, che aveva la ricetta di una torta a base di biscotti integrali sbriciolati, precettava Harry e William perché li polverizzassero nei sacchetti per surgelati.

Carlo non sarebbe mai riuscito a sostituire Diana, ma dopo la sua morte si rese conto di dover portare a termine il compito di crescere i due figli. Quella era la priorità assoluta, anche rispetto alla relazione con il suo amore di sempre, Camilla Parker-Bowles. Due settimane prima del loro debutto pubblico a un evento dell'Osteoporosis Society, Diana aveva perso tragicamente la vita. Carlo e Camilla non si mostrarono insieme pubblicamente per altri due anni, perché il principe si concentrò sui ragazzi.

Durante il viaggio con suo padre dopo la morte di Lady D, Harry fece un safari e conobbe Nelson Mandela (oltre alle Spice Girls). In una fase della sua vita in cui era molto vulnerabile, visitò per la primissima volta il Lesotho e il Botswana. Non avrebbe mai dimenticato la bellezza degli animali e del loro habitat naturale.

Non appena fu abbastanza grande per viaggiare da solo, fece in modo di passare almeno due o tre settimane in Africa ogni estate. Promosse anche iniziative benefiche per la tutela della fauna indigena e degli habitat che rendono quel continente così speciale. «Dobbiamo prendercene cura» ha dichiarato, «altrimenti i nostri figli non avranno la possibilità di vedere ciò che noi abbiamo visto. Ed è un importante banco di prova. Se non riusciamo a salvare qualche animale in un'area selvaggia, che fine faremo?»

Grazie a suo padre, Harry diventò ambientalista prima che questa corrente si trasformasse in un movimento convenzionale. Il principe Carlo parla del cambiamento climatico e dell'uso della plastica fin dagli anni Settanta, osservando che quando affrontò questi argomenti per la prima volta lo giudicarono «un po' tocco». Propugnatore dell'agricoltura sostenibile, gestisce la sua proprietà a Highgrove secondo «i più rigidi princìpi della sostenibilità», inclusi un impianto di fitodepurazione e la raccolta dell'acqua piovana in cisterne per i water e l'irrigazione dei campi.

Quando Harry e William erano bambini, Carlo li esortava sempre a spegnere le luci e, durante le vacanze, li portava anche a raccogliere la spazzatura. «A scuola mi prendevano in giro per questo» ha detto Harry in un documentario per il settantesimo compleanno di suo padre. Nonostante le canzonature, i fratelli assorbirono entrambi l'attivismo ambientale paterno, lanciando a loro volta iniziative in tale ambito.

La tutela dell'ambiente, tuttavia, non costituiva l'unico interesse di Harry in Africa. Il principe voleva anche continuare la lotta di sua madre contro l'epidemia di AIDS. Solo cinque mesi prima della sua morte, Diana aveva fatto un viaggio privato in Sudafrica per andare a trovare suo fratello Charles Spencer, che all'epoca viveva lì. Mentre si trovava nel paese era riuscita a realizzare il profondo desiderio di conoscere Nelson Mandela a Città del Capo e discutere della minaccia dell'AIDS. «Individuava gli enti e le organizzazioni benèfici a cui tutti avevano paura di avvicinarsi, per esempio quelli contro le mine antiuomo nel Terzo mondo» dice Harry riferendosi a sua madre. «Si lasciava coinvolgere in cose di cui nessuno aveva mai trattato prima, come l'AIDS. Aveva più fegato di chiunque altro. Voglio portare avanti i progetti che non è riuscita a ultimare» aggiunge il principe, che nel 2004 trascorse parte del suo anno sabbatico nel Lesotho, il paese con la seconda percentuale più alta di HIV e AIDS al mondo.

Il capitano Mark Dyer – il mentore di Harry che in passato fu dignitario di corte di Carlo e poi diventò una sorta di secondo padre per i due fratelli dopo la morte di Diana – suggerì al principe di visitare quel poverissimo paese africano quando il giovane gli confidò di voler conoscere meglio il lavoro di sua madre.

Le statistiche del Lesotho erano sconfortanti. La disoccupazione toccava un vertiginoso 50 per cento, l'aspettativa di vita era inferiore ai quarant'anni per quasi il 70 per cento della popolazione. Quasi il 25 per cento degli adulti era infetto dall'HIV, un numero che superava il 35 per cento tra le donne in età fertile. La povertà, la disuguaglianza di genere e lo stigma associato alla malattia ostacolavano la prevenzione e il trattamento dell'HIV e dell'AIDS.

Harry, che passò due mesi con i bambini orfani del Lesotho, vedendo con i propri occhi i dilaganti effetti della crisi provocata dall'AIDS, si mise in contatto con il principe Seeiso, che di recente aveva perso la madre, la regina Mamohato. Insieme ebbero l'idea della Sentebale, un'organizzazione fondata ufficialmente nel 2006 per sostenere «la salute mentale e il benessere di bambini e giovani affetti da HIV in Lesotho e Botswana». Entrambi vedevano la Sentebale, che in lingua sesotho significa «non ti scordar di me», come un modo per onorare le loro compiante madri. I non ti scordar di me erano i fiori preferiti di Diana.

Tra gli argomenti di cui Harry e Meghan parlarono la prima sera alla Soho House, l'Africa fu quello che li mise subito d'accordo. Meghan disse che le sarebbe piaciuto tornare a vedere altre zone del continente, e Harry non dimenticò quell'osservazione.

Dopo aver accettato l'invito, dichiara un'amica, Meghan era «entusiasta», ma temeva anche che fosse una follia.

«Non aveva mai fatto qualcosa del genere prima» continua l'amica, «ma nel breve periodo che aveva passato con Harry, e dalle telefonate e dai messaggi quotidiani, aveva capito che era una brava persona. E un gentiluomo, per giunta. Certe volte bisogna semplicemente lasciarsi andare, ed è ciò che ha fatto Meghan.»

Dopo essere arrivata da Toronto, Meghan trascorse una notte con Harry a Kensington Palace prima di affrontare le undici ore di volo da Londra a Johannesburg il mattino successivo. Seguirono altre due ore su un aereo leggero privato fino all'aeroporto internazionale di Maun. Infine la coppia salì su un 4×4 per un viaggio di centoventi chilometri lungo l'A3 National Route, verso un luogo che molti definiscono l'ultimo eden dell'Africa.

Circa le bellezze naturali del continente, per Harry nulla superava il delta dell'Okavango, la meravigliosa zona umida di quindicimila chilometri quadrati al centro del Botswana, uno degli ultimi ecosistemi incontaminati rimasti. Era quella la loro destinazione segreta. Il principe era stato in quella stessa parte del mondo con Chelsy, prima viaggiando lungo il corso d'acqua sulla casa galleggiante *Kubu Queen* nel 2005 e poi di nuovo nel 2009 per tre notti al cinque stelle Shakawe River Lodge. Per la fuga romantica con

Meghan, scelse il Meno A Kwena (che significa «dente di coccodrillo»), un campo di safari sul confine del Makgadikgadi Pans National Park.

A dieci chilometri da qualunque altro campo di safari (cosa rara, in quella regione), il Meno A Kwena garantì alla coppia la massima privacy, non solo dalla stampa, ma anche dagli altri turisti. Sul muro del resort c'è la foto incorniciata dei nonni di Harry, la regina e il principe Filippo, scattata quando fecero una visita di stato in Botswana nel 1979. C'è anche il ritratto di Sir Seretse Khama, il primo presidente del paese, e della moglie bianca inglese, Ruth Williams. La coppia diede scandalo quando si sposò nel 1948 (la loro vicenda diventò un film nel 2016, *A United Kingdom – L'amore che ha cambiato la storia*, con David Oyelowo e Rosamund Pike).

Harry e Meghan trascorsero gran parte del soggiorno in una delle sfarzose tende da 1957 dollari a notte. Forse la parola "tenda" è un po' fuorviante per le confortevoli sistemazioni del campo. Con letti matrimoniali di tek dotati di morbide coperte tessute a mano per proteggersi dal fresco della notte, le camere sono molto più simili a cabine di lusso. Ogni tenda dispone di una terrazza privata e di un bagno completamente attrezzato, con acqua riscaldata tramite energia solare, docce pressurizzate e asciugamani di cotone egiziano, tutti dettagli che lo rendono un campeggio sontuoso. Dopo una giornata di safari la coppia trovava sempre piacevole tornare in quello spazio accogliente.

In genere la mattinata iniziava con la colazione servita in terrazza di buon'ora, di solito uova e pancetta per Harry e frutta e yogurt per Meghan. Poi i due preparavano lo stretto indispensabile per la giornata, compreso il pranzo al sacco fornito dalla cucina del campo. Meghan si assicurava di prendere la crema solare per entrambi (utile soprattutto per Harry, che si scottava facilmente e la dimenticava spesso).

La coppia passò anche alcune notti lontana dal Meno A Kwena per fare un safari appositamente organizzato al Makgadikgadi Pans. Benché Meghan sia una donna amante dell'avventura e abituata a viaggiare, un amico rivela che ebbe qualche difficoltà a dormire all'aperto. I richiami degli uccelli, i grugniti degli ippopotami e i versi di altri animali a notte fonda non conciliavano certo il sonno. Harry invece era avvezzo ai suoni del *bush*, perciò era il compagno ideale per quell'occasione.

Se all'inizio Meghan non trovò facile riposare nel cuore di una regione africana davvero selvaggia e remota, in seguito dimostrò una notevole capacità di adattamento, cosa che Harry apprezzò. Inoltre, per il viaggio aveva portato con sé solo uno zaino (seppure molto grande). Estremamente organizzata, sorprese subito il principe con il suo talento per i bagagli. Fiera di questa dote, molto gradita a Harry, arriva persino a infilare salviettine antistatiche e profumate tra i vestiti e, a prescindere dalla destinazione, mette in valigia un flacone d'olio di tea tree contro punture, tagli e foruncoli.

«Il fatto che Meghan sia sempre pronta a rinunciare alle comodità e a immergersi nell'ambiente naturale è un aspetto che Harry ama molto di lei» riferisce un amico di entrambi. «Una volta Meghan ha scherzato sul fatto di avere sempre la valigia più leggera di quella del principe quando partono insieme!»

Se Harry aveva temuto di ritrovarsi a fare il safari con una schizzinosa attrice di Hollywood, restò piacevolmente stupito dalla sua semplicità. Mentre erano accampati

Meghan si puliva il viso con le salviettine umidificate e si addentrava senza paura nella foresta se doveva andare in bagno. Cinque interi giorni insieme diedero ai due giovani la possibilità di conoscersi e di scoprire che condividevano la stessa curiosità per il mondo e per la natura selvaggia.

«In principio, a unirli sono stati l'amore per l'avventura e l'opportunità di fare queste esperienze insieme» afferma un caro amico di entrambi. «Il fatto che amino tutti e due mettersi lo zaino in spalla e andare a esplorare... Sinceramente credo che per loro queste avventure non finiranno mai.»

Dopo il soggiorno in Botswana, Meghan tornò a casa e Harry andò nel Malawi per collaborare per tre settimane con l'organizzazione African Parks, che gestisce in Africa una serie di parchi nazionali ciascuno con una sua biodiversità.

In seguito alla partenza di Meghan, Harry lavorò fianco a fianco con volontari, veterinari ed esperti a uno tra i più grandi e significativi progetti di trasferimento di elefanti della storia, che coinvolse ben cinquecento esemplari.

Harry aiutò a spostare in sicurezza i branchi dal Majete e dal Liwonde al Nkhotakota Wildlife Reserve. «Gli elefanti non possono più vagare liberamente, come facevano un tempo, senza entrare in conflitto con le comunità o cadere vittime del bracconaggio e delle persecuzioni» ha spiegato. «Per consentire la convivenza tra uomini e animali occorre sempre più spesso erigere recinzioni per separarli e tentare di mantenere la pace.»

Il dottor Andre Uys, ambientalista e veterinario, viaggiava con il principe su un elicottero che faceva uscire allo scoperto le famiglie di elefanti dalla foresta nella pianura alluvionale. Andre sedava gli animali per trasferirli a quasi trecentoventi chilometri di distanza, in un luogo più sicuro, e Harry li marchiava con una vernice spray temporanea atossica. «Il suo impegno per la tutela dell'ambiente è ammirevole. La sua passione per la conservazione della fauna viene chiaramente dal cuore» ha affermato Andre, aggiungendo che Harry «si è dato da fare come tutti gli altri. Era un membro della squadra.»

Quando Meghan rientrò dall'Africa, un'amica osservò: «È tornata sorridente e completamente stregata». Aveva il telefono *pieno* di foto: la natura che avevano visto, immagini informali di sé, selfie con Harry. Secondo la stessa fonte, se Meghan non fosse dovuta tornare al lavoro in Canada e Harry alla sua vita a Londra, «sarebbero stati felici di passare l'intera estate laggiù insieme». A rendere il viaggio così idilliaco non era stata soltanto la bellezza del luogo. Meghan rivelò che parlarono moltissimo, anche di argomenti che lei affrontava di rado con altre persone.

«Non mi sono mai sentita tanto al sicuro» riferì all'amica, «o così legata a qualcuno dopo così poco tempo.»

4

IL MONDO LO SCOPRE

Harry provò il consueto brivido di emozione quando il suo volo da Londra atterrò al Pearson International Airport di Toronto il 28 ottobre. Finalmente, dopo un mese di separazione, di lì a poco avrebbe rivisto la sua ragazza.

Dopo tre mesi di incontri clandestini, senza che nessuno se ne accorgesse, ormai avevano una routine ben collaudata. Il principe prese un volo di linea, come faceva sempre (anche se il più delle volte era l'ultimo a salire sull'aereo e il primo a scendere), ma per non dare nell'occhio andò a Toronto con una guardia del corpo in borghese anziché con le solite due. E aveva dato disposizioni affinché una berlina dall'aspetto anonimo lo aspettasse davanti al terminal per portarlo nel quartiere di Seaton Village, a una ventina di chilometri di distanza, dove sorgeva il loro rifugio: la casa di Meghan, un edificio a due piani color vinaccia.

Da quando erano stati in Africa, la loro storia d'amore procedeva a gonfie vele. «Tecnicamente, il viaggio rappresentava soltanto il terzo appuntamento» commenta un amico riferendosi al Botswana, «ma ormai accarezzavano entrambi l'idea che potesse durare per sempre.»

Meghan non aveva il minimo dubbio. Nulla l'avrebbe convinta a rallentare, nemmeno l'amica britannica che le sconsigliò di legarsi a Harry dicendo: «I tabloid odiano le mogli e le ragazze dei membri della famiglia reale. Non ti daranno tregua. Pensa a Diana». Ma dai tempi di Lady D erano cambiate molte cose. *Quanto può essere sgradevole?*, si domandò Meghan.

Un'altra amica le raccomandò di girare al largo dai tabloid, ma per una ragione diversa: la pessima reputazione mediatica di Harry. La stampa britannica, che gli attribuiva un nuovo flirt quasi ogni mese, dava l'impressione che il principe non avesse intenzione di mettere la testa a posto nell'immediato futuro. Questo bastò per spingere l'amica a suggerirle di «essere prudente». Meghan, però, non riconosceva l'uomo serio a cui ormai si sentiva così legata nel dongiovanni descritto dai tabloid. «È un bravissimo ragazzo» insisteva. «Molto dolce, molto sincero.»

Pur essendo un principe, Harry assomigliava a qualunque altro giovane adulto, perché aveva vissuto esperienze che l'avevano costretto a maturare. Quando conobbe Meghan, aveva già subìto un profondo cambiamento grazie al periodo trascorso nell'esercito.

Il servizio militare è un rito di passaggio per gli uomini della Royal Family. Carlo entrò in marina, come aveva fatto suo padre, il principe Filippo. William prestò servizio per più di sette anni (quando sposò Kate, era un pilota attivo della Search and Rescue Force). Per Harry, tuttavia, la carriera militare fu più di un semplice rito di passaggio, perché gli offrì l'opportunità di vedere il mondo dalla prospettiva di una persona comune e gli instillò una grande motivazione.

Il principe voleva servire il suo paese fin da quando, da bambino, aveva viaggiato su un carro armato mentre accompagnava i genitori a un impegno ufficiale. Dopo che ebbe completato l'addestramento a Sandhurst, ci furono dibattiti pubblici e privati sulla possibilità che partecipasse alla guerra in Iraq, già in atto da diversi anni. Nella zona del conflitto servivano controllori aerei avanzati, ma il suo alto profilo comportava una serie di complicazioni. Lui, tuttavia, era fermamente deciso a non restare a casa a girarsi i pollici. E nel febbraio del 2007 sembrò sul punto di scendere in prima linea quando il ministero britannico della Difesa e il Palazzo emanarono un comunicato congiunto, secondo cui Harry sarebbe volato in Iraq per ricoprire «il ruolo di un normale comandante di truppa, addestrato a guidare un gruppo di dodici uomini su quattro veicoli da ricognizione blindati Scimitar, ciascuno con un equipaggio di tre membri». I ribelli iracheni, tuttavia, emisero a loro volta un comunicato che mandò a monte ogni piano.

«Aspettiamo con ansia l'arrivo del giovane principe bello e viziato, e speriamo vivamente che esca allo scoperto sul campo di battaglia» dichiarò Abu Zaid, il comandante della brigata Malik Ibn Al Ashtar. «Saremo generosi con lui. Lo restituiremo a sua nonna, ma senza orecchie.»

In pubblico, Harry si mostrò coraggioso. In privato, i suoi sogni si infransero. Tutto ciò per cui aveva lavorato era stato vanificato dal suo lignaggio reale. Era distrutto. I suoi ufficiali comandanti capirono che occorreva fare qualcosa.

Sarebbe trascorso un altro anno prima che il principe patriottico potesse partire per il Medio Oriente in veste di soldato. Dopo aver negoziato un blackout mediatico affinché i talebani non venissero a conoscenza della sua destinazione, a dare l'annuncio fu nientemeno che la regina, comandante in capo delle forze armate britanniche. «Mi comunicò che sarei andato in Afghanistan» ricorda Harry, che il 14 dicembre 2007, nell'Oxfordshire, salì su un aereo militare C-17 diretto a Kandahar.

Due giorni dopo era con le forze speciali a bordo di un elicottero Chinook, in volo verso la base operativa avanzata Dwyer, nella provincia dell'Helmand. La base, che sorgeva vicino al confine con il Pakistan, era uno dei luoghi più pericolosi del pianeta. Nell'esercito Harry era conosciuto come Second Lieutenant Wales. Una volta atterrato in Afghanistan, diventò semplicemente Widow Six Seven.

Come gli altri soldati, poteva essere chiamato in servizio in qualunque momento, costretto a precipitarsi nel cuore della notte fuori dalla tenda da campo da cui pendeva la bandiera britannica. «Un minuto stai dormendo sulla tua branda» racconta, «sei minuti e mezzo dopo sei steso a terra e stai parlando con un compagno che viene investito da una raffica di proiettili.»

Con l'avvicinarsi del Natale e il protrarsi del blackout mediatico, il resto del mondo non aveva idea che Harry sarebbe entrato nella brigata Gurkha[4] al centro operativo avanzato Delhi, una base di spedizione militare occupata dallo United States Marine Corps a Garmsir.

Mentre Harry pattugliava il terreno polveroso dell'Helmand devastato dai bombardamenti – da quando i britannici si erano impossessati della base, il campo era stato attaccato più volte dagli RPG, dai mortai e dalle mitragliatrici dei talebani –, sua nonna pronunciò il tradizionale discorso di Natale, elogiando le truppe britanniche in Afghanistan. «Vorrei ricordare un altro gruppo di persone che meritano il nostro pensiero questo Natale» disse la sovrana in TV.

[4] Unità speciale dell'esercito britannico composta da soldati gurkha nepalesi.

«Siamo tutti grati a coloro che hanno sacrificato la vita, o che sono rimasti gravemente feriti, combattendo con le forze armate in Iraq e in Afghanistan.» L'Helmand non era un posto sicuro per un principe britannico, e di certo non per il terzo in linea di successione al trono.

Durante la decima delle sue quattordici settimane di servizio un tabloid australiano violò il blackout mediatico, rivelando che Harry stava combattendo segretamente in Afghanistan. Evacuato all'istante dalla zona di guerra, il principe, abbattuto, fu accolto dal padre e dal fratello quando atterrò alla base RAF di Brize Norton, nel Regno Unito.

Pur dicendosi «devastato» dall'aver dovuto abbandonare i suoi soldati, si mise quasi subito al lavoro per tornare in prima linea, ora come pilota di elicotteri Apache.

All'inizio del 2009 si arruolò nell'Army Air Corps per cominciare il duro addestramento alla base RAF di Middle Wallop nell'Hampshire e la preparazione agli esami di licenza. A metà del 2009 superò la prima fase del training, che lui stesso definì «il modo più semplice di tornare al fronte, forse più sicuro, forse meno, non lo so». Nell'estate del 2010 iniziò la seconda fase, sorprendendo gli ufficiali comandanti quanto bastava perché gli dessero la possibilità di pilotare gli Apache, un'opportunità concessa soltanto al 2 per cento dei piloti britannici. Questi elicotteri da attacco, dotati di razzi, missili anticarro e cannone automatico, sono stati utilizzati in migliaia di battaglie e operazioni di soccorso in Afghanistan per la loro natura letale.

Harry volò negli Stati Uniti nell'ottobre del 2011 per completare la fase finale della formazione. Passò gli ultimi giorni alla Naval Air Facility (spesso denominata scuola Top Gun) a El Centro, a est di San Diego, e alla Gila Bend Auxiliary Air Force Base nell'Arizona meridionale, vicino al confine con il Messico. L'addestramento nel deserto – con cui i piloti vengono preparati a effettuare bombardamenti aria-terra, a sparare razzi e a individuare bersagli mobili al suolo – è la cosa più simile che esista a un vero combattimento aereo. La NAF a El Centro offre l'addestramento più rigoroso del mondo e prepara il personale militare del Naval and Marine Corps, i Berretti verdi e i piloti alleati provenienti da Gran Bretagna, Francia, Germania e Italia. Alla fine di quel percorso Harry ottenne l'autorizzazione per tornare in Afghanistan.

Atterrò nella repubblica islamica nel settembre del 2012 come mitragliere copilota con la squadriglia 662 del terzo reggimento dell'Army Air Force. La notizia era di dominio pubblico e, una settimana dopo il suo arrivo, diciannove talebani armati di mortai, lanciarazzi e armi automatiche presero d'assalto il campo base fortificato. All'interno, i mitraglieri risposero con RPG e kalashnikov AK-47, scatenando uno scontro che durò più di cinque ore.

Qualche giorno prima i talebani avevano annunciato le «Operazioni Harry», che erano esattamente ciò che il nome suggeriva. L'obiettivo era uccidere o ferire il principe. Con il favore delle tenebre, i ribelli, spacciandosi per contadini di una vicina piantagione di mais, superarono i riflettori e le guardie armate sulle torri, aprendosi un varco nella recinzione metallica, alta nove metri e sormontata da filo spinato. «Abbiamo attaccato la base perché dentro c'era anche il principe Harry» dichiarò un portavoce dei talebani.

Benché si fosse data per scontata l'esistenza di un piano d'emergenza per trasferire Harry in una *panic room*, una fonte vicina al principe rivela che non furono prese particolari precauzioni né alla base né altrove. Se Harry fosse stato attaccato, la sua reazione sarebbe stata quella di qualunque altro soldato. Dopotutto c'era una ragione se aveva imparato a usare la mitragliatrice. «Harry era consapevole dei rischi che correva, e il blackout mediatico era stato negoziato per assicurarsi che il nemico non avesse idea di dove fosse, così che non venisse preso specificamente di mira» aggiunge la fonte.

Nonostante il pericolo evidente, Harry era grato per la possibilità di finire le venti settimane di servizio. L'esercito gli aveva insegnato il valore della disciplina, del cameratismo e dell'anonimato. In Afghanistan visse come qualunque altro soldato alla base di Camp Bastion, dove era di stanza. Nello spazio angusto di una polverosa tenda VHR (Very High Readiness), il principe si rifaceva il letto e ingannava il tempo giocando a *Uckers* – un gioco da tavola molto amato dal personale della Royal Navy – e a *FIFA 07* sulla Xbox. Faceva del suo meglio per non dare nell'occhio, andando persino in mensa tardi, dopo che quasi tutti gli altri avevano finito, in modo che ci fossero meno persone a fissarlo mentre mangiava.

«Mio padre prova sempre a ricordarmi chi sono e cose simili» disse quando tornò a casa nel gennaio del 2013, «ma nell'esercito è molto facile dimenticare chi sei.» Harry, più conosciuto come Captain Wales, non aveva mai amato il lato soffocante dei doveri reali ed era a suo agio nel mondo militare, concreto e privo di fronzoli.

Non c'è da meravigliarsi dunque se, nel 2015, quando prese la «difficile decisione» di mettere fine alla sua carriera decennale nell'esercito britannico, si sia sentito spaesato. Iniziarono ad affiorare la rabbia e l'ansia, due emozioni che non si confacevano alla sua immagine ufficiale. Agli impegni reali soffriva di attacchi di panico. Anche nei contesti più convenzionali e amichevoli – come il ricevimento organizzato da MapAction, un ente benefico di risposta alle emergenze umanitarie che voleva ringraziarlo per il suo sostegno – sentiva attivarsi il meccanismo *combatti o fuggi* da pilota di Apache. Una fonte ricorda che quando Harry lasciò l'evento, tenutosi alla Royal Society a Londra, «cominciò a fare dei respiri profondi. La folla, le macchine fotografiche, l'attenzione. Si era lasciato sopraffare. Era al limite».

Harry ha descritto il disturbo in prima persona. «Nel mio caso, ogni volta che ero in una stanza piena di gente, come mi accade molto spesso, mi ritrovavo in un bagno di sudore» ha confidato a Forces TV, il canale dell'esercito britannico, «con il cuore che batteva forte. *Bum, bum, bum, bum.* Letteralmente, come un martello pneumatico.»

Durante entrambi i periodi di servizio assistette al tipo di operazioni che restano impresse nella mente dei soldati anche molto tempo dopo il congedo. In Afghanistan, quando faceva il controllore finale di attacco interforze a terra, diresse gli aerei di supporto durante un'evacuazione di emergenza dopo che l'esercito nazionale afghano, aggredito dai talebani, aveva subìto pesanti perdite.

I feriti gravi stavano per essere aviotrasportati al campo con un Chinook quando, all'improvviso, la postazione di Harry fu attaccata dai talebani. Il principe ricevette l'ordine di trincerarsi e mettersi al riparo dalla pioggia di razzi, uno dei quali esplose con effetti devastanti a soli cinquanta metri di distanza.

In principio il fotografo John Stillwell, membro del team della Press Association al seguito di Harry in Afghanistan, pensò che al principe sarebbero state risparmiate le missioni più pericolose. Cambiò idea però quando, assieme agli altri passeggeri del carro armato di Harry, si ritrovò a fare da bersaglio a un cecchino mentre aspettavano i rinforzi nel letto di un fiume.

Stillwell ricorda che avevano raggiunto la periferia di una città e stavano per attraversare il corso d'acqua quando il veicolo di testa del convoglio avvistò un ordigno esplosivo artigianale sulla strada.

«Prima di andare in Afghanistan avevo pensato: *Harry starà a Camp Bastion, nove metri sotto terra, a chilometri dal pericolo*» ha confidato il fotografo. «Mi ero sbagliato di grosso. Si trovava spesso in situazioni alquanto rischiose, ma le affrontava tutte con grande calma. In qualità di principe, nipote della regina, avrebbe potuto avere un comodo lavoro d'ufficio» ha aggiunto, «invece ha optato per l'incarico più difficile, decidendo di scendere in prima linea.»

Nonostante gli elogi del pubblico e degli altri soldati, Harry pagò il suo eroismo a caro prezzo. Dopo essersi ritirato dalla vita militare, quando non veniva assalito dall'ansia, soffriva di accessi di rabbia. «Ho cominciato a praticare la boxe perché tutti dicevano che fa bene e che aiuta a sfogare l'aggressività» afferma. «È stata un'autentica ancora di salvezza, perché ero sul punto di prendere a pugni qualcuno, perciò picchiare una persona protetta da un casco da pugile era sicuramente meno problematico.»

La boxe, tuttavia, non bastò a placare il conflitto che infuriava dentro di lui. Harry ammette di essere stato «molto vicino al crollo totale in numerose occasioni, quando mi sono sentito sotto attacco da ogni fronte, in preda all'angoscia e vittima di menzogne e giudizi sbagliati».

Pur avendolo aiutato a superare alcune fragilità, le esperienze al fronte non risolsero totalmente i suoi problemi. E la cosa peggiore era che Harry non sapeva esattamente cosa gli stesse succedendo. «Non capivo» confessa. «Non avevo idea di cosa non andasse in me.»

Se queste difficoltà ebbero gravi ripercussioni su qualcun altro, questa persona fu William. I due fratelli non erano uniti solo dal sangue e dai titoli reali, ma anche dalla terribile tragedia di aver perso la madre in giovanissima età e in modo così clamoroso. «Siamo ogni anno sempre più legati» disse Harry ai reporter nel 2005. «Da quando nostra madre è morta ovviamente siamo vicini, ma [William] è l'unica persona al mondo con cui posso davvero... possiamo parlare di qualunque cosa. Ci capiamo e ci sosteniamo a vicenda.»

La solidarietà tra fratelli assunse diverse forme: affittare un cottage insieme durante l'addestramento in una scuola di volo dello Shropshire nel 2009, diventare entrambi piloti di elicottero e creare nello stesso anno la Royal Foundation, l'organizzazione ombrello per tutte le loro iniziative filantropiche. Anche dopo che William si sposò e mise su famiglia i due continuarono a trovare il tempo per divertirsi. Secondo una fonte amavano uscire di nascosto per andare a bere un drink e mangiare un boccone al Mari Vanna, a circa un chilometro e mezzo dal palazzo. Questo ristorante russo è frequentato dagli oligarchi più ricchi del mondo, ed è anche molto discreto. «Chi vuole essere al centro dell'attenzione va da Mr Chow, sull'altro lato della strada» dice un membro dello staff. Dentro il locale, vistosamente decorato con matrioske, poltrone, lampadari di vetro e altissime librerie zeppe di volumi antichi, i due fratelli potevano godersi rari momenti di privacy. Secondo la stessa fonte, una sera all'inizio del 2016 finirono per «sbronzarsi completamente». I problemi cominciarono solo quando Harry uscì a fumare. «È caduto in un piccolo cespuglio. Un passante ha provato a fotografarlo con il cellulare e la guardia del corpo gli è letteralmente saltata addosso per impedirglielo» riferisce la fonte. «Il principe non si è accorto di nulla. È tornato da William e hanno ripreso a bere.»

Ciascun fratello desiderava che l'altro fosse felice. Fu proprio per questo che nel 2015 William toccò con Harry l'argomento della sua salute mentale. Come Harry avrebbe dichiarato durante un'intervista in podcast con la giornalista e amica Bryony Gordon, che soffre a sua volta di un disturbo ossessivo-compulsivo, William disse: «Non hai altra scelta se non affrontare il problema. Non è normale pensare di poter restare indifferenti a ogni cosa».

Queste parole si impressero nella mente di Harry, spingendolo a intraprendere l'arduo percorso dell'introspezione, con tanto di terapia. Impresa non da poco per un membro di Casa Windsor.

Con la solita schiettezza e sincerità, il principe rivelò come, prima di elaborare il lutto, si fosse sentito totalmente schiacciato dalle imposizioni della vita pubblica. Per due anni, precisò, la sua vita era stata «un caos totale».

Non occorsero molte sedute dal terapista perché si rendesse conto di non aver affatto superato il dolore per la morte di Diana. Era un trauma che non aveva mai avuto la possibilità o la forza di affrontare prima di allora. Quando aveva perso la madre, la sua sofferenza era stata subito ricondotta a quella di un intero paese, il cui malessere si era tradotto in teorie complottistiche e altre ossessioni nazionali. Nel frattempo Harry e William avevano dovuto mostrarsi coraggiosi davanti all'Inghilterra e al mondo intero. La prima e ultima volta che Harry aveva pianto per Diana era stata al suo funerale il 6 settembre 1997, sull'isola nel lago all'interno di Althorp Park, la tenuta della famiglia Spencer.

Harry dice di aver «represso» per quasi vent'anni tutti i pensieri e i sentimenti legati alla morte di Lady D. «Credevo che pensare a lei mi avrebbe soltanto rattristato, senza riportarla in vita» spiega. «*Tieni le emozioni fuori da qualunque cosa*, dicevo a me stesso.»

Parlare dei suoi sentimenti si dimostrò la medicina migliore e, in parte, ispirò il più grande progetto che i principi abbiano mai avviato insieme.

Nell'aprile del 2016 William, Kate e Harry lanciarono Heads Together, una campagna contro i pregiudizi verso i disturbi mentali. L'obiettivo era correggere la visione della salute mentale affinché milioni di persone non avessero più paura di chiedere aiuto. William, Kate e Harry speravano che se avessero affrontato l'argomento, altri nel Regno Unito – il paese imperturbabile per antonomasia – avrebbero seguito il loro esempio.

I due fratelli attribuirono a Kate il merito dell'iniziativa, dicendo che l'idea originaria era stata scarabocchiata una sera sul retro di un pacchetto di sigarette. La duchessa di Cambridge, promotrice di numerosi progetti umanitari dedicati alle dipendenze e allo sviluppo nella prima infanzia, era diventata una sostenitrice dichiarata della sensibilizzazione alla salute mentale. Riteneva che la causa di molti problemi adolescenziali irrisolti andasse ricercata nelle malattie mentali che, se trascurate, sfociavano spesso in disturbi sociali ben più gravi nell'età adulta.

Benché Heads Together, uno dei cavalli di battaglia della Royal Foundation, sia nato da un'idea di Kate, fu Harry a dargli grande rilevanza descrivendo apertamente in pubblico le difficoltà personali vissute in uno dei periodi più bui della sua vita. Un anno dopo l'inaugurazione dell'ente benefico, il principe sorprese il mondo, durante il podcast di Bryony, trovando il coraggio di raccontare come avesse represso per decenni il dolore per la morte di Diana e i conseguenti problemi di rabbia e di difficoltà a individuare la radice dei suoi disturbi. Fu una scelta che diede grande visibilità alla sua causa, ma che ruppe anche con la convenzione.

William e Harry non avevano mai parlato con tanto candore della loro madre, e sicuramente non avevano mai confidato alla stampa l'immenso dolore provocato dalla sua morte. Fu un momento decisivo che sfatò lo stereotipo della famiglia reale.

Per Harry, confessare la sofferenza che l'aveva tormentato per anni fu una decisione audace e coraggiosa. Con la sua sincerità avrebbe aiutato milioni di persone. Eppure alcuni funzionari dello staff di corte si chiesero in cuor loro se la *messa a nudo* non fosse andata un po' troppo in là, creando un precedente pericoloso ed esponendo i due principi a eventuali attacchi futuri. Di norma, dopotutto, la famiglia reale era molto riservata e non toccava mai temi così intimi.

All'epoca Carlo non fece commenti sulla confessione del figlio, anche se nel 2019 disse di essere «orgoglioso» degli sforzi compiuti da Harry per cancellare i pregiudizi contro i disturbi mentali. Benché la regina non si sia espressa pubblicamente sulle dichiarazioni del nipote, il semplice fatto che Harry stesse lanciando una campagna di quel tipo con il fratello e la cognata implicava che avesse ottenuto il tacito consenso della nonna. Le sue rivelazioni personali non furono una violazione del protocollo, bensì un passo avanti per la monarchia, seppure entro i confini delle regole.

Soltanto Harry, tuttavia, avrebbe potuto farla franca dopo una simile confessione. I favoritismi non c'entravano nulla. William era soggetto a limitazioni più stringenti perché era l'erede diretto al trono. La stessa dinamica valeva per il principe Andrea, perdonato continuamente nonostante le numerose gaffe e le gravi cadute di stile. Fino alla scoperta dei suoi legami con Jeffrey Epstein, l'imprenditore e criminale americano arrestato per abusi sessuali, Andrea mantenne il suo status di *working member* della famiglia reale, anche dopo comportamenti che per Carlo sarebbero stati giudicati inammissibili. Per gli eredi diretti al trono c'è un diverso livello di protocollo.

Harry andava fiero dei due anni e mezzo in cui non solo aveva stabilito l'ordine di priorità dei suoi doveri reali, ma era riuscito a prendere sul serio anche la sua vita privata. Tre mesi dopo, quando partecipò con il fratello a una funzione privata ad Althorp House per celebrare sulla tomba di Diana quello che sarebbe stato il giorno del suo cinquantaseiesimo compleanno, poté affermare sinceramente di essere un uomo nuovo. Per sua stessa ammissione metteva «sangue, sudore e lacrime nelle cose che fanno davvero la differenza», sia per se stesso sia per gli altri.

Ma anche mentre prendeva dimestichezza con il suo ruolo pubblico, faticava a trovare l'anima gemella. William era stato così fortunato da sposare una donna che aveva conosciuto a diciannove anni, mentre Harry aveva all'attivo due lunghe relazioni fallimentari e una sfilza di titoli sui giornali scandalistici. Il fidanzamento e matrimonio idilliaci di William e Kate, tuttavia, non erano stati frutto soltanto della fortuna. William era andato all'università, dove aveva trovato nuovi amici in un ambiente protetto. Alla St Andrews, nella regione scozzese del Fife, aveva affinato le sue competenze sociali senza intrusioni da parte della stampa, in virtù di un accordo con i media britannici, compresi i tabloid, che avevano accettato di lasciarlo studiare serenamente. In quello spazio sicuro aveva conosciuto Kate che, a eccezione di una separazione di tre mesi nel 2007, è sempre stata pronta ad appoggiarlo e degna di fiducia.

Impegnato in una relazione seria, non sempre William capiva l'interesse di Harry per la vita notturna di Londra. Di tanto in tanto frequentava i locali con Kate, ma in coppia era un'esperienza molto diversa.

Nel 2013, in Afghanistan, Harry ammise di essere «molto invidioso di mio fratello [...] può tornare a casa da sua moglie e dal suo cane». A prescindere che «stesse giocando alla PlayStation in una tenda piena di uomini» mentre era in servizio attivo o che stesse facendo una partita a *Call of Duty* e chiamando il PizzaExpress (una delle pizzerie preferite dei principi) perché effettuassero una consegna nel modesto appartamento a Kensington Palace dove si trasferì al suo rientro, Harry conduceva una vita relativamente solitaria. Il desiderio di avere una famiglia tutta sua non fece altro che aumentare quando William e Kate ebbero il secondo figlio dopo la nascita della principessa Charlotte il 2 maggio 2015.

Insomma, sotto gli occhi di Meghan, Harry si era trasformato da principe impulsivo e inaffidabile in uomo pronto a trovare l'amore.

La decisione di portarla nel Botswana, uno dei luoghi più sacri e speciali della sua vita, era indice di ciò che provava per lei. Meghan era intelligente, indipendente, amante dell'avventura, ottimista e bellissima. Ma, cosa forse più importante per Harry, dava l'impressione di essere sincera. Il principe era certo che non stesse fingendo. Aveva la sensazione di aver conosciuto la vera Meghan fin dal primo giorno.

Dopo soli tre mesi, ricorda un'amica dell'attrice, avevano già preso a dirsi: «Ti amo». Fu Harry il primo a pronunciare le due parole brevi ma cariche di significato, e Meghan rispose senza esitazione: «Ti amo anch'io». Da quel momento non passò molto tempo prima che cominciassero a parlare apertamente del loro futuro.

Per dimostrargli il suo affetto, Meghan spargeva accenni e messaggi in codice nel suo feed di Instagram. Per esempio, le parole «Una serata romantica, finalmente» – scritte a luglio, mentre era sola nella sua camera d'albergo poco dopo aver conosciuto Harry – e la foto del 17 luglio di due innamorati che si baciano, con la didascalia *Sunday kind of love* (Una domenica d'amore). Poi ci sono i graziosi mazzi di peonie, presumibilmente il regalo di un certo Captain Wales. «Mi mandano in estasi» scrisse Meghan il 1° luglio. Due settimane dopo arrivarono altri fiori. «Perché sono molto viziata» era il commento accanto all'hashtag #TheyNeverGetOld (non passano mai di moda).

Anche Harry dimostrò i suoi sentimenti andando a Toronto tre volte tra agosto e ottobre. Temendo che i suoi famosi ricci rossi fossero facilmente riconoscibili, entrambi avevano evitato perlopiù di frequentare i locali preferiti di Meghan, come il Bar Isabel e il Terroni, preferendo restare nella casa con tre camere da letto e due bagni che l'attrice aveva preso in affitto nell'estate del 2013, più o meno nel periodo del divorzio.

Quando vi si trasferì, era la casa più grande che avesse mai avuto… e dovuto arredare. Lo fece con lo stesso stile con cui si vestiva, abbinando prodotti di fascia alta e bassa. Anche se forse aveva qualche discreta opera d'arte da appendere alle pareti (di tanto in tanto, nel giorno di paga, si concedeva un piccolo pezzo per la sua collezione sempre più numerosa), per alcuni mobili e accessori sceglieva spesso negozi abbordabili come HomeSense, IKEA e persino Home Depot. «Avere dei soldi in banca non significa avere soldi da spendere» le aveva insegnato suo padre quando era adolescente, e Meghan seguiva ancora quel consiglio.

Alla fine comprò il barbecue Big Green Egg di ceramica in stile kamado, che da un anno era nella sua lista dei desideri su Internet; l'ampio patio era perfetto per invitare gli amici. Con il pavimento di legno, l'arredamento da spiaggia e le grandi finestre aperte sul retro, quello spazio le ricordava vagamente la California. Vicini simpatici, in gran parte famiglie, vivevano nelle case assiepate, costruite intorno a una valida scuola pubblica e a un parco dove Bogart, il suo cane, poteva scorrazzare.

Benché da bambina Meghan non avesse avuto animali, «Bogs», come lo chiamava, era l'oggetto della sua devozione e compariva regolarmente sul suo feed di Instagram. Meghan sostiene che fu Ellen DeGeneres a spingerla a adottare il meticcio di labrador e pastore tedesco.

Stava coccolando Bogart al rifugio per animali che aveva salvato lui e suo fratello a Los Angeles, quando la famosa comica e conduttrice di talk show entrò con sua moglie, l'attrice Portia de Rossi.

«È il tuo cane?» chiese Ellen.

«No» rispose Meghan.

Le due donne non si erano mai incrociate. Mentre Meghan, naturalmente, riconobbe Ellen quest'ultima non aveva idea di chi fosse la sua interlocutrice. Tuttavia disse: «Devi prenderlo».

«Ci stavo pensando…»

«Salvalo!» ordinò Ellen. Quindi uscì dal rifugio ma, non appena fuori, bussò alla finestra urlando: «Prendilo!».

Come poteva Meghan rifiutarsi? «È come se Oprah ti dicesse di fare una certa cosa» dice. «Ho portato a casa il cucciolo perché me l'aveva detto Ellen.»

Non si pentì di quella decisione. Anzi, due anni dopo adottò un altro cane, Guy, un beagle che incontrò a un evento di adozioni organizzato da A Dog's Dream Rescue, un ente benefico con sede nell'Ontario.

Ora i due dolcissimi animali correvano qua e là mentre Meghan preparava il suo rinomato pollo arrosto per il principe, seduto nell'elegante cucina bianca.

Anche se la coppia tentava di non dare nell'occhio, la presenza di Harry non poteva passare inosservata nel quartiere. Non occorse molto tempo perché le sue visite diventassero un segreto di Pulcinella tra i residenti di Seaton Village. Come dichiara un vicino: «Quando vedevamo un SUV nero parcheggiato fuori con a bordo alcuni uomini che portavano gli auricolari e mangiavano burritos, dicevamo: "Harry è in città!"». Ma la notizia non andò mai oltre la pagina Facebook della comunità di Seaton Village, solitamente dedicata a discussioni sulla spalatura della neve e sui ricordini dei cani. Toronto non conta i paparazzi di New York, Los Angeles o Londra, perché in Canada non c'è una grande industria mediatica che orbita intorno alle celebrità.

Ma Harry e Meghan non stavano insieme solo a Londra e in Canada. Rivelare la loro love story agli amici più cari fu una scelta azzeccata. Accantonato il timore che i loro confidenti più intimi li tradissero, si ritrovarono infatti con una moltitudine di complici disposti ad aiutarli.

Uno dei più vecchi amici di Harry, Arthur Landon, offrì loro l'uso della sua abitazione a Los Angeles per una settimana. Figlio del compianto generale di brigata Tim Landon – detto Sultano bianco, o Landon d'Arabia, perché si dice che abbia contribuito a organizzare un colpo di stato pacifico in Oman e che abbia fatto fortuna laggiù –, Arthur è uno dei giovani più facoltosi della Gran Bretagna. L'ex modello e regista, che cerca di proteggere Harry da quando diventarono amici all'Eton College, definisce «spregevole» la donna che vendette le foto del principe nudo scattate durante il loro viaggio a Las Vegas.

Sapendo per esperienza personale cosa le persone sarebbero state disposte a compiere pur di rubare qualche scatto della vita privata di Harry, Arthur disse al principe che il posto migliore in cui potesse alloggiare con Meghan a Los Angeles era casa sua. La villa in stile bohémien a West Hollywood sorge nella parte più bassa delle Hills, con una piscina e una vista su Sunset Boulevard. Era un luogo magnifico e appartato, da cui Harry ebbe la possibilità di visitare per la prima volta la città natale di Meghan. Quel soggiorno, che la coppia trascorse perlopiù nascosta nella villa, segnò anche il primo incontro tra il principe e Doria.

Impossibilitati ad avventurarsi fino al trilocale di Doria nel quartiere di Windsor Hills, Harry e Meghan la invitarono nel loro alloggio temporaneo (anche se i due giovani preferirono evitare di uscire, ciò non impedì a Meghan di far assaggiare a Harry, grazie a un'app per le consegne a domicilio, i piatti di alcuni dei suoi ristoranti preferiti, tra cui il Sushi Park, che a suo avviso prepara «un sashimi squisito»). Benché Meghan fosse probabilmente nervosa all'idea che sua madre conoscesse Harry, Doria apparve calma come sempre. Ci vuole del bello e del buono per turbare questa istruttrice di yoga, anche se in seguito raccontò a una collega della clinica psichiatrica in cui lavorava come l'esperienza di conoscere un principe, che per giunta era il ragazzo di sua figlia, fosse stata «un tantino surreale».

Pur parlando sempre con Doria degli uomini che frequentava, Meghan era abituata a presentarglieli solo quando la relazione diventava seria, ma in quel caso volle rassicurarla dimostrandole che, anche se Harry era una celebrità internazionale, era anzitutto una brava persona. «Meghan non voleva che sua madre si preoccupasse» riferisce una fonte. «Voleva che vedesse il vero Harry, l'uomo di cui si stava innamorando.»

Anche Harry desiderava far colpo su Doria. Non con i regali, ma con le parole e le azioni. Incline a temere il giudizio altrui, ci teneva a dimostrare di essere diverso da come lo descrivevano sui tabloid britannici. E funzionò. Doria restò colpita dalla sua compassione, empatia e dal suo livello di attivismo. Come ricorda un'amica: «Ha capito che era sincero».

Nei primi mesi, quando ancora la relazione era un segreto, Meghan andò nel Regno Unito almeno tre volte. Al suo arrivo all'aeroporto, Harry faceva in modo che ci fosse un autista ad aspettarla. Niente Rolls-Royce vistose o chauffeur in uniforme, soltanto l'addetto di un'azienda di taxi locale a cui lui e altri membri della famiglia reale si rivolgevano di tanto in tanto.

Markus, tuttavia, era sempre pronto a trovare un alloggio accogliente, lussuoso e appartato per i due giovani. Una volta li sistemò in un cottage isolato, poco lontano dalla Soho Farmhouse, nell'Oxfordshire. A solo un'ora e mezza da Londra, era il rifugio perfetto. Anche se la casa di pietra si innalzava su quaranta ettari di campagna inglese, la coppia gustò il sashimi e altri piatti giapponesi consegnati a domicilio dal Pen Yen, uno dei ristoranti nella proprietà.

Durante una visita in autunno Markus organizzò loro un weekend a Babington House, una villa del XVIII secolo nel Somerset, trasformata dalla Soho House in una casa di vacanza. L'alloggio di Meghan e Harry comprendeva un camino scoppiettante e un maggiordomo, l'ennesimo rifugio segreto di cui la stampa non sarebbe mai venuta a conoscenza.

Non passò molto tempo prima che Meghan si sentisse così sicura del loro rapporto, così incoraggiata dalla loro capacità di nascondersi in bella vista, che addirittura invitò Harry ad accompagnarla mentre portava a spasso i cani lungo i vialetti del Trinity Bellwoods Park a Toronto. Una felpa con il cappuccio e un berretto da baseball bastarono per camuffare il principe durante la sua visita in città. I canadesi non badavano quasi mai a quei due giovani con identici braccialetti di perline blu, acquistati nel Botswana (i braccialetti sono un tratto distintivo del principe, e ciascuno ha il suo significato e la sua importanza. Un cerchietto d'argento inciso che indossa religiosamente dal 2001 risale al suo viaggio in Africa nel 1997, dopo la morte di Diana. In alcune fotografie, William ne porta uno uguale).

Harry e Meghan non avevano voglia di passare il weekend di Halloween chiusi in casa, perché avevano molte cose da festeggiare. Dopo quattro mesi circa di relazione erano follemente innamorati e impazienti di divertirsi durante una delle loro ricorrenze preferite. La sera del 29 ottobre, mentre il principe era in città, decisero di partecipare a una grande festa in costume alla Soho House di Toronto, con i visi coperti da due maschere in stile veneziano.

Circondati dalla clientela esclusiva del club e protetti dalla regola che vietava di scattare fotografie di nascosto con i telefoni, Harry e Meghan si sentivano a proprio agio. Non era la prima volta che andavano in quel locale. In un'occasione precedente si erano infilati insieme nella cabina fotografica del bar, conservando la striscia di istantanee come ricordo.

Non erano nemmeno soli. Si presentarono al party con la principessa Eugenie e con il suo ragazzo storico, Jack Brooksbank, che era a Toronto per fare da testimonial alla Casamigos, il marchio di tequila di George Clooney e Rande Gerber. Harry e Meghan avevano già fatto due uscite a quattro con loro.

Harry e Eugenie sono sempre stati non solo cugini, ma anche ottimi amici. Tra tutti i nipoti della regina, sono quelli legati dal rapporto più solido. Come Harry, Eugenie è leale, sincera e molto simpatica. A Londra, i due passavano parecchie serate insieme, entrando dagli ingressi posteriori di locali come il Mahiki, di cui Jack era l'ex direttore, o la Tonteria, nella cui zona VIP bevevano drink da bicchieri messicani a forma di teschio o dividevano un gigantesco Margarita ghiacciato (con tante cannucce). Harry si divertiva così tanto in quel locale, il cui proprietario era il suo caro amico d'infanzia Guy Pelly, che nel luglio del 2014 vi trascorse ben quattro serate in una settimana.

Benché Eugenie e Harry siano cresciuti in luoghi diversi (lei al Royal Lodge nel Windsor Great Park, lui a Kensington Palace), i buoni rapporti tra le loro madri sancirono il loro sodalizio. Sarah Ferguson portava spesso le sue figlie a Kensington Palace per un tè con Diana, William e Harry. Dopo aver divorziato entrambe nel 1996, le due donne andarono in vacanza con i figli nel Sud della Francia (in seguito sarebbe stato Harry ad assicurarsi che la zia Sarah venisse invitata alle sue nozze e al ricevimento, iniziativa temeraria, considerando che, a quanto pare, una volta il principe Filippo aveva dichiarato di non voler più stare nella stessa stanza con lei). Come Harry, da giovane anche Eugenie faticò a ritagliarsi un'identità tutta sua. Non essendo un membro senior della famiglia reale, dovette uscire nel mondo e trovare la propria strada, cosa che fece trasferendosi a New York nel 2013 per lavorare alla Paddle8, la casa d'aste gestita da Alexander Gilkes.

Harry si è sempre confidato con la cugina riguardo alle donne della sua vita. Oltre a essersi costantemente dimostrata degna di fiducia, a detta degli amici Eugenie dà consigli infallibili ed è sempre stata «più matura» della sua età. Non c'è da meravigliarsi, dunque, che sia stata tra i primi membri della famiglia a sapere della relazione con Meghan. Pur avendo sperato in una love story tra Harry e la sua buona amica Cressida (anche in quel caso c'erano state alcune uscite a quattro), lo incoraggiò a consolidare il nuovo rapporto. Anzi, la principessa, che da tempo desiderava vedere il cugino accasato e felice, disse ad alcuni amici che adorava Meghan e che l'attrice era «un vero toccasana» per lui.

Quella sera di fine ottobre a Toronto Harry era felice, e anche Meghan.

Dopo un paio di cocktail si sentivano entrambi rilassati, pronti a godersi lo spirito di Halloween.

Forse fu una serata perfetta… finché Harry ricevette la chiamata di un aiutante di Palazzo. Cattive notizie.

The Sunday Express stava per pubblicare la notizia della loro relazione e si vociferava che il tabloid avesse ricevuto una soffiata nientemeno che da un dipendente di Eugenie e di suo padre, il principe Andrea.

Con la notizia sul punto di rimbalzare da un angolo all'altro della rete, la serata di festa minacciò di trasformarsi in una catastrofe.

Harry e Meghan lasciarono il party e rientrarono a casa. La loro preoccupazione principale era che l'abitazione dell'attrice venisse presa d'assalto dai fotografi nel giro di ventiquattr'ore. Ebbero un po' di tempo per riflettere, perché a Toronto c'erano soltanto un paio di paparazzi (uno dei quali aveva già messaggiato Meghan per chiederle se la notizia fosse attendibile, lei non rispose). Ma i fotografi non avrebbero tardato ad arrivare da New York e da Los Angeles, nella speranza di procurarsi il primo scatto della coppia felice. Anche un'altra rivista, *US Weekly*, aveva confermato la loro relazione e sapeva che erano insieme a Toronto, ma concordò con il Palazzo di dare l'annuncio solo quando Harry fosse tornato in Gran Bretagna.

Sul telefono del principe arrivarono messaggi a raffica. Gli aiutanti di Palazzo gli suggerirono di interrompere il soggiorno e di rientrare a Londra con discrezione, anche se la security ridotta al minimo costituiva un problema. Ma Harry non ne volle sapere. Non si sarebbe mosso. Se le cose avessero preso una brutta piega, l'unico posto dove voleva essere era al fianco di Meghan.

5

IL PRINCIPE PUNTA I PIEDI

Quando Harry e Meghan arrivarono a casa di Jessica e Ben Mulroney la mattina del 30 ottobre, avevano avuto almeno il tempo di dormirci sopra.

Avevano deciso di andare dai Mulroney, nell'Alto Canada, la sera prima, dopo che un aiutante di Palazzo aveva consigliato al principe di rifugiarsi in un luogo discreto, dove i media non avrebbero mai pensato di seguirlo. In cerca di sostegno morale, Meghan stava già messaggiando con Jessica (o Jess, come la chiamano gli amici) da ore quando l'altra aveva detto che sarebbe stata felice di ospitarli. Giudicandola un'ottima idea, la coppia aveva fatto i bagagli e lasciato Seaton Village la mattina seguente di buon'ora.

Non era la prima volta che andavano dai Mulroney. Prima che il mondo venisse a sapere della loro relazione, in più occasioni avevano fatto loro visita in quel quartiere tranquillo ed esclusivo, dove la sicurezza di Harry dava meno nell'occhio.

Fu lì che Meghan vide con i suoi occhi che tipo di padre il principe sarebbe potuto diventare, osservandolo mentre conquistava senza difficoltà Brian e John, i due gemelli di sei anni dei Mulroney, e Ivy, la loro figlioletta di tre anni. Già bravissimo a entrare nelle grazie dei bambini, Harry non arrivava mai a mani vuote. Ma non era la sua generosità ad attirargli le loro simpatie. Infatti non esitava a giocare con i bambini sul pavimento o a schiacciare la faccia contro la finestra, facendo espressioni buffe che non mancavano mai di strappare loro una risatina.

Quel giorno Harry e Meghan si sedettero intorno all'isola del salotto con cucina a vista, così che Jess e Ben potessero sentire ogni cosa.

Meghan provava emozioni contrastanti. Da un lato, era rattristata dalla diffusione della notizia. Non sarebbero più stati solo loro due. Anche se, prima di conoscere Harry, di tanto in tanto si era fatta fotografare dai paparazzi o aveva lasciato trapelare qualche informazione alla stampa, aveva sempre fatto il possibile per nascondere la relazione con il principe. Sapeva che il riserbo avrebbe permesso loro di conoscersi senza pressioni o preoccupazioni legate agli articoli e ai commenti dei reporter sulla loro nascente storia d'amore.

In parte, però, era anche sollevata. Aveva faticato a mantenere il segreto con amici e colleghi (soltanto alcuni attori e produttori di *Suits* ne erano al corrente) e non amava mentire sullo scopo dei suoi viaggi a Londra.

Harry aveva sempre saputo che quel momento era «inevitabile» e l'aveva detto a Meghan poco dopo il loro primo incontro, in modo che potessero «sfruttare appieno il tempo a disposizione». Naturalmente Meghan non poteva capire fino in fondo cosa significasse essere famosi quanto Harry lo era stato per tutta la vita. «Ci frequentavamo con discrezione da circa sei mesi prima che uscisse lo scoop» avrebbe dichiarato in seguito a *Vanity Fair*. «Ed è stato sorprendente come le cose siano cambiate di punto in bianco.»

Dopo la rivelazione, Meghan ricevette quasi cento messaggi in ventiquattr'ore da persone con cui non parlava da mesi, se non addirittura da anni. Le facevano tutti la stessa domanda: «È vero?».

Naturalmente i suoi genitori sapevano di lei e Harry molto prima che la notizia trapelasse. Meghan l'aveva rivelato a Doria non appena era tornata a Toronto da Londra quando si erano conosciuti, e le aveva presentato il principe a Los Angeles. Il padre Thomas l'aveva scoperto soltanto l'estate precedente, dopo il viaggio della figlia in Botswana. Durante un'intervista a *Good Morning Britain* avrebbe affermato: «Meghan ha detto: "Dovremo chiamarlo H, in modo che nessuno capisca". Alla fine ho parlato con lui, e mi è sembrato un tipo molto simpatico, un gentiluomo, molto affabile». Una fonte conferma che Harry ebbe svariate conversazioni telefoniche con Thomas durante il primo anno della relazione.

Per il resto del mondo, però, era una notizia bomba. Oltre che da amici e conoscenti, Meghan ricevette messaggi anche da alcuni giornalisti a cui aveva passato informazioni nel corso degli anni. Non rispose a nessuno.

Per i tre giorni successivi – mentre amici, vicini di casa e soprattutto membri del cast di *Suits* scrivevano a Meghan per metterla in guardia dai reporter e dai fotografi che stavano spuntando ovunque – la coppia rimase dai Mulroney. Poi Harry dovette rientrare a Londra per motivi di lavoro, lasciando Meghan ad affrontare una nuova vita sotto i riflettori a Toronto.

Ogni sua mossa diventò una notizia da prima pagina, comprese le lezioni al Moksha Yoga o lo shopping con Jessica nel loro grande magazzino preferito, l'Hudson's Bay, dove erano solite passare ore.

La Universal Cable, la società di produzione di *Suits*, organizzò un servizio di sicurezza che accompagnasse Meghan da e verso il grande studio televisivo a North York, vicino al centro di Toronto. Ma ben presto i paparazzi presero dimestichezza con le sue abitudini quotidiane. Prima di conoscere Harry, Meghan si era trovata davanti agli obiettivi dei fotografi solo sul set o sui red carpet. Le poche foto che i paparazzi le avevano fatto prima di allora erano state scattate perlopiù con il suo consenso.

Il servizio di sicurezza era indispensabile. Poco dopo la divulgazione della notizia un fotografo di un'agenzia con sede a Los Angeles scavalcò la recinzione del giardino e aspettò Meghan accanto alla sua auto, sperando di immortalarla prima che uscisse a sbrigare delle commissioni. Terrorizzata, l'attrice chiamò immediatamente la polizia. «È così che sarà d'ora in poi, vero?» chiese a un'amica.

Meno di una settimana dopo l'uscita dello scoop sui giornali, sulle riviste e sui siti di tutto il mondo, Meghan tornò nell'area VIP del Toronto Pearson, in attesa di prendere un volo per Londra. A parte qualche fan di *Suits* che la pregava di fare un selfie, aveva sempre viaggiato indisturbata. Quella volta decise di camuffarsi. Nulla di eccessivo, solo un berretto da baseball degli Yankees da abbassare sugli occhi. Funzionò.

Dopo che Meghan le ebbe descritto quanto fosse snervante viaggiare ora che era ufficialmente la ragazza del principe, Jessica fece in modo che usasse il jet privato di Krystal Koo e Michael Cooper, celebre coppia canadese che ha fatto fortuna nel settore immobiliare. Vecchi amici di Jessica, in precedenza Krystal e Michael avevano creato dei diversivi per aiutare Harry e Meghan a sfuggire ai paparazzi, e furono felicissimi di dare loro una mano. Avendo voglia a loro volta di fare un viaggio a Londra, dissero scherzosamente che avrebbero potuto nascondere Meghan in una delle valigie nuove comprate dall'attrice quando aveva capito che il futuro le avrebbe riservato diversi voli transatlantici.

Viaggiare con due facce familiari aiutò Meghan a controllare la tensione, e quando atterrò a Londra, dove avrebbe alloggiato con Harry a Kensington Palace, provò un certo conforto. Iniziando a considerare la Gran Bretagna una potenziale futura patria, cominciò a organizzare la sua vita laggiù.

Amante del jogging, prese l'abitudine di correre nei giardini di Kensington. Poi andava al vicino Whole Foods, dove faceva la spesa per la cena al Nottingham Cottage, che aveva già riscaldato con piccoli tocchi personali come qualche candela Diptyque e una pianta in vaso (il giardino con l'amaca era spoglio, poiché «nessuno dei due ha il pollice verde»).

Arrivando a casa carica di sacchetti, non doveva mai preoccuparsi di frugare nella borsa in cerca della carta d'identità. Mentre i visitatori di Kensington Palace devono, di norma, mostrare una serie di documenti per superare il cancello, ormai Meghan poteva sfrecciare accanto alle guardie senza fermarsi. Se le era ingraziate stringendo loro cordialmente la mano e insistendo perché la chiamassero con il nome di battesimo. Tutti quegli assurdi «Ms Markle» non erano nel suo stile (in privato lei e il principe usavano i nomignoli Meg e H).

Chi la conosceva intuì quanto fosse felice, persino il suo parrucchiere. Finché visse a Toronto, Meghan andò ogni mese da Luis Pacheco per un ritocco al colore, per qualche colpo di sole dorato o qualche riflesso color cioccolato che desse ai suoi capelli un aspetto «sano, glamour e luminoso», sia davanti alle telecamere sia lontano dal set. Quando Luis vide Meghan nel novembre del 2016 osservò: «C'era qualcosa di molto diverso in lei. Sembrava così dolce e tenera... Aveva una luce particolare negli occhi». Non sapeva che il merito fosse di Harry e che Meghan stesse per prendere un aereo e raggiungerlo di nuovo a Londra.

Harry chiarì che non era costretta a nascondersi dentro le mura del Palazzo e che era libera di fare qualunque cosa volesse: pranzare in uno dei suoi ristoranti preferiti – come il Kurobuta in Kings Road, che serve cibo giapponese in stile tapas –, curiosare tra i pezzi d'antiquariato e gli articoli per la casa al Portobello Market o semplicemente fare la spesa. Meghan ignorava che il Whole Foods vicino a Kensington Palace fosse frequentato dai reporter del *Daily Mail*, perché si trovava proprio accanto alla redazione del tabloid. Un giorno, mentre faceva la spesa, fu riconosciuta da un reporter che la seguì fino al cancello del palazzo, fotografandola con il cellulare. L'indomani era in prima pagina: *L'amore di Harry è a Londra!*

La stampa scandalistica britannica, in realtà, andava a nozze con la nuova fiamma di Harry. Non che quei giornali avessero mai avuto bisogno dell'autorizzazione per dare la caccia a qualcuno, ma Meghan era un bersaglio particolarmente facile. Aveva passato gran parte della sua vita adulta sotto le luci della ribalta, di tanto in tanto con un outfit sexy, come quando aveva partecipato a *Deal or No Deal*, cosa che i giornali non avevano tardato a scoprire. Ma furono gli accenni che lasciava nei suoi account social – come l'immagine, postata il giorno dopo l'uscita dello scoop della sua relazione con Harry, di due banane accostate in un abbraccio a cucchiaio – a spingere alcuni media a sospettare che forse li stesse provocando volutamente.

Negli ambienti reali ci si aspetta che le *royal girlfriends* obbediscano a un tacito codice del silenzio, comportandosi con la medesima discrezione dei membri della Royal Family. I giornalisti seguivano attentamente i vari account social di Meghan, trovando materiale che, secondo loro, violava questo codice. C'erano i braccialetti uguali, le foto dei viaggi sulle Cotswolds e molto altro. Harry, noto per il suo malizioso senso dell'umorismo, apprezzava quei post civettuoli. Ma la stampa era di diverso parere: non si può pretendere la privacy e stuzzicare i media.

Qualunque fosse il comportamento di Meghan online, non ci sono giustificazioni per il razzismo che ben presto emerse dagli articoli. La prima settimana di novembre, un titolo del *Daily Mail* annunciò che l'attrice veniva «dritta da Compton», cittadina della California con un altissimo tasso di criminalità, arrivando persino a sostenere che il quartiere dove viveva sua madre era «segnato dalla piaga delle gang». Tre giorni dopo lo stesso tabloid scrisse che Meghan non avrebbe superato il «test della suocera». Il pezzo spiegava concitatamente che «i Windsor contamineranno il loro acquoso sangue blu, la pelle chiara e i capelli rossi degli Spencer con una bella iniezione di DNA esotico». La madre di Meghan, aggiungeva l'articolo, era «una signora afroamericana con le treccine, nata nei bassifondi». I tabloid scesero sempre più in basso. I sottintesi cedettero il passo alle provocazioni razziste bell'e buone via via che certe pubblicazioni superavano ogni limite. Un giornale scrisse che Meghan non era «una bionda dell'alta società come tutte le ex» di Harry.

Nel Regno Unito il razzismo ha una forma diversa da

quella prevalente negli Stati Uniti, ma è impossibile negare la sua esistenza e la misura in cui è radicato nella mentalità delle persone. Un aspetto importante di questo tema in Gran Bretagna è l'identificazione dei veri «british». Tale concetto può esprimersi tramite impercettibili atti discriminatori, con microaggressioni come quella attuata dal funzionario di Palazzo che disse al coautore di questo libro: «Non mi sarei mai aspettato che parlassi così bene», o come l'articolo del *Daily Mail* intitolato *Messaggio per Meghan: noi britannici preferiamo le regine vere a quelle della moda.* Anche se il giornalista voleva criticare Meghan per i suoi editoriali su *Vogue*, c'è un'altra interpretazione possibile, cioè che essere britannici significa essere nati e cresciuti nel Regno Unito, ed essere bianchi.

Con la xenofobia che aumentava di pari passo alla paura di perdere l'identità britannica a causa dell'immigrazione, l'idea che una persona non bianca entrasse a far parte di Casa Windsor scatenò la rabbia di molti. Alcuni usarono gli account Twitter e Instagram di Meghan per esprimere chiari sentimenti razzisti, per esempio chiamandola «negra» o «bastarda». Qualche componente della famiglia reale aveva frequentato o addirittura sposato persone comuni, ma nessun membro senior era mai uscito pubblicamente con qualcuno che non fosse bianco. Era la prima volta in assoluto.

Tutto ciò suscitò la collera di Harry, che non si era mai scontrato con la bruttura del razzismo. Se forse i pregiudizi – sia inconsci sia intenzionali – potevano essere una novità per lui, avevano invece sempre fatto parte della vita di Meghan.

Per lei, il problema del colore della pelle era iniziato prima ancora della sua nascita, con il matrimonio dei suoi genitori. La loro storia d'amore fu insieme ordinaria e rivoluzionaria, perché Thomas – il minore di tre figli, originario di Newport, in Pennsylvania – era bianco e Doria, cresciuta a Los Angeles, era nera. «Siccome mio padre aveva sempre vissuto in una comunità omogenea della Pennsylvania, era impensabile che sposasse un'afroamericana» scrive Meghan. «Ma ha saputo guardare oltre ciò che gli avevano insegnato in quella piccola (e, forse, ottusa) città.»

La comunità prevalentemente bianca di Woodland Hills, dove Meghan visse da bambina, non si mostrò sempre bendisposta verso Doria. Meghan descrive il dolore di sua madre ogni volta che la scambiavano per la tata perché aveva la pelle più scura di quella della figlia.

Meghan imparò ad accettare entrambe le parti di sé. Quando aveva sette anni si svegliò la mattina di Natale e trovò una grande scatola avvolta in carta punteggiata di brillantini. «Ho trovato la mia Famiglia Cuore: la mamma nera, il papà bianco e un bambino di ciascun colore» ricorda. Suo padre aveva acquistato alcune famiglie della Barbie, le aveva scomposte e ne aveva creata con cura una che riflettesse la realtà della figlia. I suoi genitori, conferma Meghan, «hanno plasmato il mondo intorno a me per farmi sentire non diversa, ma speciale».

Non poterono tuttavia impedire totalmente che le verità sgradevoli si insinuassero nella sua infanzia. Uno dei suoi ricordi risale ai disordini del 1992 a South Central, innescati dall'assoluzione degli agenti di polizia coinvolti nel brutale pestaggio di Rodney King l'anno precedente. Meghan, che all'epoca aveva undici anni ed era tornata presto da scuola a causa dei tumulti, guardò la cenere degli incendi nelle strade coprire i prati della periferia.

«Oddio, mamma!» esclamò. «Nevica!»

Essere di origine mista comportava un'intera serie di ostacoli. In seconda media Meghan fu chiamata a identificare la sua etnia – bianca o nera – in un questionario per il corso di inglese. Non sapeva cosa rispondere. «Potevi scegliere una sola opzione, ma sarebbe stato come preferire un genitore all'altro… e una metà di me stessa all'altra» scrive. Lasciò la domanda in bianco. «Se succede di nuovo, disegna una casella tutta tua» disse suo padre.

L'ultimo luogo in cui pensava di incappare nell'ignoranza era il college, ma fu esattamente ciò che accadde durante la primissima settimana alla Northwestern. Quando una compagna di dormitorio le fece domande tendenziose sul divorzio dei suoi genitori, Meghan lesse tra le righe. Svicolò senza fare polemiche, ma ebbe la terribile sensazione di essere costretta a giustificare la sua stessa esistenza.

Il suo incontro più sgradevole con l'odio razziale risale tuttavia a dopo il college. Meghan era di nuovo a Los Angeles quando qualcuno apostrofò Doria chiamandola «negra» mentre uscivano da un parcheggio.

«Sono avvampata di rabbia mentre guardavo mia madre» scrive. «Vedendo i suoi occhi pieni di lacrime d'indignazione, sono riuscita soltanto a sussurrare qualche parola, a voce così bassa da essere a malapena udibile: "Va tutto bene, mamma". Ho cercato di stemperare la tensione che riempiva la nostra piccola Volvo color argento.»

In preda a un turbine di emozioni, era preoccupata per Doria e per la loro incolumità.

«Ci siamo dirette verso casa in un silenzio assordante, con le nocche color cioccolato [di mia madre] che diventavano bianche per la forza con cui stringeva il volante.»

Non furono solo episodi gravi come questo a definire il carattere di Meghan, ma molti altri, meno evidenti.

L'attrice arrivò a disprezzare la domanda: «Di dove sei?». Non essendo facilmente classificabile, sapeva che in realtà le persone erano incuriosite dal colore della sua pelle, ma non voleva essere definita in base a quello.

«Nonostante il mio patrimonio genetico misto abbia probabilmente creato intorno a me una zona grigia, costringendomi a vivere su entrambi i fronti, sono riuscita ad accettarlo» scrive su *Elle*. «[Sono qui per] dire chi sono, per spiegare da dove vengo, per dare voce al mio orgoglio di essere una donna di origine mista, forte e fiduciosa.»

Forse Meghan aveva accettato fino in fondo la sua identità unica, ma non avrebbe mai tollerato gli attacchi al suo passato e, in particolare, a sua madre. Con i fotografi accampati davanti alla casa di Doria, alcuni tabloid continuarono a pubblicare articoli capziosi, che si basavano su stereotipi razzisti sugli afroamericani indigenti e ignoravano del tutto i master in Scienze del servizio sociale conseguiti dalla madre di Meghan nel 2015 e il suo ruolo di terapista nella comunità geriatrica.

Anche Harry si rifiutò di rassegnarsi. La stampa non era l'unica sede dello scontro sulle origini miste di Meghan. Quando il principe cominciò a frequentarla, sensibile persino al minimo accenno di pregiudizio, litigò persino con alcuni membri della sua cerchia più stretta. Non appena qualcuno metteva in dubbio la sua nuova relazione, chiedendo se Meghan fosse una scelta opportuna, il principe si domandava: *È una questione di razza? Oppure è snobismo?*

Un suo vecchio amico passò un pomeriggio a sparlare di Meghan, facendo osservazioni denigratorie sul suo passato a Hollywood. Qualcuno lo riferì a Harry, che troncò immediatamente qualunque rapporto con lui.

Se il principe era disposto a scontrarsi con le persone che gli stavano a cuore, figurarsi con i media.

Il clamore mediatico internazionale nato intorno a Meghan, che assicurava milioni di visualizzazioni e faceva salire alle stelle le vendite dei giornali, riaprì le vecchie ferite dell'infanzia. «Siccome attaccano pubblicamente la sua ragazza, di sicuro una parte di lui sta rivivendo ciò che è accaduto a sua madre a causa della stampa scandalistica» disse un ex dipendente della casa reale.

Negli anni, il dolore per il coinvolgimento dei paparazzi nella morte di Diana non si era attenuato né per Harry né per William.

«Una delle cose più difficili da accettare è il fatto che le persone che l'hanno inseguita nel tunnel sono le stesse che l'hanno fotografata mentre era moribonda sul sedile posteriore dell'auto» ha dichiarato Harry in un documentario uscito poco prima del ventesimo anniversario della morte di Lady D. «Aveva riportato una grave ferita alla testa, ma era ancora viva. E coloro che avevano provocato l'incidente, invece di aiutarla, l'hanno fotografata mentre moriva, e quelle immagini potrebbero aver raggiunto le redazioni di questo paese.»

Harry e suo fratello avevano ben presente cosa aveva passato Diana a causa delle intrusioni quotidiane della stampa nelle loro vite. Come afferma un ex dipendente della casa reale: «Vedono ripetersi la stessa scena volta dopo volta».

Harry, riferisce la fonte, avrebbe fatto qualunque cosa pur di difendere la reputazione di Meghan e proteggere la sua privacy, ma era «frustrato dai limiti della propria capacità di intervento».

Non era riuscito a proteggere le sue ex dai giornalisti,

che incolpava in parte della fine delle sue relazioni precedenti, ma era deciso a impedire che il nuovo rapporto andasse incontro allo stesso destino.

Per capire cosa fare si rivolse all'unica persona di sua conoscenza che avrebbe compreso la complessità della situazione: suo fratello.

Meghan conobbe William a Kensington Palace all'inizio di novembre del 2016. Mentre saliva con Harry i sette lucidi gradini di cemento che conducevano all'appartamento 1A, non pensava al futuro re d'Inghilterra, bensì al fratello maggiore del suo ragazzo, famoso per essere sempre stato protettivo con Harry e reduce a sua volta da svariati traumi emotivi. Senza dubbio, pensò Meghan, William avrebbe voluto sapere ogni cosa di lei e delle sue intenzioni. L'attrice era abbastanza intelligente per capire che i fratelli diffidavano delle donne più interessate ai loro titoli che alla loro serenità. E non sarebbe potuta venire da un mondo più diverso da quello di William, di sua moglie e di quasi tutti i membri della loro cerchia. Per queste ragioni, come disse a un'amica, aveva riflettuto bene sull'incontro. «Si era preparata per il terzo grado» rivela un confidente.

Ma si era preoccupata senza motivo. Aprendo la porta nera per darle il benvenuto, William esordì: «Non vedevo l'ora di conoscere la ragazza che ha fatto comparire quel sorriso sciocco sulla faccia di mio fratello».

Sui tavoli a parete nell'atrio Meghan notò alcune foto incorniciate dei fratelli con Diana, scatti di famiglia con la regina e tenere immagini di George e Charlotte. Pur non avendo mai conosciuto le persone ritratte nelle fotografie, ne aveva sentito parlare molto da Harry. Superarono il salotto, con la sua tavolozza di colori neutri messi in risalto da importanti pezzi d'antiquariato e opere d'arte, e andarono dritti verso il retro del primo piano, dove si trova il cuore della casa dei duchi di Cambridge: la cucina. Niente trambusto, nessun domestico, solo loro tre e il tè che stavano per bere.

A Meghan dispiacque non poter conoscere Kate, che era con i bambini ad Anmer Hall, la tenuta della coppia nel Norfolk, vicino a Sandringham. Ma, essendosi trovata così bene con William, non si crucciò più di tanto. William comunicò le sue impressioni a Harry dicendo che era felice di vederlo sorridere.

Ora, trovandolo tanto addolorato, William pensò che le cose fossero andate troppo oltre. Harry non aveva dubbi sulla necessità di fare qualcosa, ma non aveva idea di come procedere.

La stampa non si sarebbe arresa, perché Meghan riceveva parecchie visualizzazioni e faceva aumentare le vendite dei giornali.

Sulla copertina del *Sun*, il tabloid con la tiratura più alta del paese, un titolo urlava *La ragazza di Harry su PornHub*. Un'affermazione scioccante, basata sul semplice fatto che un utente aveva caricato sul sito pornografico una scena d'amore di *Suits* assieme a clip e spezzoni di altre star di Hollywood, tra cui Nicole Kidman e Jessica Biel. «Meghan è rimasta nauseata quando l'ha visto» racconta un'amica. «Aveva voglia di piangere, di gridare [...] Era sconvolta e arrabbiata.»

A casa sua, Doria era sotto assedio costante. Quando un tabloid pubblicò una serie di foto poco lusinghiere che la ritraevano mentre andava alla lavanderia a gettoni, ostinandosi a dipingerla come un'afroamericana povera in un quartiere malfamato di Los Angeles, Meghan non fece commenti pubblici, ma dietro le quinte era in lacrime. Tra le mura del Nottingham Cottage, Harry tentò di consolarla. Temendo di perderla, voleva proteggerla a tutti i costi.

Lunedì 7 novembre 2016, quando si avventurò fuori, l'aria gelida – c'erano solo quattro gradi – non lo aiutò a placare la collera mentre percorreva il breve tratto verso il vecchio appartamento di sua madre a Kensington Palace, dove ora si trovano gli uffici reali. In passato l'avevano accusato di essere irruente, di non sapersi dominare, ma ora la misura era colma.

Salì l'elaborata scala di legno bianco – con le pareti ornate da dipinti degli antichi maestri e da modanature raffinate – verso l'ex alloggio di sua madre. Sul pianerottolo, a destra, c'era il vecchio studio di Diana, dove la principessa aveva collocato la sua celebre scrivania davanti a due grandi finestre panoramiche che le consentivano di guardare i ciliegi in fiore intorno al Nottingham Cottage.

Più avanti c'era il salotto, affacciato su un cortile acciottolato. Un antico tavolo di mogano, proveniente dagli archivi della ricca Royal Collection del Palazzo, troneggiava nella stanza, che dava accesso alla cucina dove ogni tanto i membri dello staff si concedevano una tazza di tè. Oltre quei due locali, che fungevano da sale di rappresentanza per gli eventi, c'erano gli uffici stampa di Kensington Palace che si occupavano di William, Kate e Harry.

I principi ne hanno uno ciascuno fin dal 2008 quando, data la loro crescente visibilità – dovuta sia alle carriere militari sia alle iniziative benefiche –, la regina e Carlo pensarono che fosse giunto il momento. Fino ad allora gli affari dei due giovani erano stati gestiti a St James's Palace da Paddy Harverson, il fidato responsabile delle comunicazioni di Carlo, che per oltre dieci anni aveva guidato anche William e Harry.

Miguel Head – l'intelligente addetto stampa trentenne del ministero della Difesa, che aveva ideato la strategia di PR con il generale Richard Dannatt durante il servizio di Harry in Afghanistan – fu prelevato dal dicastero per diventare il primo portavoce dei due fratelli. L'ufficio comprendeva anche l'ex maggiore dello Special Air Service Jamie Lowther-Pinkerton – l'ex segretario privato che aveva accettato di restare a disposizione come consigliere dei principi – e la direttrice e assistente personale Helen Asprey, che curava ogni dettaglio della loro vita. La regina aveva nominato anche uno dei suoi diplomatici più fidati, Sir David Manning, che aveva servito il governo di Sua Maestà come ambasciatore britannico negli Stati Uniti, perché fungesse da consulente e intervenisse qualora necessario a mano a mano che i giovani principi assumevano ruoli di profilo sempre più alto sia in patria sia all'estero.

Diversi anni dopo William e Harry decisero di trasferire gli uffici nell'appartamento che avevano diviso con la madre. Fu una scelta difficile, che i fratelli non fecero alla leggera. Quel luogo evocava molti ricordi, certo, ma allo stesso tempo li spronava a portare avanti le iniziative benefiche di Lady D.

L'ufficio era uno spazio comune che Harry frequentava spesso, facendo un salto di tanto in tanto anche solo per una chiacchierata con Jason Knauf, il suo abile addetto stampa. Quella mattina di inizio novembre, tuttavia, l'incontro fu molto meno informale.

Jason, che si era adoperato per proteggere la privacy di William e Kate e aveva contribuito a pianificare l'efficace campagna Heads Together nel maggio del 2016, gli aveva dato buoni consigli in svariate occasioni. E non guastava che fosse americano e conoscesse la stampa di entrambe le coste dell'Atlantico. Originario del Texas, era affabile, amato dai corrispondenti reali ed esperto di social media.

Harry si rivolse anche a Paddy Harverson, che aveva sovrinteso alle comunicazioni per il principe di Galles dal 2004 al 2013 durante il matrimonio con Camilla Parker Bowles e a cui era stato attribuito in gran parte il merito della crescente popolarità della seconda moglie di Carlo. Si era guadagnato anche la fiducia di William e Harry. Pur avendo fondato la Milltown Partners, una società di gestione crisi, dopo aver lasciato Clarence House era rimasto legato a entrambi i principi e aveva le competenze necessarie per consigliarli quando i media si scatenavano. Quella era una di quelle occasioni.

Seduto nel vecchio appartamento di sua madre, Harry disse: «Non ho più vent'anni. Ne ho trentadue, e questa è la donna che un giorno potrei sposare».

Avrebbe voluto rispondere direttamente alle frasi razziste e sessiste che i tabloid avevano riversato su Meghan. Di norma, però, i funzionari dello staff reale non vedevano di buon occhio le dichiarazioni aspre e aggressive alla stampa. Inoltre facevano raramente commenti sulla vita privata della Royal Family, non si esprimevano sulle questioni riguardanti la sicurezza ed erano cauti nel riportare qualunque tipo di citazione.

Di solito le dichiarazioni che uscivano da Buckingham Palace o da Clarence House si limitavano a poche frasi e, in caso di argomenti particolarmente controversi, la casa reale optava per il silenzio stampa.

Pur violando queste regole, l'atteggiamento aggressivo di Harry aveva un precedente.

Solo un anno prima William e Kate avevano contestato i metodi riprovevoli usati dai paparazzi che seguivano il principe George. Un fotografo era arrivato al punto di nascondersi nel bagagliaio di un'auto mentre il bambino giocava in un parco. Quel comportamento minaccioso aveva fatto scattare diversi campanelli d'allarme e ben presto erano intervenuti gli avvocati. William e Harry avevano denunciato la condotta preoccupante della stampa, che dopo la morte di Diana aveva fatto marcia indietro per qualche tempo, ma ora stava tornando alle vecchie tattiche mercenarie. Su ordine di William e Kate, nell'agosto del 2015 Jason aveva diramato un comunicato furibondo, condannando i paparazzi che avevano preso di mira il principe George.

«Negli ultimi mesi sono aumentati gli episodi di molestie al principe George da parte dei fotografi» diceva il documento. «E i metodi utilizzati sono sempre più pericolosi.»

Il comunicato, distribuito agli organi di stampa di tutto il mondo, descriveva gli espedienti usati per carpire immagini del piccolo George, per esempio pedinamenti, monitoraggio degli spostamenti di altri membri della famiglia reale e inseguimenti di auto.

Per certi versi, la strategia di Kensington Palace, più moderna ed energica, era adatta al mutevole paesaggio mediatico, dominato dalla fame di contenuti digitali 24/7. Ma non tutti i funzionari di Clarence House e Buckingham Palace ritenevano che tale approccio più deciso fosse anche il più efficace.

William e Kate erano interessati soltanto alla serenità dei loro figli. E lo stesso valeva per Harry quando, assieme agli aiutanti di Palazzo e a suo fratello, decise di rilasciare dichiarazioni altrettanto esplicite sul trattamento inqualificabile ricevuto da Meghan.

L'unico ostacolo era Carlo. Il principe di Galles e la duchessa di Cornovaglia, impegnati in un importante viaggio diplomatico in tre nazioni del Medio Oriente, erano appena arrivati nel Bahrein per incontrare il re Hamad bin Isa al-Khalifa. Era un momento storico, programmato da mesi. Un comunicato di Kensington Palace che condannasse la stampa e, allo stesso tempo, confermasse la nuova storia d'amore di Harry avrebbe distolto l'attenzione dei media dal soggiorno di Carlo nel Golfo.

Il Palazzo decise di procedere ugualmente, lasciando che Harry scrivesse di propria mano buona parte del testo. Suo padre fu informato solo venti minuti prima. Come previsto, non appena la dichiarazione fu divulgata, si diffuse a macchia d'olio. Il team di Clarence House, che aveva dedicato mesi a organizzare il viaggio in Medio Oriente sperando in una buona copertura mediatica, era distrutto. Seppure contrariato perché Harry non aveva aspettato il suo ritorno, Carlo comprese che la situazione con Meghan aveva raggiunto un punto critico. Suo figlio aveva sentito il bisogno di anteporre la donna di cui era innamorato ai doveri verso la famiglia reale. Per i membri della monarchia, la sfera privata e quella professionale sono spesso in conflitto. In quel caso, tuttavia, Carlo riconobbe che Harry voleva proteggere colei a cui teneva. Il giovane aveva già perso la madre, la persona che un tempo aveva amato più di qualunque altra.

Nel comunicato il principe rimproverava una parte della stampa per «gli abusi e le molestie» inflitti all'attrice americana, soffermandosi in particolare sulle «insinuazioni razziali di certi articoli». «Il principe Harry è preoccupato per l'incolumità di Ms Markle ed è profondamente deluso per non essere riuscito a proteggerla» proseguiva il documento. «Non è giusto che, dopo qualche mese di relazione con lui, Ms Markle subisca un simile assalto.»

Meghan temeva di scoperchiare un vaso di Pandora. «Non dovremmo semplicemente ignorarli?» chiese. Ma ormai Harry aveva deciso.

Con quel comunicato senza precedenti, non solo diede la conferma ufficiale della relazione con Meghan, ma mise in chiaro di essere lui l'autore di quella protesta audace, «con la speranza che i rappresentanti della stampa che hanno cavalcato quest'onda si fermino a riflettere prima di arrecare ulteriori danni».

6

UNO SHOCK CULTURALE

Il 27 novembre 2016 il principe William pubblicò un altro comunicato per mettere a tacere i pettegolezzi: «Il duca di Cambridge comprende assolutamente la delicata questione della privacy e condivide l'esigenza del principe Harry di proteggere le persone a lui più vicine».

Anche se lo scopo era chiarire che William appoggiava la relazione di suo fratello con Meghan, di lì a due settimane la stampa parlò di tensioni tra i principi, dovute alla decisione di Harry di rimproverare i tabloid. Dietro le quinte, il personale di corte e alcuni membri della Royal Family si erano chiesti se Harry non avesse usato parole troppo forti. I funzionari dello staff reale, che consideravano la sua scelta irrazionale e impulsiva, alimentarono indirettamente i pettegolezzi. A ogni modo, Kensington Palace evitò di fare una figuraccia affrettandosi a smentire ufficialmente l'ipotesi che il duca di Cambridge non approvasse pienamente le azioni del fratello. E benché, in effetti, William avesse espresso agli aiutanti di Palazzo qualche timore sulla rapidità con cui la relazione tra Harry e Meghan si stava consolidando, era in pensiero per le intrusioni della stampa e voleva che suo fratello si sentisse spalleggiato su quel fronte.

Offesa e sbalordita dalle reazioni sulla stampa e in rete, Meghan confessò ad alcuni amici che, pur essendo grata di avere un uomo protettivo e premuroso come Harry al suo fianco, era «emotivamente sfinita».

A peggiorare la situazione, i doveri reali di Harry costrinsero la coppia a separarsi subito dopo la pubblicazione del comunicato in difesa di Meghan. Di lì a qualche giorno il principe partì per un viaggio di due settimane in sette paesi dei Caraibi per festeggiare il novantesimo compleanno della regina. La responsabilizzazione dei giovani, lo sport per lo sviluppo sociale e la tutela ambientale erano i fili conduttori del tour, che avrebbe toccato i reami del Commonwealth di Antigua e Barbuda, Saint Kitts e Nevis, Santa Lucia, Saint Vincent e Grenadine, Grenada e Barbados, oltre a includere una visita nella Guyana per conto del Foreign and Commonwealth Office.

Malgrado il viaggio costrinse Harry ad allontanarsi da Meghan quando aveva più bisogno di lui, rafforzò il ruolo del principe all'interno della famiglia reale (i tour di questo tipo vengono organizzati con un anticipo da sei mesi a un anno, e sarebbe stato impossibile per lui prevedere cosa sarebbe accaduto). Harry conquistò gli abitanti di tutti i paesi che visitò compiendo gesti come liberare le piccole tartarughe in mare per il Nevis Turtle Group o conferire onorificenze mentre navigava a bordo della *Wave Knight* della Royal Fleet Auxiliary verso Santa Lucia (un compito solitamente riservato alla regina, a Carlo e a William). La sua dolcezza con i bambini trasformò #HarryWithKids in un hashtag di tendenza su Twitter. Le foto del principe che incontrava Tye, un bambino di sette anni costretto sulla sedia a rotelle, mentre si documentava sul lavoro del Child

Development and Guidance Centre a Santa Lucia intenerirono il mondo intero.

Harry scoprì che, ovunque andasse, le persone volevano parlare di Meghan. Quando visitò i giardini botanici di Kingstown per vedere il pappagallo amazzone di Saint Vincent, simbolo del paese, gli addestratori provarono a convincere l'animale a pronunciare il nome di Meghan per il principe, ma invano. Il primo giorno del tour Gaston Browne, primo ministro di Antigua e Barbuda, punzecchiò l'illustre ospite dicendo: «Credo che presto avremo una nuova principessa. Ci tengo a dirle che sarete i benvenuti, se vorrete trascorrere la luna di miele da noi. Siamo stati eletti regolarmente la migliore destinazione per i viaggi di nozze nei Caraibi, e una delle migliori del mondo, perciò nell'intero pianeta non ci sarà posto più speciale per voi, quando arriverà quel giorno».

Durante il tour Harry parlò quasi tutti i giorni via FaceTime con Meghan, che a Toronto era impegnata a lavorare e a evitare i paparazzi. Per quanto la situazione fosse difficile, l'attrice comprese l'importanza della missione di Harry, dimostrata soprattutto dalla sua visita nella Guyana e a Barbados per celebrare il cinquantesimo anniversario dell'indipendenza nazionale.

Fu a Barbados che il principe e la cantante Rihanna si sottoposero al test dell'HIV in un ambulatorio nella capitale del paese, Bridgetown, durante la Giornata mondiale contro l'AIDS.

«Vorrei invitare tutti coloro che non hanno fatto il test a provvedere al più presto, indipendentemente da chi siete, dal vostro passato, dalla vostra cultura o religione» dichiarò il principe, che, come sua madre prima di lui, lotta da molto tempo per mettere fine allo stigma dell'HIV. Negli anni Ottanta, quando tanti avevano paura dei contagiati, Lady D suscitò clamore perché fu il primo membro della famiglia reale ad avere un contatto diretto con persone malate di AIDS.

Non appena il tour dei Caraibi finì, la prima tappa di Harry – in violazione al protocollo – fu Toronto. La politica di Palazzo prevede che «i viaggi di lavoro non debbano mescolarsi a quelli privati». Harry si ritrovò sotto il fuoco della stampa per non aver preso il volo British Airways da Barbados a Londra, andando invece dritto in Canada. Se Meghan non aveva ancora compreso che ogni piccolo dettaglio della vita di un reale passava sotto il microscopio, in quel momento lo capì.

Sebbene Harry l'avesse avvertita che la sua vita era «surreale», persino lui era stato colto alla sprovvista dall'attenzione mediatica attirata dalla sua nuova fiamma.

Mentre il principe era in viaggio, Meghan gli inviò da Toronto impercettibili segnali d'amore. Sbrigando delle commissioni in città il 3 dicembre, indossò una nuova collana di Maya Brenner da 300 dollari, una delicata catenina d'oro quattordici carati con le iniziali M e H. Lo stesso giorno, inoltre, infilò a Guy un cappottino con la bandiera britannica, postando la foto su Instagram. Captando il messaggio, Harry comparve davanti alla sua porta in meno di ventiquattr'ore.

Due giorni dopo essere stata fotografata con la collana mentre era dal fiorista Meghan ricevette la telefonata di un aiutante anziano di Palazzo. Un gioiello di quel tipo, la avvertì il funzionario, non faceva che incoraggiare i fotografi ad andare a caccia di altre immagini… e di nuovi titoli.

Meghan non parlò molto durante la telefonata, preferendo semplicemente ascoltare il consiglio. Ma dopo aver riagganciato si sentì scossa e frustrata. Benché sapesse che l'aiutante di Palazzo aveva buone intenzioni, l'esperienza inverosimile di avere qualcuno che le dicesse quali gioielli indossare o che le proibisse di sorridere ai fotografi era davvero troppo.

Sull'orlo delle lacrime, chiamò una delle sue migliori amiche.

«Non posso vincere» esclamò, completamente sconvolta. «Mi fanno sentire come se queste foto fossero colpa mia, come se li stessi incoraggiando, come se anche solo guardare negli obiettivi equivalesse a inviare il messaggio sbagliato. Non so cosa dire. Fino a ieri le persone online dicevano che non sono fotogenica perché cerco di ignorare [il fotografo]». Aveva la sensazione che la accusassero per partito preso.

Jessica Mulroney ebbe una conversazione analoga con l'amica Sophie Grégoire Trudeau nel 2013, dopo che suo marito Justin aveva deciso di candidarsi a primo ministro canadese. Secondo una fonte, Jessica disse alla futura first lady che purtroppo, se voleva vivere con un personaggio pubblico, avrebbe dovuto abituarsi a simili intrusioni e confidare che le persone intorno a suo marito volessero soltanto il meglio per entrambi.

Fondamentalmente Sophie diede lo stesso consiglio a Meghan. Jessica le mise in contatto nel 2016, sapendo che avevano parecchie cose in comune. Sophie aveva rinunciato alla carriera in TV, dove faceva la corrispondente di *eTalk*, un programma in onda su CTV, per assumere un ruolo più formale accanto al marito, impegnato nella campagna elettorale.

Le due iniziarono un fitto scambio di e-mail. Meghan voleva sapere come Sophie si fosse trasformata da corrispondente di un programma di intrattenimento in amatissima first lady, il tutto evitando abilmente le polemiche.

«Sophie le avrà spiegato che ogni singolo dettaglio del suo passato sarebbe venuto a galla, perciò la cosa più importante era essere sincera con Harry, dirgli ogni cosa» racconta un buon amico della Trudeau ed ex membro del gabinetto. «Sophie è una donna intelligente, la persona perfetta per aiutare Meghan in quelle circostanze. Sa quanto siano difficili simili situazioni. Pochi riescono a immedesimarsi o a offrire vera solidarietà. Per noi che eravamo a conoscenza della loro amicizia, è stato sorprendente assistere al cambiamento di Meghan.»

Nonostante ciò, Harry e Meghan dovettero adattarsi a un nuovo stile di vita.

«Dopo i primi cinque o sei mesi che avevamo avuto per noi, siamo rimasti entrambi totalmente sorpresi dalla reazione, da ciò che è successo da quel momento in poi» avrebbe dichiarato Harry durante un'intervista con Meghan per la BBC. «Puoi parlarne tutte le volte che vuoi e provare a prepararti il più possibile, ma non avremmo mai immaginato cosa stava per accadere.»

«All'inizio, con tutte quelle falsità, il colpo è stato così duro che ho deciso di non leggere più i commenti, a prescindere che fossero positivi o negativi» aggiunse Meghan riferendosi a coloro che l'avevano accusata di essere un'astuta arrampicatrice sociale venuta dal «ghetto», il cui obiettivo principale nella vita era sposare un uomo ricco. «Non aveva senso, punto e basta. Perciò abbiamo preferito investire le nostre energie nella relazione.»

Questa era la posizione pubblica, ma in privato la coppia non poté fare a meno di tenersi aggiornata sui giudizi dei tabloid e della rete, dato che gli addetti stampa dovevano chiedere pareri o spiegazioni. Meghan disse agli amici che le veniva la nausea ogni volta che guardava qualunque sito o sezione commenti dei suoi account social, soprattutto quando a essere sotto attacco era la sua etnia.

«È un peccato che il clima nel mondo sia questo» osservò. «In fin dei conti sono davvero orgogliosa di chi sono e del posto da cui vengo, e non abbiamo mai dato peso a tali aspetti. Ci siamo concentrati solo su di noi come coppia. Così credo che, quando togli tutti quegli strati superflui e tutto quel rumore, sia veramente facile godersi la compagnia reciproca e dimenticare il resto.»

Dopo aver contrattaccato, tuttavia, erano esausti. La notizia della loro relazione era di dominio pubblico da poco più di una settimana, ma pareva che fosse passata una vita intera. Le difficoltà non fecero altro che rafforzare il loro amore e, secondo un amico di famiglia, intensificarono ancora di più il desiderio di Harry di proteggere Meghan.

Per quanto il principe si sforzasse di ridimensionare la gravità del problema, Meghan confidava spesso agli amici quanto fosse difficile non metterla sul personale quando la stampa e il pubblico dubitavano della sua adeguatezza come futura sposa reale e la paragonavano alle aristocratiche ex di Harry.

Senza dubbio essere un'attrice di Hollywood la aiutò a calarsi nel nuovo ruolo meglio delle ragazze che l'avevano preceduta. Ma i tabloid facevano il possibile per minare il suo equilibrio.

«Chi crede che siccome ho lavorato nel settore dell'intrattenimento sia abituata a tutto ciò si sbaglia di grosso» afferma Meghan. «Anche se ormai *Suits* andava in onda da... sei anni, credo... e anche se prima avevo interpretato altre parti, non ero mai entrata in contatto con la cultura dei tabloid, non ero mai stata immersa fino a quel punto nella cultura pop e avevo avuto una vita abbastanza tranquilla, seppure quasi completamente proiettata sul lavoro. Dunque è stato fin da subito un cambiamento radicale.»

Benché forse non fosse preparata all'esperienza intensa di ritrovarsi catapultata dalla celebrità televisiva al palcoscenico reale, come attrice era abituata a un livello di critica che la maggior parte delle persone non è costretta a subire, ed era anche più spigliata di Harry davanti ai fotografi.

Ormai interpretava un ruolo senza interruzioni. Come un'altra attrice americana, Grace Kelly, che aveva sposato il principe Ranieri di Monaco, aveva la possibilità di rendere la Royal Family accessibile a un pubblico più numeroso, tanto nel Regno Unito quanto all'estero. Però c'era un prezzo da pagare: qualunque sua parola, qualunque suo gesto o capo d'abbigliamento sarebbero stati immediatamente esaminati e analizzati in cerca di significati sottintesi. Doveva adottare un livello di decoro che la vita normale non richiede.

La transizione non fu soltanto uno shock culturale per Meghan. Anche i funzionari dello staff reale attraversarono un periodo di assestamento, esacerbato dall'incessante bombardamento mediatico. Quasi tutti i membri del team avevano cominciato a lavorare a Kensington Palace dopo che William aveva sposato Kate nel 2011, perciò si erano persi gli esordi della relazione e l'implacabile persecuzione di Kate da parte dei tabloid, che avevano criticato lei e sua madre, Carole, portando alla luce ogni dettaglio del loro passato.

«Quando Harry ha presentato Meghan dicendo che era la sua ragazza, che avevano una relazione seria, è stata una novità per tutti» rivela un ex aiutante di Palazzo. «Il giorno che l'ha presentata formalmente al team [nell'agosto del 2016], era già certo che avrebbero avuto un futuro insieme. Credo che molti di loro abbiano dovuto imparare sul campo a gestire l'estremo e improvviso interesse per Meghan e insegnarle come gestirlo a sua volta. Non esiste una formazione che ti prepari a questo.»

Imparare sul campo significa inevitabilmente commettere qualche errore, o almeno avere qualche incertezza. Parlando con gli amici, Meghan espresse una certa esasperazione per gli aiutanti di Palazzo che «tentennavano» sulle decisioni. Un esempio emblematico sono le numerose discussioni che lei e Harry ebbero con lo staff riguardo al luogo e al momento giusti per farsi fotografare insieme per la prima volta. Far partecipare Meghan a un impegno ufficiale era fuori questione, perché sarebbe stata una violazione del protocollo reale, ma forse Harry avrebbe potuto condurla a un evento sportivo come ospite sugli spalti, così che potessero farsi vedere insieme senza dare l'impressione di voler attirare l'attenzione. L'obiettivo era presentare gradualmente Meghan al pubblico e, allo stesso tempo, tenere a bada i paparazzi.

Meghan conosceva bene i trucchi dei fotografi, ma ora era nel mondo «sconvolgente e caotico» di Harry, dunque si rimise a lui e ai suoi collaboratori. «Tendeva a tacere e a vedere cosa pensassero tutti gli altri» dice un'amica descrivendo il suo atteggiamento.

Quanto al momento più opportuno per la loro prima foto insieme, Harry avrebbe voluto adottare l'approccio *prima è, meglio è*, e Meghan era d'accordo. Si raggiungeva un consenso unanime su una certa idea, per poi scoprire, il giorno seguente, che l'aiutante di Palazzo in un altro ufficio la giudicava pessima.

Se una foto era causa di così tante discussioni, cosa sarebbe accaduto nel caso in cui Meghan avesse voluto esprimere la sua opinione su un qualunque argomento? Se voleva entrare fino in fondo nell'universo reale, doveva restare apolitica e dunque rinunciare all'attivismo (in precedenza si era dichiarata contraria alla Brexit e aveva definito Donald Trump «un misogino» e «un personaggio che crea divisioni»). Tapparsi la bocca fu un grande sacrificio.

Le occorse qualche mese per imparare a lasciarsi guidare dal team di Harry, inclusi Jason e il segretario personale del principe, Edward Lane Fox, che gli amici e i giornalisti chiamano Ed o «ELF». Ed, il «braccio destro» di Harry, è un ex capitano dei Blues and Royals, un reggimento della Household Cavalry, che combatté in Iraq e in Bosnia. Fu lì che conobbe Harry, prima di entrare a far parte del suo team nell'aprile del 2013. Direttamente coinvolto nell'organizzazione degli Invictus Games, evento sportivo che prevede la competizione tra veterani di guerra che hanno contratto disabilità permanenti, negli anni diventò un caro amico del principe durante i suoi viaggi in solitaria. Il team istruì Meghan e le persone per lei più importanti su come proteggersi dalla maggiore attenzione mediatica. Sapere che il Palazzo riconosceva i suoi amici e la loro presenza nella sua vita fu un sollievo per Meghan, che a un certo punto aveva temuto di dover tagliare i ponti con la sua *vecchia* realtà.

Ci furono conversazioni riguardo alla condotta sui social e consigli specifici per gli amici dell'attrice, che Jason ricevette singolarmente per spiegare loro come comportarsi su Twitter e Instagram (per esempio, come evitare di lasciare indizi che rivelassero la posizione di Meghan ai paparazzi, pronti a monitorare chiunque avesse a che fare con i suoi account). «È stato un po' bizzarro» ricorda una delle amiche che ebbero un incontro con Jason. «Ma aveva senso. Non si trattava della famiglia reale, bensì semplicemente della sicurezza di Meghan. È questo che ci hanno detto. È stato bello sapere che avremmo avuto qualcuno con cui parlare se fossimo stati infastiditi da giornalisti o paparazzi.»

Le chiamate tra Meghan e gli aiutanti di Kensington Palace diventarono ben presto la norma. E pur continuando a essere un po' irritata da alcuni consigli, l'attrice cominciò a capire l'importanza del sostegno e dell'esperienza di quei funzionari a mano a mano che imparava a orientarsi nel mondo di Harry, destinato di lì a poco a diventare anche il suo.

7
TEMPESTE TROPICALI

Verso la fine del 2016 si delineò una Meghan più disinvolta e più prudente. Cambiò numero di telefono per la prima volta dopo anni, inviando quello nuovo solo a un gruppo ristretto di persone. Fu l'ennesimo passo verso il distacco dalla vecchia vita.

Ciò che non era mutato era invece la convinzione che Harry fosse l'uomo giusto. I loro sentimenti crescevano di pari passo. Il principe diceva agli amici che era felice di come le cose sembrassero naturali con Meghan, di quanto fosse armoniosa la loro relazione. «Come se fossimo sempre stati destinati a stare insieme» confidò a un amico mentre bevevano un drink a Londra all'inizio di dicembre. Quindici giorni dopo, Meghan prenotò un volo last minute Air Canada per la capitale britannica, semplicemente perché non sopportava di aspettare l'incontro che avevano in programma di lì a qualche settimana. Sarebbe stato il loro modo per festeggiare il Natale insieme.

Benché facessero sul serio, la loro love story era ancora troppo recente per procurare a Meghan un invito al *Christmas party* della regina a Sandringham, un evento formale a cui possono partecipare soltanto i membri della famiglia reale, accompagnati dai coniugi. Così, mentre Harry era a casa della sovrana nella campagna del Norfolk, Meghan decise di passare le feste a Los Angeles con Doria e la famiglia della sua cara amica Benita Litt, avvocato specializzato in diritto dell'intrattenimento, nonché creatrice di una linea di borse, che era stata in Spagna con Meghan e Misha l'estate precedente. Meghan amava stare in compagnia di Benita e di suo marito, Darren, soprattutto quando c'erano anche le sue «figliocce fatine», Remi e Rylan.

Se la visita fuori programma a Londra doveva essere la loro festa di Natale, Harry e Meghan erano decisi a godersela. Il giorno dopo l'arrivo di Meghan a Heathrow, andarono da Pines and Needles a Battersea Park, a caccia del loro primo albero di Natale condiviso (il negozio, a soli tre chilometri da Kensington Palace, era anche il preferito di Madonna ed Elton John). Dopo aver curiosato per un quarto d'ora, scelsero un abete del Caucaso alto un metro e ottanta, che si infilarono sottobraccio e caricarono in auto da soli.

Quindi si tapparono in casa, dove cucinarono e decorarono l'albero, uscendo solo una volta per una rapida seduta di allenamento alla vicina palestra KX prima di fare la spesa per la cena. Il 14 dicembre, desiderosi di lasciare il cottage dopo due giorni di clausura, decisero di passare una serata in città. Avevano accettato i biglietti last minute per andare a vedere *Lo strano caso del cane ucciso a mezzanotte* ma, essendo usciti in ritardo dal palazzo, temevano che il traffico di Piccadilly Circus in cui si ritrovarono imbottigliati avrebbe impedito loro di arrivare entro le diciannove e trenta, orario di inizio dello spettacolo. Così saltarono giù dal minivan anonimo che avevano preso per evitare di attirare l'attenzione e si avviarono a passo svelto, mano nella mano e a capo chino, verso il Gielgud Theatre.

Il West End era affollato e capirono che, se fossero stati abbastanza veloci, sarebbero arrivati a destinazione senza essere riconosciuti. Erano entrambi entusiasti all'idea di percorrere le strade più vivaci di Londra, sapendo benissimo che il mondo intero voleva vederli insieme. Fu un breve momento di libertà che non si concedevano da un po', anche se durò soltanto sessanta secondi al massimo. Per quei pochi attimi si sentirono come una delle tante coppie che camminavano lungo il marciapiede. Fu elettrizzante e divertente. Quando varcarono la soglia del teatro come spettatori comuni, la maschera che aspettava di accompagnarli ai loro posti nel palco VIP rimase piuttosto sorpresa. Anche Harry e Meghan si scambiarono un'occhiata incredula.

Ironicamente, quel fugace istante di anonimato fu la loro prima immagine di coppia a essere catturata e mostrata al mondo intero. Non si erano accorti, infatti, che un fotografo li aveva seguiti dal cancello del Palazzo, immortalando ogni loro mossa mentre correvano per arrivare al teatro prima che si spegnessero le luci.

La pubblicazione delle loro prime fotografie insieme *non* fu sicuramente ciò che Kensington Palace aveva sperato. Vennero a sapere del paparazzo solo quando Harry ricevette un messaggio da un addetto stampa alle dieci e trentacinque del giorno successivo, con una foto della prima pagina del *Sun*. ESCLUSIVA MONDIALE!, annunciava il titolo. *Harry e la sua Meg: il primo scatto del principe innamorato.* La coppia non si meravigliò, consapevole che prima o poi sarebbe uscito un articolo di quel genere, anche se Meghan non gradì essere stata seguita a sua insaputa. «È stato inquietante» disse a un'amica.

A turbarla così tanto da farla scoppiare in lacrime fu invece una serie di presunte fotografie in topless, postata dal volgare sito di gossip *Radar Online*. Benché gli autori precisassero che gli scatti risalivano alle nozze con Trevor in Giamaica nel 2013, Meghan dichiarò che non erano sue. I suoi avvocati avviarono un'azione legale, ma le scuse tiepide che ricevettero sul sito furono una magra consolazione. Sommato ai paparazzi ormai accampati costantemente davanti alla casa di Doria a Los Angeles – un'intrusione che costrinse madre e figlia a passare gran parte delle feste nascondendosi a Toronto –, l'ultimo bombardamento mediatico aveva lasciato Meghan molto scossa.

Per tirarle su il morale, Harry programmò un viaggio di capodanno, durante il quale sarebbero davvero potuti fuggire da ogni cosa. Chiamò il suo amico Inge Solheim, una guida turistica norvegese che aveva conosciuto nel 2011 durante un'escursione a scopo benefico di Walking with the Wounded (Camminando col ferito), un'associazione che si propone di favorire il reinserimento degli invalidi nella vita civile. Inge si era fatto in quattro per Harry quando il principe stava con Cressida, organizzando una settimana bianca top secret in Kazakistan nel 2014. «È sempre un piacere aiutare un amico come Harry» afferma Inge, che propose a Harry e Meghan una settimana in una baita a Tromsø, sulla punta estrema della Norvegia, nel Circolo polare artico, dove non c'era la minima possibilità di essere disturbati dai fotografi. Lì la coppia trascorse sette giorni di corse in slitta, *whale watching*, cene a base di prelibatezze locali e abbracci sotto il cielo illuminato dall'aurora boreale.

Al loro rientro a Londra, Meghan finalmente conobbe Kate, la duchessa di Cambridge. L'incontro del 10 gennaio fu breve, ma Harry volle assicurarsi che le due avessero la possibilità di legare.

Anche se Harry era ospite fisso nell'appartamento 1A, Kate non era parsa granché interessata a scoprire chi fosse la donna che aveva reso così felice suo cognato. Ma quell'indifferenza non era necessariamente diretta contro Meghan. «La duchessa è una persona molto riservata» spiega un'amica. Dopo aver sposato William, Kate ha sempre selezionato con cura le persone da accogliere nella sua cerchia sociale. Oggi le sue amiche – tra cui Lady Laura Meade ed Emilia Jardine-Paterson, entrambe mogli di amici di William – sono perlopiù le stesse che aveva con sé il giorno delle nozze. Come suo marito, Kate si muove all'interno di un gruppo ristretto.

Meghan portò un regalo per la duchessa, che aveva festeggiato il suo compleanno solo il giorno prima. Il quaderno Smythson rilegato in pelle morbida le aiutò a rompere il ghiaccio, assieme alle attenzioni riservate dall'attrice a Charlotte, che allora aveva venti mesi. Alla fine dell'incontro Kate invitò Meghan a contattarla in qualunque momento in caso di necessità. Avendo vissuto in prima persona cosa significava essere una *royal girlfriend*, sapeva quanto fosse difficile vedere la propria vita privata messa improvvisamente a nudo.

Il 17 gennaio Meghan arrivò a Nuova Delhi per una visita di cinque giorni in India con la World Vision. In qualità di ambasciatrice di questa organizzazione umanitaria internazionale, si recò nella capitale indiana per documentarsi sulla miriade di problemi che affliggevano le donne e i bambini indigenti, per esempio gli ostacoli all'istruzione e all'assistenza sanitaria. Dopo aver portato a termine la missione, che aveva studiato e pianificato per mesi, tornò a Londra da Harry.

Benché ufficialmente non vivessero insieme, passò quasi tutto l'inverno del 2017 nell'appartamento del principe a Kensington Palace. Dopo aver lasciato il segno sull'arredamento, ora aveva anche un guardaroba formato da capi acquistati a Londra – di brand come J. Crew e Stella McCartney –, oltre che da vestiti portati durante le visite precedenti.

Londra cominciava a profumare di casa. Spesso, di sera, Meghan e Harry si rannicchiavano nel salotto modesto, facendo maratone di serie televisive (le loro preferite erano *Il Trono di Spade* e *Breaking Bad*). Avevano anche gli stessi gusti in fatto di film. Entrambi fan della Disney, amavano guardare pellicole come *Oceania* e *Il re leone*. E grazie all'imminente stagione degli Oscar negli Stati Uniti, Meghan era in possesso di una pila di screener inviati a elettori e membri del SAG-AFTRA, il sindacato americano degli attori. Poiché faceva parte dell'organizzazione, poterono vedere i migliori film dell'anno comodamente a casa loro.

Di tanto in tanto uscivano, ad esempio per andare all'Electric Cinema a Notting Hill per vedere *Il diritto di contare* oppure per mangiare un boccone. Avevano i loro locali collaudati, come la Soho House, il luogo del loro primo incontro, e il Sands End, un ristopub in stile rustico a Fulham. Il proprietario, l'ex ufficiale delle Guardie gallesi Mark Dyer, che aveva accompagnato Harry durante l'anno sabbatico, era sempre stato pronto a offrirgli consigli e sostegno.

Harry e Meghan si sentivano a loro agio in quei luoghi, ma non poterono dire la stessa cosa quando andarono in Giamaica a marzo per le nozze di Tom Inskip. Il Round Hill Hotel and Villas a Montego Bay era troppo esposto per i loro gusti, ma la coppia ricevette assicurazioni che i quarantacinque ettari del resort sarebbero stati chiusi al pubblico per tutti e tre i giorni dell'evento. Così Harry prenotò una villa nell'angolo più lontano del resort, nascosta sotto la vegetazione lussureggiante, e la coppia prese un volo per i Caraibi.

Il primo giorno, il sole splendente e l'acqua turchese misero gli ospiti di buonumore. I festeggiamenti proseguirono fino a notte fonda, con i vecchi amici che bevevano cocktail e ricordavano i tempi andati.

Ma dopo ventiquattr'ore, per Harry e Meghan l'atmosfera si guastò. Le guardie del corpo che li avevano accompagnati in Giamaica scoprirono il fotografo di un'agenzia di Los Angeles che si aggirava nella proprietà. Lo buttarono fuori, ma ormai aveva immortalato sia la coppia stretta in un sensuale abbraccio sul minuscolo balcone privato sia Meghan che, con un bikini succinto, si concedeva qualche effusione in acqua con il principe.

Se Meghan era turbata, Harry era furibondo. Durante una nervosa chiamata al Palazzo, diede istruzioni categoriche. Quelle foto *non* dovevano essere divulgate. «Fate qualunque cosa sia necessaria» ordinò.

Il responsabile delle comunicazioni gli assicurò che si stavano occupando della questione. Le successive telefonate all'agenzia, costellate di espressioni come «scandalosa violazione della privacy», fecero sì che gli scatti rubati non venissero mai messi in vendita e non comparissero da nessuna parte, neppure negli angoli più oscuri della rete (tuttora non sono mai stati pubblicati). Ma l'agenzia aveva ancora intenzione di vendere le immagini della coppia in acqua, comprese decine di inquadrature del corpo di Meghan.

Nella camera da letto della villa, Harry urlava furioso. Meghan, preoccupata, capiva benissimo il suo stato d'animo, sapendo che quel profondo rancore verso i media, sorto dopo la morte di Diana, non era mai sparito, riaffiorando ogni volta che un reporter provava a mettere a segno uno scoop. Eppure non aveva mai visto il principe *così* arrabbiato. Nei precedenti episodi sgradevoli con i paparazzi, era riuscita quasi sempre a trovare le parole giuste per rabbonirlo. Spesso era l'unica in grado di calmarlo quando faceva una delle sue sfuriate. In Giamaica, tuttavia, Harry rimase frustrato per giorni. Era talmente abbattuto che persino gli amici notarono il suo umore cupo. Pur non avendo mai visto prima quel suo lato, Meghan non ne restò delusa. Piuttosto si rattristò a vederlo tanto demoralizzato.

Purtroppo non fu l'ultima volta che la stampa rovinò i loro piani. L'assillante attenzione dei media fu la ragione per cui, in aprile, Meghan chiuse *The Tig*, annunciando che il suo amato progetto aveva fatto il suo corso. Il blog non fu tanto criticato quanto usato per alimentare false ipotesi sulla sua vita privata con il principe. Tutti i vecchi post diventarono articoli. Se lei e Harry non si mostravano in pubblico per tre giorni, un blog di gossip prendeva da *The Tig* la ricetta dell'*açaí na tigela*, spacciandolo per il dolce che Meghan serviva al suo nuovo uomo. Oppure il post sui benefici della centrifuga verde: era quella la dieta che Meghan faceva seguire a Harry? No, era un articolo che aveva scritto tre anni prima. La situazione, che ormai rasentava il ridicolo, non era più adeguata alla vita di una *royal girlfriend*.

Dopo essersi concessa un momento per condividere alcune delle sue citazioni preferite del sito («Essere se stessa è la cosa più bella che una persona possa fare», «Di una cosa siate certi: la felicità non si trova... si costruisce». Oppure: «Viaggiate spesso: perdervi vi aiuterà a ritrovarvi»), Meghan si rivolse ai lettori.

«Dopo quasi tre bellissimi anni di questa avventura con voi, è ora di dire addio a *The Tig*» scrisse in una lettera di commiato online. «Quello che è cominciato come un progetto fortemente voluto si è concretizzato in una sorprendente iniziativa ricca di ispirazione, incoraggiamento, svago e leggerezza. Avete reso più luminose le mie giornate, regalandomi un'esperienza che mi ha riempita di gioia. Continuate a vivere momenti di scoperta, continuate a ridere e a correre rischi, e a essere "il cambiamento che volete vedere nel mondo". Soprattutto, non dimenticate mai quanto valete, come non mi sono mai stancata di ripetervi: voi, miei dolci amici, siete abbastanza.»

Gli occhi dei reporter tornarono a puntare Meghan quando fece la sua prima comparsa a un evento sociale ufficiale. Il 6 maggio si accomodò nel palco reale a Coworth Park per guardare Harry che disputava una partita di polo per beneficenza, anche se poi la folla di fotografi costrinse la coppia a nascondersi dietro le auto nel parcheggio VIP, creando un momento di grande imbarazzo e frustrazione.

Fu sempre per colpa dei media che Pippa Middleton li aggiunse con riluttanza alla lista degli invitati alle sue nozze, il 20 maggio 2017. Pippa e sua madre Carole temevano infatti che la presenza dell'attrice americana al fianco di Harry potesse rubare la scena agli sposi.

Meghan scelse con cura l'outfit, affidandosi a Jessica per trovare un completo che fosse elegante ma sobrio per la sua entrata in chiesa con Harry. La determinazione a non fare gaffe al matrimonio di Pippa fu solo una delle tante decisioni dettate dal suo futuro ruolo di membro della famiglia reale.

Nonostante gli sforzi, la sua presenza all'evento costituiva un problema, che però non c'entrava nulla con il vestito. Il giorno della cerimonia, *The Sun* pubblicò in prima pagina l'articolo *Meghan contro Pippa nelle... nozze dei fondoschiena*, accompagnato da un'immagine di Meghan che, inquadrata da dietro con indosso un paio di leggings, usciva da una scuola di yoga in Central London quella settimana, accanto alla famigerata fotografia del sedere di Pippa durante il matrimonio di Kate nel 2011.

Harry e Meghan decisero che dopo un articolo così volgare l'attrice non sarebbe potuta andare in chiesa, a soli cinquanta metri da un *press pen*[5] appositamente allestito. Se prima avevano temuto che nonostante le precauzioni il loro arrivo avrebbe scatenato un circo mediatico, ora non avevano più dubbi. Meghan avrebbe dovuto conservare il completo e il cappello di Philip Treacy per un'altra occasione.

Nei giorni successivi all'evento circolò l'ipotesi che Harry fosse andato da solo alla St Mark's Church a Englefield, nel Berkshire, per poi tornare a Londra per recuperare Meghan e portarla al ricevimento a casa Middleton, a Bucklebury, percorrendo circa duecentoquaranta chilometri tra andata e ritorno. In realtà la coppia aveva escogitato una soluzione ingegnosa.

La mattina della cerimonia, Harry e Meghan partirono insieme per il Berkshire. Prima di proseguire verso la cappella, il principe lasciò Meghan all'Airbnb affittato da un caro amico, anch'egli invitato all'evento. Mentre gli altri ospiti erano in chiesa, Meghan indossò un lungo e castigato vestito nero e si truccò da sola (il parrucchiere l'aveva raggiunta a Kensington di prima mattina).

[5] Area recintata per gli esponenti dei media. *(N.d.T.)*

Dopo la funzione delle undici e trenta, Harry rientrò per pranzare con lei, quindi salirono su un'Audi nera e parteciparono al ricevimento, arrivando proprio quando un caccia Supermarine Spitfire stava per eseguire una serie di acrobazie aeree. Sedersi insieme nel padiglione di vetro costruito sulla proprietà sarebbe stato divertente ma, su richiesta di Pippa, tutte le coppie dovettero dividersi. Harry si accomodò accanto all'amico e conduttore televisivo Tom Bradby, applaudendo l'ingresso degli sposi. Dall'altra parte della stanza, Meghan sorseggiò champagne Dom Ruinart del 2002 e mangiò trota e agnello, chiacchierando per tutta la sera con il suo nuovo gruppo di amici, tra cui Mirka, la moglie di Roger Federer. Dopo cena, mentre il DJ Sam Totolee si esibiva alla console, Harry e Meghan si riunirono vicino alla pista da ballo. Il vecchio Harry avrebbe sicuramente concluso la serata facendo baldoria con gli amici. Invece lui e Meghan passarono quasi tutto il tempo a scambiarsi impressioni sulla festa. Lasciarono il ricevimento verso le due del mattino, facendosi riaccompagnare a Kensington da una guardia del corpo.

8

GLI ALTRI DISAPPROVANO

Ogni dettaglio era stato curato meticolosamente prima del loro arrivo nel Botswana il 4 agosto, un viaggio che Harry aveva programmato così che coincidesse con il trentaseiesimo compleanno di Meghan.

Scartando il primo dei tanti regali di Harry durante l'ultimo tratto del volo in aereo a turboelica, Meghan non poté fare a meno di sorridere quando notò l'angolo del dipinto su tela che spuntava dall'accurato imballaggio di pluriball.

Solo due mesi dopo che avevano iniziato a frequentarsi nell'estate del 2016, Harry le aveva regalato la metà di un dittico di Van Donna, raffigurante un bambino e una bambina che si tengono per mano. Aveva acquistato quell'opera da 4500 dollari durante una visita privata alla galleria Walton Fine Arts di Chelsea, a Londra, e tenuto la seconda parte, contenente soltanto il titolo, *Everybody Needs Somebody to Love* (Tutti hanno bisogno di qualcuno da amare), per quello che sarebbe stato il loro primo anniversario. Sembrava aver sempre saputo che la loro storia sarebbe durata.

Quando atterrarono all'aeroporto di Maun, si sentirono entrambi immediatamente sollevati ed emozionati. La vacanza non era soltanto un modo per festeggiare il compleanno di Meghan, ma anche una pietra miliare della loro relazione. Rappresentava la possibilità di chiudere il cerchio, di tornare nel paese in cui si erano rifugiati solo quattro settimane dopo essersi conosciuti, nel 2016. Erano entusiasti all'idea di accamparsi di nuovo nelle terre selvagge del Botswana come avevano fatto all'incirca un anno esatto prima.

I festeggiamenti cominciarono non appena toccarono terra. A bordo di SUV con i finestrini oscurati furono trasferiti rapidamente alla loro prima destinazione: la casa di un amico di Harry, Adrian Dandridge, un designer di gioielli che il principe aveva conosciuto durante un soggiorno in Botswana nel 2004 e che li avrebbe ospitati per quella notte. Lì, in una rustica dépendance nascosta accanto a una piantagione di peperoncini nell'area di Tsutsubega, c'era una festa a sorpresa in attesa di Meghan. Affamati dopo le quindici ore di volo da Londra, i due si illuminarono quando furono accolti dal profumo del cibo grigliato su un grande barbecue e di diversi piatti locali preparati dalla moglie di Adrian, Sophie, tra cui la specialità preferita di Harry, il *seswaa*, uno stufato di manzo cotto con cipolle e peperoni e servito su un letto di semolino denso.

Per Meghan, erano momenti come quello a definire Harry. Ovunque si trovassero, o con chiunque fossero, lui faceva sempre tutto il possibile per farla sentire importante e partecipe. E le organizzava sempre qualche gradita sorpresa.

Qualche settimana prima, quando, all'insaputa di tutti, erano fuggiti in Turchia per un soggiorno di cinque notti in una villa privata a Bodrum affacciata sulla baia di Yalikavak e sulle montagne circostanti, in città Meghan aveva notato una gioielleria che vendeva le creazioni di una delle sue designer preferite. Kismet by Milka, un marchio famoso per i suoi delicati gioielli d'oro realizzati a mano, è molto apprezzato da celebrità come Beyoncé, Madonna e Cameron Diaz. La coppia aveva curiosato nel negozio, che la proprietaria (essendosi resa conto che i due avventori erano Harry e Meghan) si era affrettata a chiudere affinché potessero guardarsi intorno senza essere disturbati. Una volta usciti, Meghan aveva detto a Harry che le piacevano un paio di cose e che sarebbe voluta tornare. L'indomani il principe era andato al negozio per comprare i due gioielli. «Ha detto: "Vorrei farle una sorpresa" e ha acquistato gli articoli» racconta la designer Milka Karaagacli, riferendosi all'anello con la mano di Fatima e al braccialetto con i ciondolini d'oro.

Il gesto di Harry durante la festa in Africa fu più semplice, ma non meno premuroso. Vedendolo sorridere mentre portava fuori una piccola torta di compleanno, Meghan si sentì più amata e innamorata che mai.

Il mattino dopo furono svegliati all'alba dall'allegro coro di un chiassoso stormo di uccelli. Emozionati, fecero una colazione veloce prima di salire su una jeep scoperta e percorrere sessantacinque chilometri verso est fino al remoto Makgadikgadi Pans National Park.

Tornarono al Meno A Kwena, il resort di lusso dove avevano alloggiato l'anno precedente. Ora sì che potevano godersi un po' di tempo da soli.

Non che siano mai stati davvero soltanto loro due. Ad accompagnarli durante quel viaggio romantico c'erano due guardie del corpo di Harry. Quegli uomini in borghese, addestrati nell'SAS e provenienti dall'SO14 Royalty Protection Group del Servizio di polizia metropolitana, portavano sempre pistole Glock 17 da nove millimetri, radio e kit di pronto soccorso, e non erano mai più lontani di qualche passo. Avevano un unico compito: proteggere il principe in qualunque momento e a qualsiasi costo. Meghan trovava un po' imbarazzante la loro presenza durante i *tête-à-tête* ma, come disse una volta la duchessa di Cambridge ad alcuni amici, «a un certo punto non ci fai più caso».

Dato che in quell'area isolata un'aggressione era improbabile, il team della sicurezza fu trasferito in un alloggio dall'altra parte del resort, concedendo a Harry e Meghan una privacy più che sufficiente. Erano anche lontani dalle distrazioni dei social, e prendevano in mano raramente i telefoni se non per scattare una foto di tanto in tanto.

Nel Botswana passarono le giornate a conoscere meglio la natura e le serate a conoscersi meglio l'un l'altra. Ogni sera, dopo una cena a base di bistecche o stufato di selvaggina preparati dallo storico chef Baruti, la coppia si spostava nella zona dei fuochi di bivacco, sprofondando in basse sedie di tela e sorseggiando vino locale davanti alle fiamme scoppiettanti.

Sotto la luce delle stelle ebbero l'occasione di riflettere attentamente. Negli ultimi tempi i pensieri di Meghan ruotavano intorno al lavoro, ormai inadatto alla vita che stava costruendo con Harry. Doveva comunicare il prima possibile ai dirigenti del network se sarebbe tornata in *Suits* per l'ottava stagione, ma non voleva prendere decisioni affrettate. Dopotutto era un ruolo che quasi tutte le attrici sognano.

Benché lei e Harry non si fossero impegnati formalmente l'uno con l'altra, aveva la sensazione di potergli parlare di qualunque cosa. Nella calma del delta dell'Okavango, dove le conversazioni erano interrotte solo dagli occasionali ruggiti dei leoni, gli rivelò le sue speranze per il futuro e il ruolo di Harry al loro interno. Per il principe era un argomento facile da affrontare: si erano promessi di non lasciarsi mai, e intendeva mantenere la parola data.

Se al primo appuntamento Harry si rese conto di voler frequentare l'attrice, fu circa tre mesi dopo che capì di volerla sposare. «Il fatto di essermi innamorato così in fretta di Meghan mi ha confermato che tutte le stelle erano allineate» avrebbe detto durante l'intervista rilasciata dopo il fidanzamento ufficiale. «Ogni cosa era semplicemente perfetta. Questa donna bellissima era inciampata e caduta nella mia vita, e io ero caduto nella sua.»

Il corteggiamento filò liscio. Avevano parecchie passioni in comune, per esempio i viaggi e il fitness, anche se Meghan, il tipo di ragazza che beve uno smoothie dopo una lezione di hot yoga o di pilates, spinse Harry a diventare molto più salutista. Il suo rituale mattutino iniziava con una tazza d'acqua calda e una fettina di limone, seguite dalla sua colazione preferita: fiocchi d'avena (di solito preparati con latte di mandorle o di soia), accompagnati da banane e addolciti con sciroppo d'agave. Per gli spuntini tra un pasto e l'altro prediligeva fette di mela e burro di arachidi. Tutto un altro paio di maniche rispetto alla pizza da asporto che Harry mangiava quando era single, ma il principe aveva già cominciato a nutrire interesse per uno stile di vita sano e trovò divertente farlo assieme a Meghan.

Amavano entrambi i manuali di *self-help*, anche se il preferito di Harry era *Eight Steps to Happiness* di Kelsang Gyatso, quello di Meghan *The Motivation Manifesto* di Brendon Burchard.

Condividevano i valori più profondi che sono alla base del matrimonio, compresa l'importanza di aiutare i meno fortunati e rispettare l'ambiente (molto sensibile ai temi dell'ecologia grazie agli insegnamenti paterni, Harry ha sempre evitato la plastica per quanto possibile, per esempio assicurandosi che non gli mettessero il coperchio sul bicchiere del caffè o rinunciando al cellophane della lavanderia).

Spesso era il principe a prendere iniziative romantiche, ma Meghan faceva in modo di dimostrare la sua gratitudine e di ricambiare le premure. Memorizzando i suoi gusti, tentava di sorprenderlo con i suoi piatti preferiti ogni volta che le faceva visita a Toronto. In un'occasione gli cucinò un tradizionale *Sunday roast* britannico anche se era un giorno infrasettimanale, perché Harry le aveva detto che era la sua pietanza preferita. «Non c'è mai un momento sbagliato per l'arrosto» avrebbe scherzato Meghan in seguito.

L'attrice ampliò il mondo spirituale di Harry, iniziandolo allo yoga e comprandogli un libro sulla *mindfulness* che, come tutti i suoi regali, era accompagnato da un biglietto scritto a mano. Spronato dal suo esempio, il principe cominciò presto a meditare ogni giorno.

Nel giugno del 2017 i due parlavano ormai di matrimonio non tanto come possibilità, quanto come certezza. Arrivarono persino a coinvolgere il Palazzo, consultandosi con gli aiutanti di Harry sul periodo migliore per una cerimonia.

Pur dovendo ancora chiedere la mano di Meghan, il principe aveva accennato questa intenzione a quasi tutti i membri della sua cerchia interna. A loro insaputa, stava già facendo preparare l'anello di fidanzamento. A maggio era andato da solo nel Botswana come testimonial della Rhino Conservation Botswana. Mentre era in Africa, aveva cercato di nascosto un diamante con un amico che l'aveva aiutato a selezionare una perfetta pietra etica.

Non tutti erano sicuri quanto lui dell'unione con Meghan. Un mese dopo le proprie nozze Skippy gli esternò la propria preoccupazione: a suo avviso, Harry e Meghan stavano bruciando le tappe. Secondo una fonte, fu «piuttosto schietto» con Harry, sconsigliandogli di «affrettare le cose».

Skippy, che come la maggior parte dei più cari amici di Harry non conosceva bene Meghan, gli suggerì di «stare attento».

A suo parere sarebbe stato meglio che andassero a convivere prima di «intraprendere qualcosa di più serio». Le sue intenzioni erano buone, precisò, ma Harry la pensava diversamente. Era come se il suo amico volesse insinuare che Meghan non era degna di fiducia e che aveva un secondo fine. «Constatare che una persona a cui voleva bene non si fidava della sua capacità di giudizio l'ha ferito nel profondo» riferisce la fonte.

Skippy e Harry, che si erano sempre messaggiati e parlati regolarmente, interruppero i contatti per qualche tempo dopo quella spiacevole conversazione.

Sia gli amici di William sia quelli di Harry erano preoccupati per il ritmo spedito a cui procedeva la relazione. In un certo senso, Meghan non veniva trattata in maniera differente da chiunque altro – uomo o donna – entrasse nella loro orbita. Dalla morte di Diana i principi erano molto cauti verso chiunque potesse provare ad approfittarsi di loro.

Più o meno nello stesso periodo della conversazione con Skippy il principe William decise di far presenti le sue preoccupazioni al fratello.

«È raro che Harry sia felice e soddisfatto, perciò vederlo praticamente saltellare qua e là è stata una gioia» racconta una fonte che ha ancora contatti regolari con i fratelli. «Ma al contempo William ha sempre sentito il bisogno di proteggerlo, non come futuro monarca, bensì come fratello maggiore. Da quando sono diventati adulti, si sente in dovere di tenerlo d'occhio e di assicurarsi che non si cacci nei guai e che non prenda cattive strade.»

Avendo incontrato Meghan in poche occasioni, William voleva accertarsi che l'attrice americana avesse le intenzioni giuste. «Dopotutto questi due fratelli sono sempre stati circondati da persone che cercavano di approfittarsi di loro» osserva la fonte. «Hanno sviluppato entrambi un sesto senso per identificare gli individui di questo tipo ma, poiché William non sapeva molto di Meghan, voleva sincerarsi che Harry non fosse accecato dal desiderio.»

Come tutti i reali, William deve barcamenarsi tra due ruoli. Quando si tratta di Harry, non è solo suo fratello, ma anche l'erede al trono e, come futuro re, il suo compito è valutare il rischio di eventuali nuovi ingressi nella Firm. Quest'ultima è un'istituzione con decine di dipendenti coinvolti nella vita della Royal Family, alcuni dei quali sussurravano parole allarmate all'orecchio del duca di Cambridge. Per loro natura i collaboratori anziani del Palazzo e i funzionari del personale di corte sono persone che, avendo dedicato l'intera vita all'istituzione della monarchia, non amano che gli estranei mandino in tilt questa macchina accuratamente tarata. È loro dovere individuare potenziali crisi quando uno sconosciuto entra nella Firm, a prescindere che sia un nuovo membro dello staff a capo di un'iniziativa benefica o un futuro consorte.

Meghan era totalmente estranea al gruppo di consiglieri, che a volte tendono a essere più conservatori dell'istituzione su cui vigilano.

Era questa la situazione quando William si apprestò a discutere con suo fratello della relazione con Meghan.

«Non sentirti costretto ad affrettare le cose» disse secondo alcune fonti. «Prenditi tutto il tempo che ti serve per conoscere questa ragazza.»

Nelle ultime due parole, *questa ragazza*, Harry percepì il tono snob che tanto strideva con la sua visione del mondo. Durante i dieci anni di carriera militare fuori dalla campana di vetro reale aveva imparato a non dare giudizi avventati sulle persone in base all'accento, al livello di istruzione, all'etnia, alla classe o alla professione.

Meghan a parte, era stanco anche della dinamica che si era creata tra lui e William. Ormai sentiva di non aver più bisogno di essere accudito. Il confine tra affetto e condiscendenza è molto labile. Il semplice fatto che il suo approccio alla vita fosse diverso da quello di suo fratello non significava che fosse sbagliato.

Forse William credeva di agire a fin di bene, ma Harry si offese vedendo che lo trattava ancora come se fosse un immaturo. «Era stizzito» ricorda un'altra fonte, «perché suo fratello gli aveva dato un consiglio simile. Alcuni la ritenevano una reazione esagerata. Ma, d'altro canto, l'episodio li descrive perfettamente come persone: William, calmo e razionale, e Harry che non può fare a meno di prendere le cose troppo sul personale.»

«Harry ha un cuore d'oro, ma è anche incredibilmente sensibile» dichiara un vecchio amico di famiglia.

Un altro amico aggiunge: «Harry ha intuito il vero significato delle parole di William. Suo fratello si stava comportando da snob».

Benché William volesse soltanto proteggerlo, Harry era sconcertato, se non addirittura arrabbiato. William non conosceva ancora bene Meghan e temeva che Harry si stesse isolando da molti vecchi amici. «Ma forse semplicemente non voleva rassegnarsi al fatto che Harry fosse cresciuto e diventato autonomo» osserva una fonte.

William disse a un aiutante di Palazzo di esserci «rimasto male» perché suo fratello si rifiutava di capire che, in realtà, voleva soltanto tutelare i suoi interessi. In fondo, dopo la morte di Lady D avevano sempre contato l'uno sull'altro.

«William e Kate vogliono bene a Harry. Pensavano di doversi prendere cura di lui. William ha cresciuto Harry per gran parte del tempo, facendosi carico di un ruolo genitoriale e delle relative conseguenze» afferma una fonte vicina ai Cambridge.

Almeno altri due membri senior della famiglia confidarono di essere in pensiero per la velocità a cui procedeva la relazione. Meghan era stata spesso oggetto di pettegolezzi e conversazioni. Quando entrò nella vita del principe, un reale senior la chiamò «la showgirl di Harry» e un altro disse a un aiutante di Palazzo: «Ha un sacco di trascorsi». E qualcuno sentì un funzionario di corte d'alto rango dire a un collega: «Semplicemente ha qualcosa che non mi ispira fiducia».

«Harry era a conoscenza delle chiacchiere» afferma un buon amico. «È estremamente protettivo verso Meghan. Sa che molti sono contro di loro e farà il possibile per tenerla al sicuro ed evitare che qualcuno la ferisca, anche a costo di prendere le distanze da queste persone.»

Nei mesi successivi a quella conversazione, William e Harry non si rivolsero la parola. Se prima avevano sempre trovato tempo l'uno per l'altro, ora non si frequentavano quasi più. Harry aveva sempre amato andare a Palazzo per vedere i suoi nipoti, portando regali come un SUV elettrico per George e un triciclo per Charlotte. Ma quelle visite praticamente cessarono nell'estate del 2017. Anzi, Harry aveva passato meno tempo degli altri con il principe Louis proprio a causa delle tensioni tra lui e suo fratello dopo la nascita del bambino, il 23 aprile 2018. La freddezza fu reciproca. Harry vide molto più di rado i bambini, ma gli inviti da parte di William e Kate furono i primi a venir meno.

Anche se non era necessariamente colpa sua, Kate non fece granché per sanare la frattura, dimostrando una strenua fedeltà al marito e alla sua famiglia.

Benché lei e Meghan fossero quasi coetanee, si conobbero in fasi differenti delle loro esistenze. Kate era profondamente coinvolta nella vita della Royal Family da quando aveva conosciuto William al college. Siccome era madre di tre figli (e dell'erede al trono), la sua esistenza ruotava intorno alla famiglia e ai doveri verso la monarchia e il paese.

Kate e Meghan vengono da ambienti diversi e hanno avuto esperienze molto differenti. La Middleton non è mai stata interessata alla carriera, da sempre fondamentale invece per Meghan. Hanno anche personalità diverse. Se Kate è timida e taciturna, Meghan è estroversa.

A Harry non importava cosa pensavano o dicevano i suoi familiari. «Nulla avrebbe intralciato la sua felicità» dice una fonte vicina alla coppia. «Era certo che Meghan fosse la donna giusta. Il loro amore era palpabile e i loro sentimenti reciproci erano sinceri. Tutto il resto era rumore.»

Mentre Harry lottava contro coloro che, nella sua cerchia, pensavano che non dovesse chiedere a Meghan di sposarlo, lei respingeva le domande pubbliche sullo stesso argomento.

La possibilità di un *royal wedding* era la priorità della stampa l'11 giugno, quando Meghan prese posto accanto al resto del cast di *Suits* all'ATX Television Festival a Austin, in

Texas. Intervenuta per promuovere il centesimo episodio della serie, si ritrovò a evitare le domande sul suo possibile matrimonio con il principe, limitandosi a sorridere quando un reporter le chiese esplicitamente se non vedesse l'ora di sposare Harry.

I suoi colleghi cercarono di aiutarla colmando le lacune. «Meghan è al settimo cielo» disse Patrick J. Adams, il suo fidanzato sul piccolo schermo. «Si merita tutte le cose fantastiche che le stanno succedendo nella vita.»

In seguito Aaron Korsh, il produttore esecutivo della serie, rivelò che pur non essendosi mai interessato agli sviluppi della relazione di Meghan, aveva tacitamente programmato l'uscita di scena di Rachel dall'inizio del 2017. «Di comune accordo con gli autori abbiamo deciso di rischiare, facendo in modo che i due personaggi [Rachel e Mike] si innamorassero e che la love story funzionasse» raccontò a BBC Radio 4.

Meghan non discusse con nessuno dei suoi progetti matrimoniali, ma gli amici più cari avevano intuito il suo stato d'animo. Forse è per questo che, a giugno, Jessica si mostrò così ansiosa di effettuare un cambio di rotta nel bel mezzo di una prova costumi destinata sia a serate personali sia alle future scene di *Suits*. Adocchiando alcuni vestiti da sposa su un espositore, la stylist suggerì a Meghan di provarne qualcuno. Anche se i produttori non avevano ancora reso noto il copione, le due sapevano che di lì a poco ci sarebbe stata la scena delle nozze di Rachel. Forse fu per ragioni di lavoro, ma le amiche non poterono fare a meno di ridacchiare mentre Meghan si infilava un paio di vestiti, apparendo splendida con ogni modello.

La relazione non procedeva solo nella sfera privata. Alla fine di giugno, con il consenso di Harry, Meghan invitò

Sam Kashner, allora redattore di *Vanity Fair* e illustre scrittore, a casa sua a Toronto. Era pronta a parlare, ma alle proprie condizioni.

Per una coppia che aveva implorato la stampa di rispettare la sua privacy, era una mossa azzardata. Benché in passato Meghan fosse stata falsamente accusata di aver cercato l'attenzione dei giornalisti, in quel caso non c'era possibilità di equivoco: si sarebbe seduta davanti a un reporter *con* la benedizione di Harry. Nessuna *royal girlfriend* aveva mai parlato in pubblico della propria relazione o, cosa ancora più sorprendente, aveva dichiarato il suo amore in una rivista patinata.

L'unica richiesta di Meghan per il servizio con il fotografo Peter Lindbergh fu che non photoshoppassero le sue lentiggini. Voleva sembrare naturale e mostrare il suo vero io. Fu talmente soddisfatta del risultato che inviò biglietti di ringraziamento scritti a mano all'allora caporedattore Graydon Carter e ad altri membri del team coinvolti nel progetto. «Mi piace moltissimo» scrisse.

Prima dell'arrivo di Kashner, Meghan preparò un pranzo a base di verdure fresche, pasta con peperoncini e pane caldo. Le peonie, i suoi fiori preferiti, facevano bella mostra di sé accanto a libri di vario tipo, tra cui un'antologia di *Vogue*, il memoir di Grace Coddington e, opportunamente, una voluminosa edizione di lusso dei ritratti pubblicati da *Vanity Fair* nel corso degli anni. Il divano bianco era disseminato di cuscini d'ispirazione britannica, con una coperta in posizione strategica perché gli amati Bogart e Guy potessero sdraiarsi senza sporcare il tessuto.

Durante l'intervista Meghan affermò che Harry era la ragione per cui riusciva a restare lucida nonostante il circo mediatico. «È difficile e arriva a ondate. In certi giorni può sembrare più complicato che in altri. Ed è sorprendente come le cose siano cambiate di punto in bianco. Ho però ancora l'appoggio delle persone che mi circondano e, naturalmente, del mio ragazzo.»

L'articolo, arrivato in edicola il 7 settembre, apparve rivoluzionario per la franchezza con cui Meghan parlava del rapporto con Harry. «Posso dire che, in fin dei conti, secondo me è davvero semplice. Siamo due persone veramente felici e innamorate.»

Affermava che uscire con Harry non aveva cambiato la persona che era sempre stata: una donna indipendente, e non definita dagli uomini della sua vita. L'unica cosa diversa era la «percezione» che gli altri avevano di lei.

«Sicuramente prima o poi ci faremo avanti, ci presenteremo e daremo delle spiegazioni» aggiungeva, «ma spero che gli altri capiscano che questo è il nostro momento, ed è solo per noi. È questo a renderlo così speciale. Ma siamo felici. Personalmente, adoro le grandi storie d'amore.»

La loro è una storia d'amore che si consolidò in Africa, dove Meghan, nell'ultimo giorno di un'incredibile vacanza di tre settimane, si allungò in una perfetta posizione del guerriero.

Contemplò in silenzio il panorama dal loro ultimo alloggio, una moderna villa a Livingstone, nello Zambia, a meno di quindici chilometri dalle cascate Vittoria. Il sole nascente inondò il giardino mentre uno stormo di uccelli esotici che sembravano aver appena immerso le code in secchi di vernice multicolore le faceva la serenata.

Il ritorno nel luogo in cui si erano innamorati un anno prima era stato magico. Avevano esplorato la natura incontaminata del Botswana con l'aiuto di David Dugmore, un conservazionista amico di Harry, che dirige il Meno

A Kwena. Dalle perlustrazioni in auto nel Makgadikgadi Pans, una delle più grandi piane di sale del mondo, agli avvistamenti di zebre, facoceri e ippopotami durante romantiche gite in barca lungo il Boteti, ogni giorno aveva regalato loro un'emozione diversa. Anche solo svegliarsi nella tenda costituiva un'esperienza indimenticabile, con elefanti, giraffe e zebre che punteggiavano il magnifico paesaggio visibile dalla finestra di fronte al letto.

Una volta Harry paragonò la vita a Londra a quella di un animale in gabbia, perciò non c'è da meravigliarsi che la vista di leoni, elefanti e ghepardi immersi nella natura selvaggia facesse sentire libero anche lui. «Il mio amore per l'Africa non svanirà mai. E spero di trasmetterlo ai miei figli» dice, aggiungendo che coglie volentieri «ogni opportunità di restituire qualcosa a un paese che mi ha dato così tanto.»

È un sostenitore instancabile degli sforzi compiuti dal Botswana per tutelare gli habitat naturali, tanto che nel gennaio del 2017 diventò testimonial della Rhino Conservation Botswana. Durante la seconda settimana del soggiorno mostrò a Meghan il lavoro dell'organizzazione benefica. Il direttore, Martin «Map» Ives, accompagnò la coppia a vedere alcuni rinoceronti neri, una specie a rischio di estinzione, che il principe aveva aiutato a trasferire e a dotare di dispositivi di tracciamento elettronico nel settembre del 2016.

«Harry ha visto con i suoi occhi i maltrattamenti crudeli e assurdi inflitti dai bracconieri a questi rarissimi animali» afferma Map. «La tutela dei rinoceronti è una questione assai seria e il Botswana non può farcela da solo. Abbiamo bisogno dell'aiuto di tutti per combattere questa battaglia.»

Il fatto che Harry abbia portato Meghan a vedere il suo lavoro per l'RCB fu un'altra dimostrazione della profondità dei loro sentimenti. Voleva condividere con lei qualunque cosa importante della sua vita. «Tengono molto alla conservazione dell'ambiente» spiega Map, «ma è anche un fattore che li unisce sul piano emotivo.»

Durante la vacanza Harry presentò a Meghan anche il dottor Mike Chase, il fondatore di Elephants Without Borders, un'organizzazione che insegna alle comunità locali a convivere con gli elefanti. La coppia passò un po' di tempo con Mike e Kelly, la sua compagna, che sbalordirono Meghan insegnandole come mettere un collare per il tracciamento satellitare a un mammifero di cinque tonnellate.

Mentre Meghan praticava yoga al mattino accanto alle verdeggianti rive dello Zambesi, era difficile non deconcentrarsi. Non aveva mai immaginato di poter stendere il tappetino mentre i bufali brucavano dall'altra parte dell'acqua e le barche rientravano in porto dopo la pesca mattutina.

Né aveva mai osato sognare che durante quella vacanza magica l'uomo al suo fianco, il quinto in linea di successione al trono britannico, avrebbe promesso di sposarla. Rivelando i suoi pensieri più intimi sotto il cielo stellato del Botswana, Harry dichiarò apertamente le sue intenzioni, e Meghan non desiderava altro. Alla fine del soggiorno si sentivano più legati che mai. Erano migliori amici, partner, anime gemelle.

Ben presto Harry dimostrò di essere un uomo di parola. Poco dopo il rientro a Londra ufficializzò la promessa. Mentre Meghan preparava la cena al Nottingham Cottage, dove non aveva tardato a sentirsi a casa, il principe si piegò su un ginocchio e chiese la sua mano. Fu un istante che non avrebbero mai dimenticato. Ma sarebbe trascorso un po' di tempo prima che dessero l'annuncio al resto del mondo. Per il momento sarebbe stato il loro piccolo segreto.

9

BUM!

Ora che Harry e Meghan erano fidanzati, a Kensington Palace presero il via molte discussioni sul debutto pubblico della coppia prima degli Invictus Games del 2017. Siccome l'evento sportivo internazionale per i veterani e i membri feriti, malati e menomati delle forze armate si sarebbe svolto a Toronto, la scelta ricadde automaticamente sull'edizione di quel settembre (nonostante i resoconti che affermano il contrario, fu una pura coincidenza che i giochi si tenessero nella città adottiva di Meghan, selezionata fin dal maggio del 2016). Cosa poteva essere meglio di unire una dichiarazione pubblica a quello che forse era il progetto più importante del principe?

Gli Invictus Games nacquero quando Harry tornò dal primo servizio in Afghanistan, profondamente colpito da ciò che aveva visto.

«Nel febbraio del 2008 mi sono ritrovato a salire su un aereo al campo d'aviazione di Kandahar, che è decollato in ritardo perché dovevano caricare la bara di un soldato danese» scrisse in un articolo riguardante la prima edizione dell'evento. «Tre dei nostri sarebbero rientrati in patria con noi, tutti in coma farmacologico e con ferite di varia gravità [...] Molti di noi su quell'aereo erano sollevati all'idea di tornare dai loro cari, ma quello è stato anche il momento in cui la realtà del conflitto ci ha toccati da vicino. Certo, ne avevo sentito parlare, me l'aspettavo, avevo chiesto diverse evacuazioni mediche, ma non l'avevo mai visto di persona. Mi riferisco alle lesioni dovute perlopiù agli ordigni esplosivi artigianali. La perdita della vita è la cosa più tragica e devastante che si possa immaginare, ma vedere dei ragazzi molto più giovani di me avvolti nella plastica, con gli arti mutilati e i tubi che uscivano dai loro corpi, era una cosa a cui non ero preparato. Per me è iniziato tutto da lì.»

A suscitare il suo interesse per questa causa fu anche un incontro alla Casa Bianca nel 2013 con Michelle Obama, che la first lady definì «un gesto per onorare il sacrificio e il servizio dei nostri veterani e delle famiglie dei nostri militari». Assieme alla second lady,[6] la dottoressa Jill Biden, Michelle creò l'organizzazione Joining Forces per sostenere i veterani e le loro famiglie, offrendo formazione e altre opportunità per i membri delle forze armate in fase di transizione.

Mentre era a Washington Harry visitò anche il Walter Reed National Military Medical Center per osservare l'innovativo lavoro delle équipe mediche impegnate a curare i veterani che avevano riportato i danni più gravi, per esempio quelli che avevano perso un arto o che soffrivano di lesioni cerebrali traumatiche.

Poi andò a Colorado Springs per partecipare ai Warrior Games, offrendo anche il sostegno della Royal Foundation. Questi giochi sportivi, dedicati ai militari feriti in azioni di guerra, sono organizzati dal ministero della Di-

[6] Titolo informale attribuito alla moglie del vicepresidente statunitense. *(N.d.R.)*

fesa americano e ispirarono gli Invictus Games. Quando Harry lasciò gli Stati Uniti, il desiderio di onorare i suoi commilitoni si era ormai cristallizzato in un progetto specifico per – come dice lui stesso – «rubare» l'idea dei Warrior Games ed esportarla a Londra. Si trattava di un compito impegnativo, ma il principe era più determinato che mai. Fu così che nacquero gli Invictus Games e la Invictus Games Foundation.

William e Harry avevano da tempo un saldo legame con la comunità militare, non solo per le loro esperienze personali, ma anche tramite le loro iniziative benefiche. Nel 2012 la Royal Foundation creò l'Endeavour Fund a sostegno dei militari di entrambi i sessi che desiderano praticare sport ai fini del recupero fisico. I fratelli avevano fatto anche visite pubbliche e private a Headley Court, il centro di riabilitazione medica del ministero della Difesa britannico, per incontrare i soldati che stavano imparando a convivere con le protesi dopo essere rimasti feriti in Iraq e in Afghanistan.

Nel settembre del 2014 Harry organizzò i primi Invictus Games. A parte i due periodi di servizio, probabilmente erano il suo progetto militare più importante fino a quel momento. Questo evento in stile paraolimpico, tenutosi nel Queen Elizabeth Olympic Park a Londra, portò quattrocento concorrenti di tredici nazioni diverse a sfidarsi in nove sport adattati. C'erano sport di ogni genere, dal basket in carrozzina al tiro con l'arco, al rugby in sedia a rotelle, così accanito da meritarsi lo scherzoso soprannome di «palla assassina». I giochi offrirono a persone che avevano subìto i traumi visibili e invisibili della guerra l'opportunità di rappresentare i loro paesi in modo nuovo e formidabile.

La compassione di Harry ha ispirato spesso paragoni tra lui e sua madre. Facendo il tifo per un concorrente che si sforzava di finire una corsa in carrozzina, o offrendo parole di incoraggiamento ai nuotatori disabili che si issavano sui blocchi di partenza prima di una gara, Harry dimostrò di assomigliare molto a Lady D, di essere il principe del popolo. Il parallelo con Diana non è mai stato un peso per Harry, anzi, serve a spronarlo.

Nel 2016 raddoppiò i suoi sforzi per la seconda edizione dei giochi a Orlando, in Florida. Durante una primavera fitta di impegni per la promozione degli Invictus Games, si rivolse al presidente degli Stati Uniti e a Michelle Obama perché lo aiutassero a suscitare l'interesse degli americani per l'evento.

Nell'aprile dello stesso anno gli Obama andarono per l'ultima volta nel Regno Unito prima della fine del secondo mandato presidenziale. Pranzarono a Buckingham Palace per festeggiare il novantesimo compleanno della regina e in seguito fecero una visita privata a Kensington Palace per una cena informale con William, Kate e Harry. La settimana dopo il presidente e la first lady accettarono la sfida lanciata via Twitter da Harry agli atleti americani perché «si facessero sotto» agli Invictus Games.

«Ehi, principe Harry» diceva Michelle nel video. «Ricordi quando ci hai detto di farci sotto?»

Al suo fianco, il presidente rideva. «Attento a quello che desideri!»

«*Bum!*» concludeva un militare alle loro spalle.

Ora sì che erano guai.

«Michelle Obama aveva accettato la sfida e sinceramente non sapevo cosa fare. Aveva coinvolto suo marito, che guarda caso era il presidente» dice Harry. «Chi puoi chiamare di più illustre?»

La risposta era una sola: sua nonna.

«Non avrei voluto doverlo chiedere alla regina perché non volevo metterla in difficoltà» confessa Harry, gentiluomo come sempre. «Ma quando le ho mostrato il video e le ho spiegato la situazione, ha detto: "D'accordo. Cosa dobbiamo fare? Facciamolo".»

E quando la regina Elisabetta II dice: «Facciamolo», non si può far altro che obbedire.

Nel video di risposta si vede Harry che mostra a sua nonna la sfida degli Obama. La regina, che ha un malizioso senso dell'umorismo, si limita a replicare: «Ma per favore...». Con perfetto tempismo, Harry guarda la videocamera sorridendo ironicamente, e poi: «*Bum!*».

Il video diventò subito virale, e tutto a beneficio degli Invictus Games a Orlando, dove Michelle comparve accanto a Harry per la cerimonia di inaugurazione.

Con la presentazione di Meghan come *royal girlfriend*, l'edizione del 2017 a Toronto mise il principe davanti a un nuovo tipo di sfida.

Anziché lasciare che la coppia alloggiasse a casa di Meghan, le guardie del corpo insistettero perché si sistemasse in un hotel, dove sarebbe stato più facile garantire protezione e privacy (oltre a nascondere il fatto che Doria aveva raggiunto in segreto la figlia e il genero).

I due giovani divisero la suite reale al Royal York Fairmont, che un tempo aveva ospitato non solo la regina e il principe Filippo, ma anche i bisnonni di Harry, re Giorgio e la regina madre, il cui ritratto era orgogliosamente appeso nella hall dal pavimento di marmo e dalle pareti rivestite di pannelli in legno. Harry e Meghan avevano un piano tutto per loro, oltre che per lo staff e le guardie del corpo. Anche Doria aveva una suite sullo stesso piano affinché i tre potessero passare del tempo insieme. Era la prima volta che si vedevano dopo il fidanzamento e avevano molte cose da festeggiare.

Nonostante l'agenda fitta di impegni, Harry trovò il tempo di fare un salto sul set di *Suits* per vedere dove lavorava Meghan, perché temeva che non avrebbe avuto un'altra possibilità per farlo.

Per ovvi motivi, le cose non erano più le stesse sul set da quando Meghan frequentava Harry. Nei primi mesi l'attrice aveva confidato ad alcuni colleghi che il suo nuovo ragazzo era il principe e aveva cominciato a parlare in codice dei loro incontri. In un'occasione aveva detto con noncuranza a Wendell Pierce, suo padre nella serie TV, di essere appena tornata da Londra. Negli ultimi tempi, tuttavia, aveva sentito il bisogno di fare un passo indietro e di mostrarsi più riservata, benché conoscesse quelle persone da quasi dieci anni.

Non era stato facile per nessuno. Pur essendo stata invitata alle nozze del suo collega e amico Patrick J. Adams con l'attrice Troian Bellisario – un bizzarro evento iniziato il 10 dicembre 2016 e durato una settimana, con gli ospiti che dormirono in tenda e assistettero alla cerimonia nei boschi di Santa Barbara –, alla fine Meghan decise di non andare. I paparazzi che avrebbero sorvolato l'area in elicottero per fotografarla avrebbero rovinato la giornata a tutti.

Meghan, che aveva fatto cancellare il suo nome dai piani di lavorazione per evitare che i paparazzi sapessero dove trovarla, aveva cominciato a presentarsi sul set accompagnata da guardie del corpo discrete. Come se non bastasse, i colleghi con cui lavorava da circa sette anni furono esortati dalla produzione a non rivelare informazioni sul suo conto ai reporter, con la precisazione che, se avessero disobbedito, avrebbero rischiato di perdere il lavoro.

Sebbene fosse difficile non prendersela, gli altri compresero la necessità di quelle precauzioni.

«All'inizio c'era un certo imbarazzo, e senza dubbio anche un pizzico di invidia da parte di alcune persone, quando all'improvviso Meghan è diventata il fiore all'occhiello della serie» ammette un membro della troupe. «Ma per la maggior parte di noi restava la solita vecchia Meghan, che portava snack sfiziosi da condividere sul set o che si fermava davanti agli studi a chiacchierare con i fan dopo le riprese.»

Forse fu per questo che quel pomeriggio, prima degli Invictus Games, il cast e la troupe furono tanto affabili quando il principe andò a conoscere le persone che avevano contribuito a mantenere il segreto nell'ultimo anno.

«È stato estremamente discreto, e molti hanno saputo della visita solo dopo» ricorda un produttore. «Continuava a ripetere che era orgoglioso di Meghan, ma sembrava anche interessato a capire il funzionamento del set. Ha voluto vedere il reparto degli arredi scenici, e Meghan è stata felicissima di fargli fare un piccolo tour con alcuni dei suoi amici più cari.»

Il giorno prima della cerimonia di apertura, tuttavia, Harry aveva una sfilza di impegni ufficiali. La prima tappa fu il Centre for Addiction and Mental Health a Toronto, che Diana aveva visitato ventisei anni prima. Il principe ebbe un incontro con il personale medico per discutere del disturbo da stress post-traumatico, della depressione e delle «ferite invisibili» come le malattie mentali, di cui i veterani, lui compreso, soffrivano spesso una volta tornati a casa. Presenziò anche agli appuntamenti in programma con la nuova first lady, Melania Trump, che avrebbe guidato la delegazione americana ai giochi, e con il primo ministro canadese, Justin Trudeau.

Prima dell'inaugurazione Harry fece un'ispezione con gli aiutanti di Palazzo, prendendo dimestichezza con gli impianti e provando il discorso scritto sul gobbo. Anche se erano i terzi Invictus Games, quella sarebbe stata una serata speciale, perché la sua ragazza sarebbe stata sugli spalti e avrebbe fatto la sua prima apparizione a un impegno reale ufficiale.

Quella sera, mentre Harry si preparava per il discorso, Meghan scelse il look giusto per il suo debutto pubblico con Jessica, che era entrata nell'hotel dall'ingresso sotterraneo con numerosi vestiti da mostrarle. Sapevano entrambe che ogni fotografo al Pan Am Sports Centre avrebbe avuto l'obiettivo puntato su Meghan. Era d'obbligo essere impeccabile.

Come era già successo a Kate, le donne di tutto il mondo in cerca di un'icona di stile guardavano Meghan. L'«effetto Meghan» era ai massimi livelli. Quel pomeriggio, l'attrice esaminò diversi outfit con Jessica, per poi scegliere un vestito midi bordeaux di Aritzia, con una plissettatura di chiffon e un giubbotto di pelle Mackage drappeggiato sulle spalle. Era perfetto per l'occasione: non troppo ricercato, non troppo informale.

Finalmente pronta, Meghan uscì per recarsi allo stadio. Il suo accompagnatore per la serata era Markus. Fu una scelta logica: l'uomo che le aveva presentato molti dei suoi amici a Toronto e che aveva organizzato alcuni dei primi appuntamenti con il principe non poteva non essere presente a un'occasione così speciale. Come Jessica, era una delle poche persone a conoscere il grande segreto della coppia.

Alla cerimonia Harry si sedette accanto ad altri dignitari internazionali. Ma lanciava occhiate furtive alla futura moglie, che si era accomodata solo diciotto posti più in là (sarebbe stata una violazione del protocollo reale se Meghan avesse raggiunto il principe mentre era con Melania Trump e Justin Trudeau).

Durante lo svolgimento dei giochi, i corrispondenti reali lì riuniti cominciarono a domandarsi se la coppia avrebbe fatto il suo debutto pubblico.

Kensington Palace comunica abitualmente con la stessa ventina di reporter che segue le vicende della Royal Family. È un rapporto stretto ma essenziale, più o meno come quello della Casa Bianca con i suoi giornalisti. Quando William e Harry giocano a polo per beneficenza, spesso è il Palazzo a dare istruzioni al *branco*, in modo che fotografi e reporter possano svolgere il loro lavoro restando però a distanza di sicurezza, senza violazioni della privacy. C'è un team di fotografi, corrispondenti televisivi e giornalisti della carta stampata, che si alternano affinché ogni evento sia coperto da un rappresentante di ciascuna testata (che poi riferisce agli altri membri della cosiddetta «Royal Rota»). Naturalmente tutti vogliono assistere ai momenti magici: nascite, matrimoni, fidanzamenti e, in quel caso, il debutto accuratamente coreografato di Harry e Meghan.

Quella volta, tuttavia, andò diversamente. Harry aveva ordinato allo staff di non informare la stampa della presenza di Meghan durante gli Invictus Games, perché non voleva che il circo mediatico distogliesse l'attenzione dalle competizioni atletiche. Per lui, far passare in secondo piano le storie che contavano di più era fuori discussione. Talora proibiva addirittura agli aiutanti di Palazzo di mettere il suo nome davanti a quello degli altri sui comunicati stampa, «perché l'importante non sono io, ma loro».

Tuttavia, l'attesa del grande momento era palpitante

fin dalla cerimonia di apertura, e le voci si moltiplicarono quando Ed Lane Fox, in preda all'agitazione, entrò nel campo da tennis ordinando ai funzionari di preparare due posti lungo il perimetro esterno. *Era giunto il momento?* Se sì, molti dei fotografi reali che seguivano Harry non erano presenti alla partita. Nei paraggi c'erano solo alcuni reporter britannici.

Alle tredici e quarantacinque del 25 settembre, Rhiannon Mills di Sky News, uno dei maggiori canali di attualità della Gran Bretagna, ricevette una chiamata da Jason Knauf.

«Il principe e Meghan Markle faranno un'apparizione tra dieci minuti» disse il segretario privato di Harry.

Rhiannon era l'unica giornalista televisiva britannica ad avere una troupe vicino al campo, ma il tempo a disposizione era appena sufficiente per prepararsi a documentare quello che probabilmente sarebbe stato uno degli eventi reali più importanti dell'anno.

Alle tredici e cinquantacinque, con una torrida temperatura di trenta gradi, fiancheggiati da due guardie del corpo e seguiti da Jason, Harry e Meghan fecero il loro ingresso mano nella mano. Con gli aiutanti di Palazzo che pianificavano meticolosamente l'apparizione top secret nel minimo dettaglio, il debutto pubblico della coppia, studiato per svolgersi in sordina, sortì l'effetto contrario.

Meghan era vestita casual con un paio di jeans strappati MOTHER Denim, ballerine Sarah Flint, borsa Everlane e, con uno sfrontato accenno al loro segreto, una camicetta bianco perla che Misha aveva battezzato «camicia da marito» (come era prevedibile, quel capo da 185 dollari della collezione di Misha andò subito a ruba, e l'outfit diventò ben presto un argomento di tendenza online).

Meghan guardò il suo fidanzato con occhi adoranti

mentre si dirigevano verso i loro posti, dove si sedettero tra le famiglie australiane e neozelandesi che acclamavano i loro giocatori. La coppia era a proprio agio mentre le telecamere riprendevano ogni mossa, da Meghan che accarezzava il braccio di Harry al principe che le cingeva le spalle con un gesto protettivo.

Kylie Lawler, il cui marito Sean gareggiava per la squadra australiana, osserva in tono scherzoso che probabilmente lui non la perdonerà mai perché, seduta accanto a Harry e Meghan, «mi sono persa mezza partita. Lei era emozionata... e incantevole. Sembravano davvero in sintonia».

In realtà, Kylie aveva saputo dell'arrivo della coppia prima della stampa. Informata da una guardia del corpo con mezz'ora di anticipo, aveva ordinato al figlio di andare a cambiarsi la camicia, perché si sarebbe seduto accanto a «una futura principessa».

Harry trovò il tempo per tutti i veterani e i loro familiari che lo fermarono per ringraziarlo. Fu così gentile da farsi fotografare con la squadra. Tuttavia, dopo una lunga giornata passata al centro di un importante evento sportivo, non aveva voglia di andare al ristorante, dove le persone li avrebbero soltanto disturbati o fissati. Durante gli Invictus Games dell'anno precedente a Orlando aveva passato gran parte del tempo libero in hotel anziché avventurarsi nei ristoranti e nei locali notturni della città. In quella fase della sua vita aveva iniziato a preferire le serate con gli amici più cari, con cui poteva essere se stesso.

Perciò non vedeva l'ora di una cena intima a casa dei Mulroney con Justin e Sophie Trudeau. Ma proprio quando stava per lasciare l'hotel con Meghan una telefonata li avvertì della presenza dei paparazzi davanti alla casa di

Ben e Jessica. I fotografi locali avevano cominciato a tenere d'occhio la proprietà nell'Alto Canada in caso la coppia facesse visita ai Mulroney. La cena fu annullata.

Se non altro la cerimonia di chiusura fu una festa. Doria e Meghan raggiunsero Markus e Jessica nello skybox di Harry dove, dopo il discorso, arrivò anche il principe. Fu avvistato dai fotografi mentre baciava teneramente la donna che aveva conquistato il suo cuore e ascoltava con attenzione la futura suocera, che poi ballò nella tribuna privata mentre Bruce Springsteen mandava in estasi la folla.

Accogliendo pubblicamente Doria a un impegno reale ufficiale, soprattutto dopo gli sgradevoli commenti razzisti, Harry mostrò volutamente al mondo che quella sarebbe stata la sua famiglia futura.

Come se l'importanza di Meghan nella sua vita richiedesse ulteriori conferme, quando Barack Obama, Joe Biden e sua moglie Jill presenziarono all'ultima giornata degli Invictus Games, l'ex presidente gli chiese della *royal girlfriend*.

Hayley Stover, una studentessa diciottenne di Toronto seduta accanto al principe durante un incontro di pallacanestro in carrozzina, sentì Obama dire a Harry che Meghan aveva guardato le partite di tennis con lui.

«Harry ha sorriso quando l'ha saputo» riferisce Hayley. «Sembrava davvero felice. È stato tenero.»

Obama volle sapere come andasse il lavoro di Meghan, e Harry gli domandò come stesse la first lady. Fu una normale conversazione tra due uomini che parlavano della loro vita.

Prima che si separassero Harry aggiunse: «Salutami Michelle».

10

TORONTO ADDIO

Meghan aveva le lacrime agli occhi mentre si guardava intorno nel salotto della sua casa a Toronto. Tra le serate interminabili sul set di *Suits* e gli addii, aveva impiegato più di tre settimane per imballare la sua vita negli scatoloni che la circondavano in quel giorno di inizio novembre del 2017. I traslocatori se n'erano appena andati, applicando ai mobili etichette diverse a seconda che fossero destinati a essere spediti in Gran Bretagna o trasferiti in un deposito, e i divani di cotone bianco erano avvolti in lenzuola, perciò non ci si poteva più sedere.

Tra il trasloco e i cambiamenti nella routine quotidiana, Meghan aveva preferito affidare gli amati Bogart e Guy a un'amica. Data l'età avanzata di Bogart, le avevano detto che il volo di sette ore per il Regno Unito poteva essere pericoloso, perciò l'animale sarebbe dovuto restare in Canada (dopo tre anni – e qualche visita della ex padrona – è ancora un «cane molto felice», riferisce un amico). L'angolo accogliente in cui i due trovatelli dormivano ogni notte era vuoto. La casa era immersa in un silenzio inquietante.

Alcuni dei migliori ricordi della sua vita a Toronto avevano visto la luce in quella stanza: le cene del Ringraziamento con i colleghi, le risate con le amiche davanti a un bicchiere di vino rosé nelle calde serate estive, i piatti che aveva preparato per Harry quando non avevano voglia di avventurarsi fuori.

Ma ora aveva dato la sua ultima cena e si era lasciata alle spalle l'ultimo giorno sul set dove, come osserva la collega e amica Sarah Rafferty, avevano trascorso più tempo insieme che con qualunque ex compagno del liceo o del college.

Benché la notizia non fosse ancora di pubblico dominio, Meghan avrebbe abbandonato il *legal drama* alla fine della stagione. In seguito, Patrick J. Adams avrebbe detto all'*Hollywood Reporter* che sebbene molte cose fossero «passate sotto silenzio» con Meghan nell'ultimo periodo delle riprese si erano lasciati in buoni rapporti.

«Siamo cresciuti insieme sul set» spiegò. «Abbiamo capito istintivamente che era giunto il momento per entrambi. Non ce lo siamo detto, limitandoci a divertirci come matti mentre giravamo gli ultimi episodi. Sapevamo entrambi che non saremmo tornati e questo ha reso ciascuna scena ancora più speciale. Ce la siamo spassata, ridendo dall'inizio alla fine. Ci siamo fatti una bella risata persino sulle cose che avrebbero potuto essere frustranti, e ci siamo scambiati le impressioni sulla follia della situazione.»

Le ultime settimane di riprese, culminate nelle nozze tra Rachel e Mike, erano state cariche di nostalgia. Tuttavia Meghan sapeva da qualche tempo di essere pronta per un nuovo capitolo della sua vita.

Wendell Pierce aveva dato alla figlia fittizia qualche consiglio prima di girare l'ultima scena con Meghan. «Volevo solo che sapesse una cosa: anche se ci fossimo persi di vista per la nuova vita che stava per iniziare, l'avrei sempre riaccolta e sostenuta» racconta. «Lo pensavamo tutti. Vederla andare via è stato triste, ma anche molto emozionante... come mandare un figlio al college. È stato il suo esame di laurea.»

Aver fatto parte del cast di una serie televisiva molto seguita per sette anni era il tipo di successo che pochi attori potevano vantare.

«Una volta che abbiamo raggiunto il centesimo episodio, ho pensato: *Sai una cosa? Ce l'ho fatta*» dichiara Meghan. «*Sono davvero fiera del lavoro che ho svolto qui.*»

Sapeva che non appena avesse rinunciato al ruolo in *Suits* e si fosse trasferita a Londra, la sua carriera di attrice sarebbe finita. Per sempre. Senza la possibilità di tornare sui suoi passi. Per alcuni aspetti fu un sollievo. Ora che era più matura, che aveva girato il mondo e compreso di poter aiutare a cambiarlo grazie alla propria influenza, cominciò a pensare di abbandonare la recitazione per qualcosa di più significativo.

La decisione di lasciare il lavoro per cui aveva faticato tanto fu anche «spaventosa», confessò Meghan ad alcuni amici. A un certo punto aveva sognato di passare al cinema e a ruoli più impegnativi. A mano a mano che si avvicinava ai trentacinque anni, tuttavia, i suoi sogni e le sue aspirazioni avevano cominciato a cambiare. Una vocina dentro di lei continuava a ripeterle che nella sua nuova posizione avrebbe potuto fare molto di più. Dopotutto, quello era sempre stato uno degli obiettivi di *The Tig*. Ma ammirava anche attrici come Angelina Jolie, che aveva sposato numerose cause benefiche, concentrandosi perlopiù su progetti umanitari da alternare a iniziative di natura più commerciale e a ruoli da testimonial per vari marchi. Per qualche tempo Meghan aveva perseguito quell'ideale. Ma poi aveva conosciuto Harry. Se voleva avere un vero futuro

– e una famiglia – con lui, avrebbe dovuto dire addio per sempre al mondo dello spettacolo.

Ormai era pronta, soprattutto perché un mese prima aveva superato il primo ostacolo: un colloquio formale con la regina.

Nonostante un brevissimo incontro con Sua Maestà all'inizio dell'anno («Lei e Harry erano letteralmente andati a sbattere contro di lei» dice ridendo una fonte), Meghan era ancora nervosa all'idea di vedere la nonna del principe. Sarebbe stata la prima volta che si trovava faccia a faccia con la sovrana come fidanzata di Harry. Anche se lui aveva già ottenuto l'autorizzazione formale della regina al matrimonio, bisogna considerare che la storia non è mai stata benevola con i divorziati nella Royal Family. Re Edoardo VIII provocò una crisi costituzionale in Casa Windsor quando abdicò nel 1936 per sposare Wallis Simpson, l'americana – con due divorzi alle spalle – che gli aveva rubato il cuore. Quando la principessa Margaret chiese il permesso di sposare il comandante di stormo Peter Townsend nel 1955, poco dopo l'ascesa al trono di Elisabetta, i funzionari anziani dello staff reale dissero a Sua Maestà che un matrimonio tra sua sorella e un uomo divorziato sarebbe stato inaccettabile ora che era non solo regina, ma anche capo della Chiesa anglicana.

Townsend, un abile pilota della RAF, fu insignito della Distinguished Flying Cross e in seguito fu dignitario di corte sia di re Giorgio sia della regina Elisabetta, oltre che vicedirettore operativo dello staff domestico. Eppure le onorificenze non cambiarono il fatto che era divorziato. La principessa Margaret fu invitata a rinviare il fidanzamento mentre Townsend rivestiva la posizione di attaché a Bruxelles, e successivamente rinunciò al proposito di sposarlo.

Non c'erano garanzie che la nonna di Harry avrebbe approvato Meghan, ma dagli anni Cinquanta sono cambiate tante cose. Tre dei quattro figli della regina hanno divorziato, e nel 2005 Carlo è persino riuscito a sposare Camilla, che aveva a sua volta un divorzio alle spalle. La verità è che la sovrana era semplicemente felice per Harry.

Qualche giorno prima dell'incontro del 12 ottobre con Elisabetta, Meghan e Jessica discussero dell'outfit più adatto per quell'evento importantissimo. Come facevano spesso, ebbero un fitto scambio di opinioni su iMessage, con fotografie e messaggi vocali. A un certo punto, Jessica si procurò un cellulare di cui soltanto Meghan conosceva il numero, in modo da poter chattare in totale sicurezza, senza il timore di essere intercettate. Dopo aver valutato decine di idee, optarono per un vestito classico dai colori pastello.

Meghan, impegnata con le riprese di *Suits*, andò e tornò da Londra appositamente per incontrare la regina (un paio di giorni dopo era di nuovo sul set a Toronto). Con i paparazzi appostati quasi sempre davanti al cancello di Kensington Palace, lei e Harry preferirono non rischiare di essere avvistati mentre facevano visita alla sovrana. Invece di usare una delle solite Range Rover, salirono su una Ford Galaxy a quattro porte con i finestrini oscurati, un minivan più adatto a una mamma che ai membri della Firm.

Percorsero i due chilometri che li separavano da Buckingham Palace. Dopo essere stata autorizzata a passare dalle guardie armate della polizia di Scotland Yard davanti al cancello, l'auto si diresse con discrezione verso il lato del Palazzo, fermandosi accanto all'entrata con la copertura di vetro. Le centinaia di turisti riunite lì fuori erano ignare di ogni cosa.

Harry e Meghan presero l'ascensore – una magnifica struttura in ferro battuto del secolo scorso – e salirono fino all'ingresso privato. Uscendo dalla cabina, Meghan vide Paul Whybrew, uno degli aiutanti di Palazzo più vicini a Sua Maestà.

Alto, snello e con gli zigomi pronunciati, Paul è paggio d'onore della regina da più di quarant'anni. Meghan l'aveva visto scortare Daniel Craig (nei panni di James Bond) da Elisabetta nel video creato per l'inaugurazione delle Olimpiadi di Londra nel 2012.

Il cuore dell'appartamento privato della sovrana non era affatto come Meghan l'aveva immaginato. Non che sapesse cosa aspettarsi. Quando entrarono in salotto, Harry baciò sua nonna sulle guance. Meghan, che sapeva di dover fare l'inchino, si era esercitata una decina di volte nelle ore precedenti.

Il tappeto Aubusson bordeaux e crema, vivacizzato da un motivo a fiori e cartigli, faceva pendant con le cornici dorate intorno ai dipinti degli antichi maestri, appesi alle pareti color uovo di pettirosso. Era una sfumatura più tenue dell'azzurro Tiffany, con le modanature più spettacolari che Meghan avesse mai visto. Stava davvero per incontrare il capo di stato dei paesi del Commonwealth?

Quel giorno, tuttavia, a sedersi sulla poltrona di seta dallo schienale diritto fu soltanto la «nonnina», come la chiamava Harry. Due tavoli di legno a forma di mezzaluna erano collocati su ciascun lato del camino bianco. Sul primo era posata la foto del fidanzamento di William e Kate. Sotto i dipinti meravigliosi erano disposte altre fotografie di famiglia con stupende composizioni di fiori bianchi e rosa in vasi di cristallo.

L'incontro ebbe luogo alle cinque del pomeriggio, l'ora

in cui la regina ama prendere il tè. Meghan, che aveva cominciato ad apprezzare questa tradizione, adora il tè pomeridiano in Gran Bretagna. La regina beve sempre una miscela di Darjeeling e Assam, soprannominata «Queen Mary».

Le eventuali insicurezze di Meghan svanirono non appena i cani di Sua Maestà dimostrarono un'immediata simpatia nei suoi confronti. Accovacciato ai suoi piedi, il welsh corgi Willow si rese conto di aver trovato un'amica nella futura moglie di Harry. Vulcan e Candy, i due dorgi (un incrocio tra un bassotto tedesco e un welsh corgi) che tallonavano anch'essi la regina Elisabetta ovunque andasse, seguirono l'esempio di Willow. Durante l'intervista rilasciata dopo il fidanzamento Harry avrebbe dichiarato: «[I cani di mia nonna] mi hanno abbaiato addosso per gli ultimi trentatré anni. [Meghan] entra e nemmeno un latrato».

Mentre gli animali scodinzolavano ai suoi piedi, Meghan fu messa a suo agio dalla regina, affettuosa e amorevole come Harry l'aveva descritta. La conversazione si svolse all'insegna della spontaneità prima che Meghan prendesse congedo (ben dieci minuti dopo lo scadere dell'ora prestabilita). La regina, probabilmente la donna più impegnata del paese, non sforava mai con gli orari. Buon segno.

Il 20 novembre, poco più di un mese dopo l'incontro con Elisabetta, Meghan atterrò a Londra sapendo che ormai la capitale britannica non era più solo la città in cui viveva il suo fidanzato. Ora era anche casa sua. Nonostante lo stress delle ultime settimane, era serena ed emozionata.

Harry si sentiva in colpa perché Meghan aveva dovuto rinunciare a molte cose – la casa, la carriera – per entrare nel suo mondo. Temeva sempre di scombussolarle la vita. In cuor suo aveva qualche timore per il futuro. Come si sarebbe comportata la stampa? Si sarebbe ritrovato a lottare contro i pregiudizi di altri membri della sua cerchia e della monarchia? Avrebbe voluto proteggere Meghan, stringerla e metterla al riparo da ogni negatività, ma sapeva che era impossibile. Aveva paura che un giorno gli avrebbe detto: «Ti amo, ma non posso vivere così». Lei gli assicurò che era forte e pronta a «formare una squadra».

Dopo che Meghan ebbe trasferito le sue cose nell'accogliente Nottingham Cottage, i progetti dei giorni seguenti rimasero avvolti nel mistero. Per Harry, che era un *working member* della famiglia reale, la routine proseguì come sempre presenziando agli impegni regolari, tra cui un ricevimento per Walking with the Wounded il 21 novembre all'hotel Mandarin Oriental, a pochi minuti dal Nott Cott, dove viveva con Meghan. Grande sostenitore fin dal 2010 dell'organizzazione benefica a favore dei veterani, il principe aveva partecipato a una sua spedizione al Polo Nord nel 2011 e al Polo Sud nel 2013. Dopo aver pronunciato un discorso, disse al cofondatore Simon Daglish: «La vita è bellissima».

Sul fronte domestico c'era tanto da fare. Durante i precedenti soggiorni a Londra Meghan aveva lasciato dei vestiti e qualche tocco decorativo, ma ora doveva trovare posto per tutti i suoi averi. Il suo fiuto naturale per il design aveva contribuito molto ad abbellire la casa, ma non c'era proprio nulla che si potesse fare per cambiare le dimensioni. In alcune zone del secondo piano i controsoffitti erano così bassi che Harry, alto un metro e ottantasei, doveva chinarsi per evitare di sbattere la testa. E il guardaroba di Meghan riempiva quasi una delle camere da letto. Ma un po' di caos non era un problema. Dopo mesi di relazione a distanza, era felice di condividere un codice postale, W8 4PY, con il suo compagno.

Estese il suo tocco personale oltre le mura del cottage, per esempio ordinando su Amazon una scatola di scaldamani usa e getta da regalare alle guardie ogni volta che superava il cancello nelle fredde giornate invernali.

Aveva sempre amato rendere i luoghi in cui viveva il più chic e confortevoli possibile e si era trasferita spesso per motivi di lavoro. Quella volta, tuttavia, la felicità domestica era in parte un modo per affrontare il radicale cambiamento avvenuto nella sua vita, sul piano sia geografico sia interiore. Si sentiva a casa al Nott Cott con Harry. Era sempre riuscita ad ambientarsi ovunque fosse andata ad abitare, ma non si era stabilita a Londra per iniziare un nuovo lavoro, bensì una nuova vita. E benché fosse abituata a vivere a migliaia di chilometri dalla madre, la sua costante fonte di sostegno, Londra le dava l'impressione di essere ancora più lontana da Doria. Si telefonavano o si messaggiavano quasi tutti i giorni, ma le otto ore di fuso orario complicavano le cose. Inoltre non era arrivata nel Regno Unito come una persona qualunque; sarebbe diventata un membro della famiglia reale, e quello era un cambiamento a cui nessuno poteva essere davvero preparato.

Con Harry e Meghan rintanati nel loro nido d'amore, le voci sul fidanzamento si moltiplicarono, generando un chiacchiericcio che nemmeno l'assoluto riserbo degli aiutanti di Kensington Palace riuscì a zittire. Le domande dei media sull'argomento si scontrarono con una serie di «No comment» o «Niente da dichiarare». Ma le prove si andavano accumulando. L'improvviso incontro di due ore di Harry e Meghan con Jason e Ed Lane Fox, il 22 novembre, fu un chiaro segno che *qualcosa* bolliva in pentola.

Le speculazioni dei media continuarono a susseguirsi quando i giornalisti e i cameraman della BBC sparsero la voce di essere stati contattati dal Palazzo per realizzare la prima intervista della coppia come futuri marito e moglie.

Era successo qualcosa. Ma su un punto non c'erano dubbi: nessun membro della cerchia di Harry e Meghan avrebbe divulgato la notizia in anticipo, soprattutto dopo aver mantenuto il segreto tanto a lungo. Gli unici a cui Meghan l'aveva detto esplicitamente erano i suoi genitori e i suoi migliori amici, tra cui Jessica, Markus e Lindsay. In tempi più recenti aveva dato l'annuncio ad alcune care amiche semplicemente inviando loro una foto della sua mano con l'anello di fidanzamento.

«Mantenere il segreto è stato facile per Meghan» afferma un'amica di vecchia data. «Era una cosa che poteva tenere per sé e Harry. E un'opportunità per godersi il momento prima che la notizia diventasse di dominio pubblico.»

Se il resto del mondo era impaziente di sapere di più della loro relazione, la coppia si accontentava di passare la maggior parte del tempo al Nottingham Cottage assaporando, come ricorda un amico, «le serate tranquille passate a cucinare e a guardare la TV». Frequentavano amici come Charlie van Straubenzee e la sua ragazza, Daisy Jenks, talvolta andando a cena da Lindsay e da suo marito, Gavin Jordan, a Londra. Ma perlopiù facevano cose normali come fare la spesa da Whole Foods, comprare fiori al Kensington Flower Corner o preparare insieme i loro piatti preferiti, per esempio la pasta con le zucchine e «tanto parmigiano» (anche se avevano qualcuno che si occupava del bucato e delle pulizie).

Forse il Nottingham Cottage era un posto tranquillo in cui godersi la vita domestica, ma è anche il luogo dove Harry fece la proposta di matrimonio.

Durante l'intervista rilasciata alla BBC dopo il fidanzamento Meghan avrebbe rivelato che il principe le aveva chiesto di sposarlo mentre «cercavano» di preparare un pollo arrosto per cena, con Harry che aggiungeva: «Qui nel nostro cottage; solo una normale serata tra noi».

«[È stata] una sorpresa fantastica, così dolce e spontanea, e molto romantica» ricorda Meghan. «Si è inginocchiato.»

«Non mi ha nemmeno lasciato finire di parlare» ride Harry.

«Posso dire di sì? Posso dire di sì?» lo interruppe Meghan, abbracciandolo.

Nel frattempo Harry non le aveva ancora dato l'anello.

«Posso... darti l'anello?» domandò.

«Sì, certo!»

È difficile che le proposte di matrimonio vadano come previsto, ma Harry era contento del risultato. «È stato un momento bellissimo. Eravamo solo noi due, e credo di essere riuscito a coglierla di sorpresa.»

Meghan era entusiasta dell'anello, un diamante etico da due carati e mezzo taglio cuscino, proveniente dal Botswana e incastonato con altri due diamanti da circa tre quarti di carato della collezione di Diana. Era non solo un gioiello magnifico, ma anche un richiamo alla madre di Harry. «È frutto di un'attenta riflessione» confidò Meghan a un'amica. «Stento ancora a crederci.»

Secondo Harry, la sua fidanzata e Lady D sarebbero state «inseparabili, senza dubbio. Mia madre sarebbe al settimo cielo e farebbe i salti di gioia per me».

Il pensiero di Diana, però, conferì a quel momento felice una nota dolceamara.

«Giornate come quella di oggi» dichiarò il principe durante l'intervista, «sono quelle in cui sento di più la sua mancanza, e mi rattrista non poter condividere le belle notizie con lei. Ma sono certo che, tra l'anello e tutte le altre cose che stanno succedendo, mia madre sia qui con noi.»

Dopo aver chiesto la sua mano, spiegò a Meghan cosa significava sposare un reale. Le descrisse l'immancabile protocollo che sarebbe seguito al fidanzamento, compresa la dichiarazione pubblica con cui Sua Maestà avrebbe approvato l'unione.

Benché la regina avesse già dato la sua benedizione in privato, formalizzò il consenso solo l'anno successivo, quando firmò l'Instrument of Consent, che recita: «Si rende a tutti voi ora noto che abbiamo acconsentito, e il presente documento attesta il nostro benestare, al matrimonio del nostro amatissimo nipote, il principe Henry Charles Albert David di Galles, cavaliere commendatore dell'Ordine reale vittoriano, con Rachel Meghan Markle».

La regola secondo cui il monarca deve approvare il matrimonio per i primi sei membri della Royal Family in linea di successione al trono esiste dal Royal Marriages Act del 1772, ordinato da re Giorgio III, il cui fratello minore, il duca di Cumberland, sposò in segreto Lady Anne Horton, considerata la vedova poco rispettabile di un comune cittadino.

La dichiarazione con cui Elisabetta II approvava l'unione di Harry e Meghan fu pronunciata durante la riunione del Consiglio privato il 14 marzo 2018, ma fu annunciata pubblicamente soltanto ai primi di maggio.

Mentre Harry spiegava tutto ciò a Meghan, discussero anche dei ruoli che lei avrebbe potuto assumere come futura duchessa. La giovane, che è sempre stata molto ambiziosa, era pronta a buttarsi a capofitto in qualunque cosa la sua posizione di moglie del principe potesse offrirle. Intenzionata a presenziare agli impegni con Harry subito dopo l'annuncio, cominciò di sua iniziativa a fare ricerche sugli enti e sulle organizzazioni benefiche britanniche dove avrebbe avuto l'impatto maggiore. Fin dal principio, il suo unico scopo fu conoscere il panorama filantropico del Regno Unito anziché solo le organizzazioni che si occupavano delle cause a cui teneva di più. Era una grande occasione per una donna che, con l'intento di produrre cambiamenti concreti, aveva lavorato per tutta la vita negli ambiti che le stavano a cuore, e non vide il motivo di aspettare il matrimonio.

Harry aveva anticipato i dettagli di quelle conversazioni a Doria mentre erano entrambi a Toronto per gli Invictus Games.

Non aveva fatto nulla di convenzionale come chiedere al futuro suocero la mano di sua figlia. Meghan, dopotutto, era una trentacinquenne determinata e indipendente, i cui ideali femministi ruotavano intorno alla pura e semplice parità di genere. L'unica persona che aveva voce in capitolo sulle nozze con Harry era la stessa Meghan.

Con il passare dei giorni, un gruppo di giornalisti si riunì in pianta stabile davanti a Kensington Palace. La stampa piazzava telecamere e riflettori alle sei di ogni mattina, aspettando il momento tanto atteso.

Alla fine, il 27 novembre 2017, un gelido lunedì mattina dopo il weekend del Ringraziamento, la notizia che tutti attendevano fu divulgata. Il principe Carlo ordinò al suo ufficio a Clarence House di dare il lieto annuncio: «Sua Altezza Reale il principe di Galles è felice di annunciare il fidanzamento del principe Harry con Ms Meghan Markle».

Sedici mesi dopo aver conosciuto il principe, e solo tre mesi dopo il fidanzamento segreto, Meghan fu presentata come la nuova sposa reale.

11

I FAB FOUR

Dopo l'annuncio del fidanzamento la regina e il principe Filippo non tardarono a far sapere da Clarence House che erano «contenti per la coppia» e che auguravano «ogni felicità».

Carlo, che come gli altri membri della famiglia era al corrente fin dall'estate, aggiunse che era «elettrizzato» e Camilla, la duchessa di Cornovaglia, dichiarò allegramente: «La perdita dell'America è il nostro guadagno».

Con l'aiuto di Jason, anche Doria e Thomas si incontrarono per congratularsi con una dichiarazione congiunta: «Siamo incredibilmente felici per Meghan e Harry. Nostra figlia è sempre stata una persona gentile e amorevole. Assistere alla sua unione con Harry, che possiede le medesime qualità, è una fonte di grande gioia per noi genitori».

William e Kate fecero un commento tipicamente misurato. «Siamo molto emozionati per Harry e Meghan» disse William. Durante un impegno ufficiale, Kate avrebbe detto ai reporter: «È stato magnifico conoscere Meghan e vedere quanto lei e Harry siano in sintonia» anche se, in realtà, le due donne non si conoscevano ancora bene.

All'inizio della love story con il principe, Meghan si era aspettata che Kate le tendesse una mano e le desse qualche dritta sulla Firm. Ma non era andata così. L'attrice era delusa perché non avevano legato nonostante la posizione unica che condividevano, ma non ci perdeva il sonno. Secondo una fonte, Kate riteneva che non avessero granché in comune «a parte il fatto di vivere a Kensington Palace».

Comunque, ora che Meghan era fidanzata con Harry, aveva molto a cui pensare.

Dopo la proposta di matrimonio ci fu un momento in cui si rese conto che, da allora in poi, non avrebbe più potuto andare da nessuna parte o fare niente senza comunicarlo a una guardia del corpo. Quel pensiero bastò per toglierle il respiro. Le pareva impossibile. Ma ben presto si rassegnò alla nuova realtà e la accettò come parte della sua nuova vita.

Pochi secondi dopo aver appreso la notizia, i giornalisti di tutto il mondo che si trovavano a Londra si precipitarono al Sunken Garden – dove la principessa Diana chiacchierava spesso con i giardinieri dopo le corse mattutine nei giardini di Kensington – per il servizio fotografico organizzato con pochissimo preavviso. Ormai da tempo Harry aveva accettato l'idea che qualunque donna avesse scelto come moglie sarebbe stata inevitabilmente paragonata a sua madre. Anche Kate, sua cognata, aveva avuto lo stesso destino. L'eredità di Lady D fissava uno standard elevato tra l'opinione pubblica britannica, e Harry non aveva nulla da obiettare. Aveva la sensazione di essersi fidanzato con una donna che eguagliava sua madre in calore e umanità.

Quando la coppia scese i gradini di pietra davanti al laghetto, mettendosi davanti alle macchine fotografiche su una piccola croce di gesso tracciata sul pavimento da un assistente, Meghan sfoggiava un cappotto bianco abbinato a un vestito verde smeraldo del brand italiano PAROSH, che era stato imballato e spedito con l'aiuto di Jessica prima dell'annuncio, insieme con un intero «guardaroba da fidanzamento».

Con un cenno, gli aiutanti di Palazzo permisero alla stampa di porre qualche domanda.

«Quando ha capito che era la donna giusta?» urlò un reporter.

«La primissima volta che ci siamo visti» rispose Harry senza la minima esitazione.

«È stata una proposta di matrimonio romantica?»

«Molto romantica.» Meghan sorrise, sollevando la mano per mostrare l'anello.

Harry ringraziò tutti per essere intervenuti, quindi tornarono a rifugiarsi nella privacy del Palazzo, entrando mano nella mano, per prepararsi alla loro prima intervista televisiva.

Registrato nel modesto salotto del Nottingham Cottage, l'incontro con Mishal Husain, una conduttrice della BBC, fu una descrizione straordinariamente sincera e affettuosa della loro dolce storia d'amore. Una volta passata la tensione del servizio fotografico, Harry e Meghan, entrambi rilassati, scherzarono persino con la troupe impegnata a preparare le riprese.

Raccontarono i dettagli della loro movimentata relazione, dal primo appuntamento ai mesi del rapporto a distanza, passati a fare la spola tra Londra e Toronto. «Meghan restava qui per quattro giorni, o una settimana al massimo, quindi tornava a casa e andava al lavoro l'indomani. Sveglia alle quattro del lunedì mattina e subito sul set» disse Harry. «Cercavamo di sentirci il più vicini possibile. Ma in due fusi orari diversi. E cinque ore di differenza creano qualche problema. Ma ce l'abbiamo fatta, e ora siamo qui. Perciò siamo euforici.»

Restava ancora da vedere se tutti, in Gran Bretagna e nel mondo, fossero altrettanto contenti all'idea che una duchessa di origine mista, sicura di sé e spudoratamente femminista, occupasse una posizione in Casa Windsor. Tuttavia, se la monarchia vuole sopravvivere, deve adeguarsi, e rifiutare una donna perché era divorziata, faceva l'attrice o era di origine mista non era più accettabile, nonostante i dubbi che alcuni membri della famiglia espressero in privato.

Harry fu «molto coraggioso», dichiara un funzionario dello staff reale, con alcune persone che si mostrarono ostili. A prescindere che la ragione fossero le origini umili di Meghan, le sue radici americane, i sospetti che fosse un'arrampicatrice sociale o semplicemente il velato razzismo della società britannica, non tutti – e non solo la stampa – erano bendisposti verso la futura moglie del principe.

Per Meghan, questo significò solo doversi impegnare ancora di più per smentirli, affrontando, poco dopo il fidanzamento, il lungo processo per diventare cittadina britannica senza favoritismi.

La cittadinanza fu soltanto l'inizio. Sapendo che la proposta di matrimonio aveva suggellato ufficialmente l'ingresso di Meghan nel suo mondo unico e complesso, Harry insistette perché la sua fidanzata avesse un team dedicato che le insegnasse ogni cosa sulla vita dei reali. «Harry voleva uno staff di cui Meghan potesse fidarsi davvero in qualsiasi situazione» afferma una fonte, «persone che, qualunque cosa accadesse, li proteggessero entrambi.»

Questo team – che chiamava i fidanzati PH ed M – comprendeva Amy Pickerill, che sarebbe diventata la segretaria privata di Meghan; Heather Wong, vicesegretaria privata di Harry ed ex incaricata politica dell'amministrazione Obama, che aveva lavorato come segretaria degli affari pubblici al Dipartimento della sicurezza interna degli Stati Uniti; e infine Ed Lane Fox e Jason Knauf.

Poco dopo l'annuncio del fidanzamento, gli aiutanti di Palazzo e i Cambridge raggiunsero Harry e Meghan all'Hurlingham Club nel distretto londinese di Fulham. Quella tipica casa di campagna era il posto perfetto per brindare a un nuovo rapporto di lavoro congiunto e discutere dell'imminente ruolo di Meghan nella Royal Foundation, parlando anche del tipo di progetti che avrebbe voluto seguire all'interno dell'organizzazione benefica. «Ci sono state svariate riunioni per assicurarle tutto il sostegno necessario, così che potesse ritagliarsi il ruolo più adatto nella Royal Family. Qualcosa come la responsabilizzazione o le altre cause che le stavano a cuore, affinché avesse il supporto delle risorse più adeguate» racconta un membro del personale di corte. E quello fu solo l'inizio del suo ingresso nell'azienda di famiglia.

Pronta a sottoporsi allo stesso addestramento informale in cui si era imbarcata Kate dopo il fidanzamento con William – una serie di istruzioni inerenti a ogni ambito, dal modo più aggraziato per scendere da una berlina con indosso una longuette a quando inchinarsi davanti ai membri della famiglia di grado gerarchico più elevato –, Meghan entrò in contatto con un team di esperti. Aveva sperato di prendere anche lezioni di etichetta, ma stranamente non gliele proposero.

La sua formazione non riguardò soltanto minuzie come gli inchini. Per due giorni Meghan seguì un corso intensivo di sicurezza con l'SAS, il reggimento d'élite dell'esercito britannico. L'addestramento – che, a eccezione della regina, tutti i membri senior della famiglia reale hanno completato al quartier generale dell'SAS a Hereford – è una preparazione per tutte le situazioni ad alto rischio, come rapimenti, prese in ostaggio e attentati terroristici. Meghan partecipò a un finto rapimento, durante il quale fu caricata sul sedile posteriore di un'auto da un *terrorista*, condotta in un altro luogo e poi *salvata* da ufficiali che sparavano con fucili finti (come quelli usati nei film) per creare una situazione realistica.

In quell'occasione le insegnarono persino a instaurare un rapporto con il nemico e a guidare un'auto mentre la inseguivano. Secondo una fonte, per Meghan fu un'esperienza «estremamente intensa e spaventosa», ma alquanto utile.

Kate aveva ricevuto l'addestramento solo dopo le nozze con William, ma quello di Meghan fu anticipato, perché la coppia aveva ricevuto un numero insolitamente alto di minacce. «Meghan è stata oggetto di intimidazioni assolutamente terrificanti e disgustose da quando ha cominciato a uscire con Harry» riferisce un aiutante di Palazzo. «Purtroppo sono continuate per qualche tempo.»

La gravità delle minacce non fu l'unica differenza tra l'esperienza di Meghan e quella di Kate. Un collaboratore anziano della casa reale, ora in pensione, dice di Kate: «Era incantevole, intelligente, timida e modesta, oltre che splendida. E molto attenta. Ogni volta che mi telefonava [...] quando era la *royal girlfriend*, diceva: "Mi dispiace davvero. Non voglio disturbarla con questi dettagli". Al che replicavo: "Mi disturbi pure"».

Meghan invece, ricorda il funzionario, «è arrivata a occupare questa posizione quando era adulta, dopo aver vissuto già un terzo della vita. È una californiana convinta di poter cambiare il mondo. Crea un brand tutto suo, un sito tutto suo, stringe accordi. Parla della vita e di come dovremmo viverla. Buon per lei» prosegue, ammettendo di esserle «molto affezionato». «È così che fanno in America. In Gran Bretagna le persone se ne accorgono e ti chiedono: "Chi pensi di essere?"».

Giusto oppure no, Meghan avrebbe dovuto impegnarsi molto di più per evitare di far arrabbiare qualcuno.

Da mesi Jason e Ed le facevano da consulenti a titolo informale ma, ora che si stava imbarcando ufficialmente nella vita all'interno della Firm, i cronisti reali l'avrebbero osservata con molta più attenzione. Qualunque inchino giudicato troppo poco profondo o qualunque gonna considerata troppo corta sarebbero stati notati e commentati, perciò Meghan avrebbe avuto bisogno di qualcuno che la aiutasse a tempo pieno, sia guidandola nell'eventualità di insidie sia confortandola quando le critiche del pubblico fossero diventate eccessive.

Così Amy Pickerill – «Pickles», per gli amici – fu nominata suo braccio destro. Laureata all'Università di Nottingham ed ex responsabile dei rapporti con i media, aveva solo qualche anno in meno della *royal girlfriend* e sarebbe diventata famosa come la donna incaricata di raccogliere gli innumerevoli mazzi di fiori, biglietti e regali lanciati all'attrice durante i bagni di folla. Dietro le quinte, tuttavia, il suo lavoro comprendeva ogni cosa, dalla gestione degli impegni di Meghan ai suggerimenti su come gestire le singole situazioni. Se Meghan aveva dubbi su un argomento di conversazione o sul nome di una persona che avrebbe incontrato a un impegno, il compito di Amy era aggiornarla. E se alla fine di una lunga giornata avesse avuto bisogno di una parola di conforto, be', l'assistente le avrebbe offerto anche quella.

Quanto al look, Meghan non voleva essere considerata troppo all'ultima moda. Aveva una «visione consapevole» dell'abbigliamento, sperando che la stampa si concentrasse più sulle sue iniziative umanitarie che sul suo look. Il «guardaroba da lavoro», come lo chiamava, doveva consistere in capi sobri dalle tinte neutre, che non facessero sfigurare gli altri o risultassero troppo appariscenti. Ciascun outfit doveva comprendere almeno un indumento o un accessorio di uno stilista locale, una dimostrazione di solidarietà verso qualunque regione stesse visitando. «Tiene moltissimo a questi dettagli» osserva George Northwood, il parrucchiere britannico che pettinò Meghan per due anni dopo le nozze. «Ricordo che ovunque andassimo, cercava sempre di dare risalto alle piccole aziende e ai designer di gioielli locali.»

Per l'importantissimo primo impegno reale – il viaggio del 1° dicembre a Nottingham per presenziare a un evento della Giornata mondiale contro l'AIDS e incontrare Full Effect, un gruppo di modelli di comportamento positivi per bambini –, Meghan optò per una gonna midi color cachi del brand londinese Joseph, un semplice dolcevita nero e un paio di stivali di camoscio nero sopra il ginocchio del designer britannico Kurt Geiger. Il look, che aveva scelto da sola, ottenne l'approvazione di Kensington Palace.

Anche i suoi modi erano azzeccati. Non ebbe bisogno di imparare ad affascinare i fan. Quando uscì alle undici e cinque per salutare la folla che, nonostante la temperatura gelida, la aspettava dalle sei davanti al National Justice Museum, passò mezz'ora a chiacchierare con gli ammiratori e a ringraziarli per i fiori, i bigliettini scritti a mano e le caramelle Haribo (le preferite del principe). Attenta a non apparire altezzosa, strinse la mano a ogni persona lungo il percorso, presentandosi con un allegro «Ciao, sono Meghan», come se non conoscessero già il suo sorriso smagliante.

Fu una mossa vincente. Passando da un fan all'altro, si lasciò dietro una scia di complimenti. Una donna si meravigliò del garbo con cui si chinò a parlare con il suo bambino di tre anni, elogiandolo per aver aspettato al freddo. Un'altra rimase colpita perché Meghan aveva riconosciuto il suo accento californiano e le aveva chiesto come mai si trovasse nel Regno Unito. Se la *royal girlfriend* era nervosa per l'impressione che avrebbe fatto (e lo era, come confessò a un aiutante di Palazzo anziano la sera prima), non lo diede a vedere. Sembrò spontanea mentre accettava i biglietti tappezzati di adesivi dei bambini e i complimenti per il nuovo anello scintillante o rispondeva alle domande sulla sua parte in *Suits*.

Quando una residente e suo marito trovarono il coraggio di chiederle un selfie, Meghan rifiutò educatamente. «Mi dispiace» disse con un sorriso, ricordando il consiglio che le aveva dato un aiutante di Palazzo. Anche se le sarebbe piaciuto posare per una foto con la coppia, di lì a poco sarebbe diventata un membro ufficiale della Royal Family, e i selfie non erano visti di buon occhio. E Meghan imparava in fretta.

Mentre studiava il protocollo alcuni aspetti della vita dei reali stavano cambiando. Persino la regina dimostrò di averlo capito quando decise di invitarla alla funzione di Natale nella chiesa di St Mary Magdalene e ai festeggiamenti di famiglia a Sandringham. Di solito i partner partecipavano all'evento solo dopo che l'unione era stata ufficializzata dalla Chiesa con il matrimonio. Kate non era stata invitata a Natale del 2010 dopo il fidanzamento con William ma, d'altronde, per lei era stato più facile passare la giornata con i suoi genitori a Bucklebury.

La regina non aveva fatto un'eccezione per Meghan perché la preferisse a Kate. Adora Harry e voleva far sentire la sua fidanzata ben accetta invitandola alla festa a Sandringham e al pranzo prenatalizio che organizzava per i membri della famiglia allargata a Buckingham Palace. Così diede prova della risolutezza per cui tutti la ammirano.

Il pranzo le offrì l'opportunità di rivedere molti membri di grado inferiore, che non sarebbero stati presenti a Sandringham. Era anche il primo evento di famiglia per Meghan, che indossò un vestito midi Self-Portrait di pizzo bianco e nero e orecchini di diamante.

Purtroppo, la dimostrazione d'affetto di Elisabetta per la futura nuora fu quasi eclissata quando la principessa Marie Christine von Reibnitz, moglie del principe Michael di Kent – nipote di re Giorgio V –, arrivò alla festa con una spilla Moretto. Quest'ultima, una creazione delle arti decorative italiane risalente più o meno alla fine del Medioevo, raffigura quasi sempre immagini piuttosto stilizzate di uomini africani, o comunque non europei, che indossano turbanti e ricchi gioielli i cui colori spiccano sulla pelle molto scura. Spesso rappresentati come servitori, simboleggiano l'asservimento dei mori, un termine generale per designare i musulmani della Spagna medievale o chiunque abbia origini arabe o africane.

I membri della Royal Family, tra cui anche la regina e la duchessa di Cambridge, usano spesso le spille agli impegni ufficiali per trasmettere un messaggio simbolico. Kate scelse la foglia d'acero di diamanti della regina madre per il suo primo viaggio in Canada con William, e nel 2013, al battesimo del principe George, la sovrana indossò un variopinto modello a forma di cestino di fiori, un dono dei suoi genitori per la nascita di Carlo nel 1948.

La spilla Moretto ha una storia complessa. Sia Elizabeth

Taylor sia Grace Kelly avevano nelle loro collezioni uno di questi gioielli in vetro di Murano. Nel mondo di oggi, però, l'immagine è culturalmente offensiva e razzista. Nel 2012 Dolce & Gabbana furono assai criticati per aver usato questo stile artistico europeo esotizzato sulla passerella per il debutto della loro collezione primaverile.

Quando si tratta di moda reale, ogni dettaglio viene studiato con la massima cura. La scelta di Marie Christine può essere stata un semplice errore ma, in un angolo della sua mente, Meghan si domandò se la spilla con il busto di un africano con il turbante d'oro e i vestiti elaborati non contenesse un messaggio. Come minimo indicava un'insensibilità alle sue radici afroamericane e il razzismo con cui si era scontrata da quando stava insieme a Harry.

Non era la prima volta che la principessa Marie Christine riceveva simili accuse. Nel 2004, a New York, qualcuno la udì dire ai clienti afroamericani di un ristorante di «tornare nelle colonie».

In seguito, Marie Christine, che viveva nell'appartamento 10 a Kensington Palace, accanto a Harry e Meghan, si scusò per aver indossato la spilla, dicendo di essere «molto dispiaciuta e mortificata per essere stata offensiva». Alcuni aiutanti di Palazzo misero in dubbio la sincerità delle sue parole. In ogni caso, il danno era fatto, soprattutto perché l'intenzione della regina era far sentire a casa Meghan, che si era appena trasferita in Inghilterra.

I fidanzati passarono parte del Natale con William e Kate ad Anmer Hall, perché l'invito a Sandringham non prevedeva che Meghan soggiornasse sotto lo stesso tetto di Elisabetta, cosa che sarebbe accaduta soltanto dopo il matrimonio.

L'edificio georgiano con dieci camere da letto – ubicato

nella tenuta di Sandringham, a tre chilometri dall'alloggio della sovrana – fu il regalo della regina ai Cambridge. Pensato inizialmente come casa di campagna, diventò la residenza a tempo pieno dei duchi poco dopo la nascita della principessa Charlotte, perché William prestava servizio nelle vicinanze come pilota dell'East Anglia Air Ambulance. Lì la coppia riceve spesso ospiti nell'enorme cucina con la zona pranzo coperta da un tetto di vetro. Amici e parenti che vivono nei paraggi si riuniscono in quello spazio accogliente per consumare pasti informali; una netta differenza rispetto ai pranzi a Buckingham Palace o a Sandringham, dove gli ospiti vengono serviti da uno staff al gran completo.

Il Natale a Sandringham è solenne quanto i pranzi della domenica ad Anmer Hall sono semplici. Anzitutto i membri della famiglia reale arrivano in ordine di anzianità (qualche giorno dopo la regina), con Carlo e Camilla per ultimi il 24 dicembre.

Come ogni aspetto dell'evento, gli arrivi sono pianificati con cura. Gli ospiti vengono lasciati davanti all'entrata principale, dove chauffeur e camerieri personali aspettano di portare dentro bagagli e regali dall'ingresso laterale. Mentre le valigie vengono trasferite al piano superiore, i doni trovano posto nel salotto rosso, su un grande tavolo sostenuto da cavalletti e diviso in zone per la regina, il principe Filippo e ogni altro membro della famiglia. Poi gli invitati si vedono assegnare una stanza nella cosiddetta «Big House» – che conta ben duecentosettanta camere – e consegnare un programma per i pasti e gli eventi. Poco dopo le quattro del pomeriggio della vigilia, la famiglia si riunisce per il tè.

Gli chef avevano passato giorni a preparare i numerosi pasti sontuosi da servire agli ospiti di Sandringham. Il pranzo di Natale consistette in tacchino farcito con salvia, cipolle e castagne; patate arrosto; purè; pastinache e cavoletti di Bruxelles; e, per dessert, Christmas pudding flambé con brandy. Il capo chef trinciò i due tacchini nella sala da pranzo reale. È l'unico momento dell'anno in cui viene invitato nella stanza e riceve dalla regina un bicchiere di whisky per il brindisi (il sous chef va nella nursery al piano di sopra per trinciare un terzo tacchino. I bambini hanno il permesso di unirsi agli adulti solo quando sono in grado di comportarsi come si deve). Il buffet serale del 25 dicembre fu ancora più raffinato, secondo l'ex chef reale Darren McGrady, il cui menu – costolette di agnello alla menta, salmone bollito freddo, foie gras in crosta, coda di bue, contorno di maiale, pollo arrosto, tacchino affumicato e prosciutto di York, accompagnati da insalate miste, patate novelle e zuppa di barbabietole – è in uso ancora oggi. C'erano anche dolci in abbondanza, con il tradizionale *mince pie,* la crema di burro al brandy e il gelato alla vaniglia.

Dopo il tè della vigilia – durante il quale furono serviti scones appena sfornati, due tipi di sandwich, pasticcini come éclairs al cioccolato e tortine ai lamponi, e una grande torta –, tutti si radunarono nel salotto rosso per lo scambio dei regali.

La famiglia segue la tradizione tedesca di scambiarsi i doni il 24 dicembre. I bambini sono destinatari di tipici regali natalizi, come l'enorme autobotte dei vigili del fuoco che George ricevette qualche anno fa, il triciclo per Charlotte e i giocattoli di legno per Louis (quando William e Harry erano piccoli, il principe Edoardo comprò loro dei fucili ad acqua, che i bambini, facendo irruzione in cucina, usarono per infradiciare gli chef). Ma gli adulti non vedono di buon occhio i regali costosi. Anzi, il Natale è spesso un'occasione per doni economici e talvolta spiritosi.

Un anno, stando a quel che si dice, Harry regalò alla regina una cuffia da doccia decorata con la scritta *La vita fa schifo, vero?*, che la mandò in visibilio. Un'altra volta le donò un finto pesce canterino che, si mormora, fa bella mostra di sé a Balmoral, la residenza reale in Scozia, e strappò alla sovrana un sacco di risate. In un'occasione Kate, che pare abbia preparato la salsa chutney di sua nonna durante il primo anno a Sandringham, regalò a Harry una bambola gonfiabile. Più di recente, la duchessa di Cambridge ha scelto le creazioni del profumiere Jo Malone.

Una volta il principe William donò a sua nonna un paio di pantofole ornate dall'effigie della regina. La principessa Anna comprò al fratello Carlo una tavoletta per water di cuoio bianco, probabilmente perché il principe le colleziona. Per suo padre, il principe Filippo, che ha una passione per il barbecue, Anna scelse un macinapepe con una luce all'estremità, per vedere facilmente la carne che cuoce sulla griglia quando inizia a fare buio.

I sette impegnativi cambi di outfit in ventiquattr'ore che Sarah Ferguson ricorda della sua esperienza a Sandringham erano la preoccupazione minore per Meghan. Anche se era un'attrice esperta, quello era un provino come nessun altro, e voleva far colpo sui futuri parenti. Perciò la difficoltà più grande fu trovare i doni perfetti per la sua nuova famiglia allargata. Almeno uno dei suoi regali fu azzeccatissimo: un cucchiaio per William con la scritta *killer di cereali* incisa sull'estremità meno profonda della paletta.

La cena della vigilia fu una riunione decisamente più formale. Era richiesto l'abito lungo per le signore e lo smoking per gli uomini, e il menu prevedeva piatti come gamberetti e agnello della tenuta di Sandringham, con tarte Tatin per dessert.

Forse l'evento più stressante per Meghan fu la messa di Natale. La giornata iniziò con la colazione inglese servita agli uomini alle otto in punto (secondo la tradizione, le donne la consumano su un vassoio in camera). Poi l'intera famiglia percorse qualche centinaio di metri lungo il vialetto consunto fino alla minuscola chiesa di pietra di St Mary Magdalene, dove la regina Elisabetta va tutte le domeniche quando si trova a Sandringham (la sovrana non arrivò a piedi, bensì con la sua Bentley bordeaux). Il vialetto era fiancheggiato da centinaia di ammiratori, molti dei quali aspettavano dalle tre del mattino per scorgere la Royal Family.

Meghan – cappotto di cammello Sentaler con colletto, cappello Philip Treacy marrone e stivali di camoscio Stuart Weitzman color cioccolato – si consultò a bassa voce con William, Harry e Kate. I tre volevano assicurarsi che sapesse esattamente cosa stava per accadere, e in quale ordine.

La folla non avrebbe potuto essere più entusiasta di vedere Harry con la nuova fidanzata. Le macchine fotografiche impazzirono e le persone applaudirono mentre William, Kate, Harry e Meghan camminavano fianco a fianco. Erano arrivati i «Fab Four».

I quattro giovani riscossero un enorme successo, e non solo a Natale. Il 28 febbraio 2018 si ritrovarono per il loro primo impegno ufficiale congiunto. L'occasione, in quella nevosa mattinata a Londra, fu il primo Royal Foundation Forum, un'opportunità per promuovere l'impegno di William, Kate e Harry negli ambiti di loro interesse: la salute mentale, i servizi insufficienti per i giovani, le forze armate e la tutela dell'ambiente. Dopo il matrimonio Meghan sarebbe diventata la quarta testimonial della fondazione, un'organizzazione ombrello per le iniziative benefiche dei giovani reali, creata da William e Harry nel 2009 come principale veicolo delle loro donazioni filantropiche.

Essere un Windsor implica una vita all'insegna di due temi principali: il dovere e il servizio. La regina è famosa per aver detto al mondo, nel giorno del suo ventunesimo compleanno: «Dichiaro davanti a tutti voi che la mia vita, sia essa lunga o breve, sarà interamente dedicata al vostro servizio e al servizio della grande famiglia imperiale a cui tutti noi apparteniamo». Il suo impegno verso la monarchia e il Commonwealth è sempre stato incrollabile.

Fin da piccoli, William e Harry hanno imparato, non soltanto dalla nonna ma anche dai genitori, che non esiste vocazione più nobile del servizio. Entrambi i giovani eredi sono consapevoli di poter sfruttare la loro posizione per produrre dei cambiamenti. La Royal Foundation dà loro i mezzi necessari.

«Siamo parte di un'onorata istituzione con i valori intramontabili della famiglia, del servizio, del dovere e dell'integrità» disse Harry durante il Forum a Londra, dove i quattro, seduti insieme su un palco, stavano rispondendo alle domande di un moderatore. «Sentiamo l'enorme responsabilità di fare la nostra parte per cambiare in meglio la società. Sono incredibilmente orgoglioso che la mia futura moglie stia per unirsi a noi. Al momento siamo molto impegnati con i preparativi per le nozze, ma non vediamo l'ora di lavorare in due, e poi in quattro, sperando di fare tutta la differenza possibile.»

L'evento della Royal Foundation diede a Meghan l'opportunità di immaginare, per la prima volta, come sarebbe stata la sua vita in qualità di ultima arrivata nella famiglia reale.

Quando la conversazione si concentrò su di lei, fece un appello spassionato per la responsabilizzazione femminile. «Spesso la gente mi dice: "Tu aiuti le persone a trovare una voce" e fondamentalmente non sono d'accordo, perché le donne non hanno bisogno di trovare una voce. Ce l'hanno già; hanno bisogno di sentirsi autorizzate a usarla, e gli altri devono essere incoraggiati ad ascoltarle.»

Era una dichiarazione audace per la Royal Family, ma non per la generazione più giovane.

Meghan immaginava una vita in prima linea, non in panchina, sperando di poter usare la propria influenza per cambiare le cose. Quasi tre mesi dopo la presentazione pubblica al Royal Foundation Forum, lei e Harry presenziarono a un evento del Commonwealth Youth Forum ai Commonwealth Heads of Government Meetings e promisero sostegno ai giovani della comunità LGBTQ, cosa che sarebbe stata impensabile cinquant'anni prima. Harry fu anche nominato Commonwealth Youth Ambassador dalla regina. Con Meghan al suo fianco, il principe si augurò di dare risalto al lavoro dei giovani e di combattere sempre per la causa di coloro che sono senza voce.

In realtà, in più di trenta nazioni del Commonwealth erano ancora in vigore le leggi antigay. Se qualcuno si illudeva che Meghan fosse pronta ad accantonare i propri valori, avrebbe ricevuto un'amara delusione. I suoi primi giorni da fidanzata reale avevano già dimostrato, che pur intendendo rispettare la tradizione, non avrebbe taciuto le proprie opinioni.

La nuova generazione di reali procedeva a spron battuto ma, come nella maggior parte delle aziende di famiglia, non era sempre tutto rose e fiori. Quando, durante il Royal Foundation Forum, il moderatore chiese a William se fos-

Diana, principessa di Galles, con il principe Harry, che nella foto ha ventidue mesi, e il principe William a High Grove, Gloucestershire, 18 luglio 1986. *Tim Graham/Getty Images*

Meghan Markle all'età di un anno, con la madre Doria Ragland durante un picnic, Los Angeles, estate 1982. *Per gentile concessione di @meghanmarkle/Instagram*

Meghan al diploma di master in Scienze del servizio sociale, che la madre conseguì all'Università della California meridionale, Los Angeles, 2011. *Per gentile concessione di @meghanmarkle/Instagram*

A dieci anni, Harry assiste con la madre e il resto della famiglia a una parata per il cinquantesimo anniversario della Giornata della vittoria sul Giappone, Mall di Londra, 19 agosto 1995. *Antony Jones/Julian Parker/Getty Images*

Dopo l'annuncio del fidanzamento, Harry e Meghan posano per una serie di raffinati ritratti davanti al fotografo di moda Alexi Lubomirski, Frogmore House, Windsor, dicembre 2017. *Handout/ Getty Images*

È ufficiale! Harry e Meghan annunciano orgogliosi il loro fidanzamento durante un servizio fotografico nel Sunken Garden, Kensington Palace, 27 novembre 2017.
Chris Jackson/Getty Images

Durante il viaggio nel Botswana in cui Harry chiese la mano di Meghan, il principe presentò la futura moglie agli amici del gruppo ambientalista Elephants Without Borders, 12 agosto 2017. La coppia aiutò a mettere agli elefanti i collari per il tracciamento satellitare.
Per gentile concessione di @SussexRoyal/Instagram

Il principe Harry e il presidente Barack Obama fanno amicizia durante una partita di basket in sedia a rotelle agli Invictus Games, Toronto, 29 settembre 2017. *Samir Hussein/Getty Images*

Durante il «tour di fidanzamento» nel Regno Unito, Harry presentò Meghan a diverse organizzazioni benefiche, i cui rappresentanti intervennero a una visita al castello di Cardiff, nel Galles, 18 gennaio 2018. *Ben Birchall/Getty Images*

Con il principe Harry in uniforme da cerimonia, la duchessa di Sussex, fresca di investitura, percorre il Mall per il suo primo Trooping the Colour su una carrozza Ascot Landau trainata da cavalli, 9 giugno 2018. *Max Mumby/Getty Images*

Nel 2017 Meghan fece molte visite alle donne dell'Hubb Community Kitchen all'Al Manaar Muslim Cultural Heritage Centre, a West London, e l'anno dopo le aiutò a lanciare *Together: Our Community Cookbook*. *Chris Jackson/Getty Images*

Finalmente! Il duca e la duchessa di Sussex si scambiano il primo bacio da marito e moglie sui gradini della St George's Chapel, al castello di Windsor, dopo la cerimonia nuziale, 19 maggio 2018. *Ben Stansall/Getty Images* Al termine della funzione la coppia salì su una carrozza scoperta per un giro lungo le strade di Windsor (PAGINA ACCANTO). *Yui Mok/Getty Images*

Il duca e la duchessa di Sussex assistono con la regina a un'esibizione della Royal Air Force sopra Buckingham Palace per commemorare il centenario della RAF. Ci sono anche il duca di York, il principe di Galles e Camilla, il duca e la duchessa di Cambridge e altri membri senior della famiglia, 10 luglio 2018. *Max Mumby/Getty Images*

Harry e Meghan ammirano il porto di Sydney mentre fanno il tifo per i concorrenti di una gara di vela durante il secondo giorno degli Invictus Games 2018. *Chris Jackson/Getty Images*

Harry, capitano generale dei Royal Marines, visita la base del 42° commando a Devon per una presentazione dei Berretti verdi, 20 febbraio 2019. *Finnbarr Webster/Getty Images*

Poco dopo l'annuncio della gravidanza, Harry e Meghan, scalzi, incontrano i membri di OneWave, un gruppo di sensibilizzazione ai disturbi mentali, durante un tour di sedici giorni in Oceania, South Bondi Beach, 19 ottobre 2018. *Chris Jackson/Getty Images*

William e Harry in un testa a testa al King Power Royal Charity Polo Day, Billingbear Polo Club, Wokingham, 10 luglio 2019. *Max Mumby/Getty Images*

Harry e Meghan sorridono guardando la partita di calcio degli studenti di una scuola secondaria locale durante una visita alla città di Asni, in Marocco, 24 febbraio 2019. *Samir Hussein/Getty Images*

Dopo una notte sul Royal Train, Meghan accompagna la regina a una giornata fitta di impegni, tra cui la cerimonia di inaugurazione del Mersey Gateway Bridge, Cheshire, 14 giugno 2018. *Max Mumby/ Getty Images*

La prima visita reale di Archie! Il figlio di Harry e Meghan, che nella foto ha cinque mesi, assieme alla coppia durante il tour dell'Africa meridionale, Città del Capo, 25 settembre 2019. *Samir Hussein/Getty Images*

Harry e Meghan, genitori orgogliosi, portano Archie al Rose Garden del castello di Windsor per le foto del battesimo, 6 luglio 2019. A celebrare la cerimonia, in presenza dei parenti e degli amici più stretti, fu l'arcivescovo di Canterbury Justin Welby. *Chris Allerton/ SussexRoyal*

Un momento storico. Harry e Meghan presentano la regina al suo ottavo pronipote, Archie Harrison Mountbatten-Windsor, insieme con il principe Filippo e Doria Ragland, castello di Windsor, 8 maggio 2019. *Chris Allerton/ SussexRoyal*

William, Kate, Meghan e Harry, detti i Fab Four, vanno insieme alla funzione di Natale alla chiesa di St Mary Magdalene, tenuta di Sandringham, Norfolk, 25 dicembre 2018. *Samir Hussein/Getty Images*

Harry e Meghan percorrono il tappeto giallo alla prima europea del *Re leone* della Disney, Londra, 14 luglio 2019. *Max Mumby/Getty Images*

Meghan si copre il capo mentre visita la moschea di Auwal con Harry durante il secondo giorno del royal tour in Sudafrica, 24 settembre 2019. *Samir Hussein/Getty Images*

Archie e l'arcivescovo anglicano. Harry e Meghan presentano il figlio a Desmond Tutu e a sua figlia Thandeka Tutu-Gxashe, Desmond & Leah Tutu Legacy Foundation, Città del Capo, 25 settembre 2019. *Samir Hussein/ Getty Images*

Harry attraversa un campo minato bonificato dall'Halo Trust, Dirico, Angola, 27 settembre 2019. *Tom Graham/Getty Images* Durante quella visita il principe andò nello stesso quartiere di Huambo esplorato da Diana nel 1997, constatando che era diventato una zona prospera. *Dominic Lipinski/Getty Images*

(SOPRA) Per il loro ultimo impegno reale, Harry e Meghan raggiungono i membri senior della Royal Family al Commonwealth Day Service, abbazia di Westminster, 9 marzo 2020. *Gareth Cattermole/Getty Images*

(IN ALTO A DESTRA) Harry porta Archie, ben coperto, a fare una passeggiata lungo il Saanich Inlet durante il loro soggiorno di quattro mesi in Canada, isola di Vancouver, novembre 2019. *Per gentile concessione di @SussexRoyal/ Instagram*

(A DESTRA) Indossando per l'ultima volta l'uniforme da capitano generale dei Royal Marines, Harry assiste con Meghan al Mountbatten Festival of Music, Royal Albert Hall, Londra, 7 marzo 2020. *Karwai Tang/Getty Images*

sero emersi disaccordi durante la convivenza e la stretta collaborazione, il principe, solitamente riservato sulla vita dentro le mura del Palazzo, rispose con sorprendente candore: «Sì, altroché».

«Li avete risolti?»

«Non lo sappiamo!» rise William.

Harry intervenne dicendo che era proficuo avere «quattro personalità diverse», tutte «ansiose di fare la differenza. Lavorare in famiglia ha le sue difficoltà, naturalmente. Il fatto che tutti ridano dimostra che sanno benissimo come funzionano queste cose». Scherzando, aggiunse che non ricordava se tutte le liti fossero state appianate, perché arrivavano «rapide e numerose».

«Ma» concluse Harry, «siamo bloccati insieme per il resto della vita.»

12

UN PROBLEMA COME SAMANTHA

I guai iniziarono con Samantha Markle. La storia d'amore di Meghan e Harry era di dominio pubblico da meno di ventiquattr'ore quando la sua sorellastra fiutò un'opportunità, anche se le due non si vedevano da oltre dieci anni.

Samantha, che aveva cambiato nome – prima si chiamava Yvonne – e si era tinta i capelli di biondo, è la figlia maggiore di Thomas, nata dal suo primo matrimonio con Roslyn Loveless. Thomas conobbe Roslyn a Chicago quando aveva diciannove anni e lavorava alla stazione televisiva locale. Si sposarono meno di un anno dopo, quando lei, che ne aveva solo diciotto, rimase incinta. Thomas Junior nacque di lì a due anni. Dopo il divorzio nel 1975 Roslyn si trasferì nel Nuovo Messico con i figli. Durante l'adolescenza i ragazzi tornarono per un breve periodo in California per stare con il padre, ma non si fermarono.

In parte a causa della differenza d'età di ben diciassette anni, Meghan aveva visto la sorellastra solo due volte da quando era piccola. L'occasione più recente era stata quando Thomas le aveva chiesto di accompagnarlo nel Nuovo Messico per ventiquattr'ore per assistere alla cerimonia di laurea di Samantha nel 2008. È a quel giorno che risale l'unica foto delle due sorelle pubblicata da innumerevoli testate giornalistiche.

Un confidente fidato dice: «La ragione per cui la stampa continua a riproporre la stessa immagine è che non ce ne sono altre. Se esistessero, Samantha le avrebbe vendute».

La sorellastra diede al *Sun* le poche istantanee che aveva dell'infanzia di Meghan, affermando che accalappiare un reale era sempre stata l'ambizione dell'attrice.

«È una cosa che sogna fin da bambina, quando guardavamo i reali in TV» riferisce. Benché le due avessero interagito di rado da quando Meghan aveva due anni e Doria aveva deciso di lasciare Thomas, secondo la versione di Samantha erano così legate da raccontarsi le rispettive cotte. A quanto pare, Meghan le confessò di averne una per il principe. «Ha sempre preferito Harry» afferma Samantha. «Ha un debole per i rossi.»

Sono dichiarazioni abbastanza innocue, ma Samantha prosegue asserendo che Meghan è una manipolatrice e un'arrampicatrice sociale, capace di pianificare accuratamente ogni metamorfosi da star della TV a filantropa coscienziosa, a *royal girlfriend*. Quel che è peggio, la accusa di averla allontanata a causa della sclerosi multipla che le diagnosticarono nel 2008 e che la costringe su una sedia a rotelle.

«La sua ambizione è diventare principessa» ha dichiarato Samantha, pagata profumatamente dal *Sun*. «Il suo comportamento non è certo degno di un membro della famiglia reale.»

A mano a mano che la relazione di Harry e Meghan si consolidava, le critiche di Samantha si inasprirono. Quando Meghan partì per un viaggio umanitario in India all'inizio del 2017, partecipando a dibattiti sull'assistenza sanitaria alle donne e sull'igiene femminile per conto della World Vision, la sorellastra la rimproverò per non aver fatto di più. Quando Meghan scrisse un articolo per il *Time* contro lo stigma delle mestruazioni, Samantha annunciò la pubblicazione di un volume tutto suo. «Emozionata per il mio libro» twittò, «*Il diario della sorella della principessa intraprendente*» (sono passati tre anni e l'opera non ha ancora visto la luce).

Anche se il blitz mediatico non fece di Samantha una celebrità, la notorietà ebbe dei vantaggi economici. La donna sapeva che per guadagnare ancora avrebbe dovuto continuare a rilasciare dichiarazioni. Così, mentre la relazione di Harry e Meghan cresceva, lo stesso valeva per la presenza di Samantha nel passato di Meghan. «In principio Samantha ha cercato di creare una dinamica simile a quella tra Kate e Pippa, come se fossero sorelle affezionate, ma non è così. Meg non è cresciuta con Samantha. La vedeva a malapena» spiega un confidente.

La verità, molto più scialba, è analoga a quella di tante famiglie patchwork. Con una differenza d'età di quasi vent'anni, semplicemente le sorellastre non erano mai state affiatate.

Thomas Markle Junior si espresse perlopiù in termini positivi su Meghan durante una prima intervista, venduta al *Sun* nel gennaio del 2017, dove racconta di essere stato arrestato con la sua ragazza, Darlene Blount, per aver brandito una pistola scarica durante una rissa tra ubriachi. Sperava, disse, di non aver messo in imbarazzo Meghan e di non essere escluso dalla lista degli invitati alle nozze per colpa delle sue azioni.

Tuttavia, circa un anno dopo, quando ricevette la partecipazione con lo stemma dorato nella sua casa nell'Oregon,

Thomas Junior fece eco a Samantha definendo Meghan un'arrampicatrice sociale, un'opportunista ansiosa di migliorare la propria posizione nella vita.

«Meghan Markle non è assolutamente la donna giusta per te» scrive in una lettera aperta a Harry, pubblicata da *In Touch*. «Mi stupisce che tu non veda la vera Meghan, quella che ormai tutto il mondo vede. Il suo tentativo di interpretare il ruolo della principessa da mediocre attrice di Hollywood comincia a non reggere.»

Come Samantha, che accusa Meghan di averla evitata per la sua malattia, Thomas Junior la incolpa di un gesto ancora più grave, dicendo che ha sfruttato «suo padre», per poi dimenticarlo e lasciarlo solo senza un centesimo.

Queste parole non potrebbero essere più lontane dal vero. Thomas, vincitore di un Emmy, aveva problemi finanziari da quando Meghan era piccola, e ciò contribuì alla rottura con Doria, che a sua volta si destreggiò tra vari lavori, come disegnare vestiti e gestire un negozietto di articoli da regalo prima di conseguire un master in Scienze del servizio sociale all'Università della California meridionale nel 2011 e di ottenere l'abilitazione di assistente sociale nel 2015. Thomas dichiarò bancarotta una volta nel 1991 e poi ancora nel 1993. Ma è curioso che nel 1990 abbia vinto 750.000 dollari alla California State Lottery (secondo i familiari, la combinazione di numeri vincenti si basava in parte sulla data di nascita di Meghan). Con la vincita comprò un'auto a Samantha e finanziò il negozio di fiori aperto da Thomas Junior. Secondo suo figlio, tuttavia, la maggior parte della somma andò a un'azienda di gioielli che, a detta di un amico, era un buon investimento, ma che poi fallì. Di lì a un anno, quando Thomas finì sul lastrico, il suo patrimonio personale complessivo fu valutato a 3931 dollari. Quest'uomo generoso non è una persona cattiva, semplicemente non sa gestire i soldi.

Da giovanissima, Meghan si prefisse l'ambizioso obiettivo di mantenere economicamente se stessa e i suoi genitori, facendosi carico di questo pesante fardello psicologico a un'età in cui quasi tutti i ragazzi pensano più a comprare vestiti firmati che a tirare la cinghia.

Fedele alle proprie ambizioni, iniziò a mandare soldi a suo padre non appena ottenne il lavoro a *Deal or No Deal*, guadagnando 5000 dollari per sette episodi, un'entrata stabile che condivise volentieri con Thomas per pagare le bollette e altre spese primarie. Gli voleva bene e credeva che avesse soltanto bisogno di un po' di aiuto per rimettersi in piedi, anche se spesso ripeteva gli stessi errori finanziari.

Meghan e la sua cerchia interna erano furiose per le assurde affermazioni di Samantha e Thomas Junior. Come sottolinea un confidente, nessuno dei due ci era rimasto male quando non erano stati invitati al suo primo matrimonio con Trevor. «Probabilmente non sapevano nemmeno che si fosse sposata, perché non sono mai stati in contatto» commentò l'amico. «È ridicolo. Naturalmente si rifanno vivi ora che sta per sposare un principe.»

Meghan chiese in più di una occasione a suo padre di affrontare Samantha per impedirle di vendere scoop ai media. E Thomas fece un tentativo.

«Ti rendi conto che stai facendo soffrire tua sorella?» disse a Samantha, o «Babe», come la chiama quasi sempre.

«Meghan deve soltanto contattarmi, se vuole risolvere la questione» rispose l'altra.

Thomas riferì queste parole a Meghan, che però non chiamò mai la sorellastra, convinta che probabilmente avrebbe registrato la telefonata per venderla a un tabloid. Nel frattempo loro padre si sentiva tra due fuochi. Secondo una fonte vicina alla famiglia, «le ama nello stesso modo e non voleva allontanarsi da nessuna delle due». Eppure, secondo Samantha, stava facendo proprio questo. «Sam ha sempre avuto la sensazione che [Thomas] preferisca Meghan a lei nonostante tutti i suoi sforzi» riferisce la fonte. «Thomas non è costretto a passare le feste da solo, ma decide di farlo pur ricevendo inviti da Sam e Thomas Junior.»

Intanto Harry stentava a credere al riprovevole comportamento dei familiari di Meghan. Era triste per lui osservarne gli effetti sulla futura moglie, frustrata e arrabbiata per le informazioni che Samantha e Thomas Junior stavano vendendo ai giornali. Ancora più esasperante era il fatto di non poter fare una dichiarazione e difendersi su Twitter. Meghan doveva subire gli attacchi in silenzio. Si pretende da tempo che i membri della famiglia reale vivano secondo il mantra *mai lamentarsi, mai giustificarsi*. Come spiega candidamente un aiutante di Buckingham Palace da lungo tempo al servizio della Royal Family, «stai zitto e aspetti che passi». Meghan cercava di non leggere i giornali, ma spesso gli aiutanti di Palazzo le mostravano gli articoli per verificare se un determinato dettaglio fosse realtà o fantasia. A volte furono loro stessi il bersaglio degli attacchi dei suoi fratellastri. A un certo punto Thomas Junior cominciò a inviare antipatiche e-mail a Katrina McKeever, la vicesegretaria addetta alle comunicazioni di Kensington Palace, dove spiegava di aver bisogno di un aiuto economico perché l'attenzione della stampa gli impediva di trovare un lavoro. Jason e il suo team giudicarono la situazione «surreale», ma si sentivano anche in dovere di sostenere Meghan in quelle circostanze caotiche.

Benché le falsità dei suoi fratellastri fossero sconvolgenti, ancora più sconfortante era la stampa, che non esitava a pubblicare le loro affermazioni senza controllare i fatti. La solita ostilità era prevedibile quando Meghan aveva iniziato a frequentare Harry ma, ora che erano fidanzati, i due giovani speravano che i media sarebbero stati più diligenti. Eppure le critiche continuarono, con articoli basati su idee preconcette, supposizioni errate e dichiarazioni esagerate da parte di membri estromessi dalla famiglia.

Un esempio classico fu ciò che accadde durante la caccia al fagiano il 26 dicembre.

Benché Harry e suo fratello sappiano sparare fin da piccoli, il principe più giovane si perse l'annuale caccia di Santo Stefano durante il suo primo Natale a Sandringham con Meghan. Alcuni giornali attaccarono l'attrice, insinuando che gli avesse proibito di osservare quella storica tradizione di famiglia. La etichettarono come una vegana e un'animalista che si era impuntata rifiutandosi di lasciarlo andare. In realtà, nulla di tutto ciò è vero; Meghan non è vegana né vietò a Harry di partecipare.

La giovane, che aveva conquistato il principe con un arrosto e ricevuto la proposta di matrimonio mentre cucinava un pollo, era frustrata dall'assurdità delle accuse. «Queste notizie ridicole sulle usanze di famiglia sono frottole» afferma una fonte fidata. «Meghan fa tutto ciò che fanno gli altri. Ama le tradizioni.»

La verità è che lei e Harry erano tornati a Londra in anticipo perché lui aveva accettato di condurre e dirigere come ospite *Today*, il principale programma della BBC Radio, per cui aveva già registrato un'intervista con

Barack Obama, la prima del presidente dopo la fine del mandato.

In quella sede i due uomini avevano discusso di argomenti seri e sentiti, come l'uso eccessivo dei social e il potere esercitato, nel bene o nel male, dalle persone che occupano posizioni di autorità nel governo.

Pur odiando gran parte dei media, Harry sapeva che alcune testate giornalistiche potevano essere utili per promuovere le cause a cui teneva. Aveva concordato l'intervista a Obama durante gli Invictus Games già prima della conclusione del mandato presidenziale, ma aveva deciso di tenerlo per sé. Tuttavia la conversazione si era soffermata su temi d'attualità e il principe aveva dimostrato che tutti quegli anni passati dall'altra parte della telecamera avevano fatto di lui un abile intervistatore, capace di fare notizia con la sua esclusiva. Obama aveva fatto una velata allusione a Donald Trump senza menzionarlo per nome, avvertendo che un uso eccessivo dei social da parte di rappresentanti influenti del governo poteva essere dannoso. Aveva confessato che aveva nostalgia del lavoro, ma che era sereno nonostante le questioni rimaste in sospeso e felice di potersi dedicare maggiormente alla moglie e alla famiglia e di poter gestire il proprio tempo.

C'era stato anche un momento divertente durante il quale gli ascoltatori avevano scoperto, grazie a una serie di domande al fulmicotone di Harry, che Barack Obama preferiva Aretha Franklin a Tina Turner e la Queen – ossia la regina – ai Queen.

«Bella risposta» aveva riso Harry.

Obama stette al gioco. Dopo essersi rifiutato di rispondere al quesito «Boxer o slip?», quando il principe chiese: «William o Harry?», non ebbe neppure un secondo di esitazione prima di rispondere: «William, in questo momento!».

Per la trasmissione del 27 dicembre, Harry intervistò un altro ospite importante: suo padre, il principe di Galles.

Gli ascoltatori ebbero un raro assaggio preregistrato del lato più tenero del rapporto tra Harry e Carlo.

«Ciò che ho cercato di fare in tutti questi anni è assicurarmi che tu e i tuoi figli, i miei nipoti, e i nipoti di chiunque altro abbiano un mondo adatto per ospitarli» disse il futuro re.

«Lo vedo e lo capisco benissimo grazie alle conversazioni che abbiamo avuto in questi anni. Mi ritrovo a consultarti più spesso ora di quanto abbia mai fatto prima» replicò Harry.

«Be', figliolo, sono molto orgoglioso all'idea che tu comprenda.»

«E che ti ascolti?» scherzò Harry.

«Questo è ancora più sorprendente.»

Oltre a intervistare Obama e suo padre, il principe fece anche un'analisi del primo Natale di Meghan con i reali, definendolo «fantastico».

«Abbiamo una delle famiglie più numerose che conosca, e ogni famiglia è complessa» dichiarò. «Lei è stata bravissima a integrarsi. E credo che la nostra sia la famiglia che non ha mai avuto.»

Con tali parole, Harry alimentò la rabbia dei Markle e il loro complesso di inferiorità, ora che Meghan era entrata in una dimensione sociale completamente diversa. Quel commento non fece altro che logorare i rapporti già deboli e lasciò presagire cosa sarebbe successo.

Se Meghan era preoccupata per la controversia accesa da Harry, non ebbe molto tempo per pensarci, perché i tabloid non tardarono a concentrarsi sulle sue presunte violazioni del protocollo durante la prima visita della coppia nel Galles il 18 gennaio. Invece di sottolineare come l'attrice avesse incoraggiato una bimba particolarmente timida a danzare con le sue compagne al centro sportivo Star Hub di Cardiff, o come i bambini fossero corsi a stringerla in un abbraccio collettivo, o addirittura quanta pubblicità avesse fatto al marchio gallese Hiut Denim indossando i loro jeans neri attillati a vita alta, alcuni articoli osservarono che la coppia era arrivata all'evento al castello di Cardiff con oltre un'ora di ritardo. Molti resoconti omisero il fatto che il treno della Great Western Railway, partito dalla stazione londinese di Paddington e con destinazione Cardiff Central, utilizzato anche dalle persone comuni, aveva subìto un ritardo per motivi indipendenti dalla loro volontà.

Tra le altre presunte *malefatte* di Meghan: aver camminato davanti a Harry per qualche istante, aver dato il cinque a un ammiratore e aver fatto a una bambina un autografo personalizzato con tanto di cuore e faccina sorridente (in realtà, l'*autografo* fu un delicato stratagemma per accontentare la piccola scrivendo il suo nome anziché il proprio, cosa che sarebbe stata contro le regole).

«Perché permettere ai fatti di rovinare un articolo?» ironizzò quella sera un aiutante di Kensington Palace.

Quel giorno Harry portò Meghan a un'ora da Cardiff per presentarle Tiggy Pettifer nella sua casa a Glanusk Estate, una proprietà di duemilaquattrocento ettari sul fiume Usk. Tiggy fu la sua tata dal 1993 e una roccia per entrambi i fratelli quando Diana morì nel 1997. Una volta li chiamò «i miei bambini». Donna dal carattere forte, fece arrabbiare molte persone a Palazzo permettendo ai due principi di avere un'infanzia il più normale possibile dopo la scomparsa di Lady D. Una volta, per esempio, lasciò che si calassero da una diga di cinquanta metri senza casco. Lo staff del St James's Palace era così contrariato per il suo atteggiamento incauto da avviare un'indagine sul suo conto, ma non ne venne fuori nulla perché i ragazzi la adoravano. Tiggy diede le dimissioni nel 1999, ma rimase sempre in contatto con loro. «Harry era entusiasta di presentare Meghan a Tiggy» racconta una fonte. «È una delle donne più importanti della sua infanzia, perciò ci teneva a farle conoscere Meghan, la donna più importante della sua vita adulta. Sapeva che sarebbero andate d'amore e d'accordo, e aveva ragione.»

Pubblicamente, però, Meghan continuò a essere tempestata di critiche. Il 1° febbraio la rimproverarono per aver indossato i pantaloni agli Endeavour Fund Awards, una serata in onore dei veterani feriti e una causa cara a Harry. Non aveva importanza che Diana avesse scelto un analogo look stile smoking o che la duchessa di Cambridge si fosse presentata con pantaloni e blazer per salutare le famiglie a un impegno prenatalizio a Cipro. Con il sofisticato coordinato di Alexander McQueen, Meghan gestì abilmente un imprevisto quando lei e l'altro presentatore ricevettero gli appunti sbagliati. La folla rise con lei. Fu un momento che avrebbe messo in imbarazzo un personaggio pubblico meno esperto.

Per quanto Meghan si sforzasse di ignorare il costante fuoco di fila, una fonte a lei vicina dice: «È difficile trovare un equilibrio tra essere se stessi e calcolare ogni mossa per evitare le critiche».

Harry e Meghan non dovettero affrontare soltanto gli attacchi della stampa. Una volta che la coppia ebbe annunciato il fidanzamento, messaggi d'odio indirizzati alla *royal girlfriend* cominciarono ad arrivare quasi ogni giorno a Palazzo, dove i funzionari si sbalordirono delle minacce provenienti nelle modalità più disparate: per corrispondenza, attraverso l'e-mail ufficiale di Kensington Palace e via social.

Il 12 febbraio, un giorno prima che Harry e Meghan partissero per un viaggio ufficiale in Scozia, gli addetti alla sicurezza di Kensington Palace intercettarono una lettera destinata alla coppia. Anche se in apparenza molto simile a qualunque altro messaggio ricevuto dall'indaffarato ufficio postale di Clarence House, in realtà era zeppa di insulti razzisti e conteneva una polvere bianca non meglio identificata. La sostanza, che si temeva fosse antrace, si rivelò innocua. Fisicamente, almeno. Quella notte, tuttavia, Meghan non chiuse occhio, confidando poi a un'amica che aveva paura che l'episodio fosse un assaggio della sua «nuova normalità».

Una buona amica diede all'attrice il nomignolo di «Grace Under Fire» perché non crollava mai nonostante le pressioni a cui era sottoposta.

«Sa lavorare sodo» rivela la confidente. «Non c'è nulla che la spaventi o la intimorisca.» E, aggiunge, «quando sei sua amica, per lei non ci sono argomenti troppo destabilizzanti o scomodi».

Il che spiega perché Meghan si sia sentita tanto ferita quando la sua vecchia amica Ninaki Priddy si unì al coro dei detrattori e di coloro che erano pronti a sfruttare il rapporto che avevano con lei. Le due si conoscevano dalle elementari, quando avevano cinque anni e facevano ogni cosa insieme – pigiama party, feste di compleanno – e poi, a undici, frequentarono la stessa scuola media cattolica, l'Immaculate Heart. Entrambe figlie di genitori divorziati, nutrivano una fiducia reciproca così profonda da considerarsi sorelle. Si confidavano ogni segreto e festeggiavano insieme i momenti importanti, come il matrimonio di Meghan con Trevor, a cui Ninaki partecipò in veste di damigella d'onore.

La donna non solo vendette al *Daily Mail* numerose foto molto personali della loro infanzia (feste di compleanno, vacanze e ballo della scuola), ma lanciò anche sul quotidiano una serie di aspre accuse all'amica.

Nell'affermare che Trevor «si è sentito mancare la terra da sotto i piedi», Ninaki, che tiene ancora i contatti con il regista, rivelò: «Quando [Meghan] decide che non fai più parte della sua vita, sa essere molto fredda. È una specie di meccanismo d'arresto. Non ti dà nemmeno il tempo di giustificarti, ha preso la sua decisione, punto e basta».

È vero, all'epoca del divorzio Trevor disse agli amici di essere stato colto alla sprovvista, ma diversi confidenti di Meghan avevano previsto la rottura da qualche tempo, perché lei aveva parlato loro dei suoi problemi matrimoniali. Ninaki ha ragione quando afferma che Meghan non è polemica e che preferisce evitare gli scontri. «Se le fai un torto, quasi sicuramente deciderà di tagliare i ponti con te senza dire una parola» osserva un amico. Invece di litigare con le persone, è più probabile che le escluda dalla sua vita.

Ma l'articolo del tabloid non si limitava a mettere in risalto la sua avversione per i conflitti, dipingendola malignamente come una subdola arrampicatrice sociale che aveva intenzione di accalappiare un principe dai tempi del liceo. Dopo aver venduto una foto di Meghan a quindici anni davanti a Buckingham Palace durante un viaggio che avevano fatto insieme in Europa, Ninaki osservò che l'annuncio del fidanzamento reale non l'aveva «affatto stupita». «È come se l'avesse programmato da quando è nata» commentò. «È sempre stata affascinata dalla famiglia reale. Vuole essere la principessa Diana 2.0.»

Era un tipo di tradimento che gli aiutanti di Palazzo avevano visto commettere ai danni di qualunque donna avesse sposato un reale. «Quando di mezzo ci sono i soldi, le persone sono disposte a dire *qualsiasi* cosa pur di ottenerne ancora» osserva uno di loro. «Lo vedo accadere da anni, ripetutamente.»

La madre di un'altra compagna di scuola vendette a un tabloid una notizia altrettanto bizzarra, sostenendo che fin da piccola Meghan era «ossessionata» da Diana, William e Harry. Sonia Ardakani dice di aver regalato a Meghan una copia della biografia *Diana. La vera storia nelle sue parole* di Andrew Morton e sostiene che da adolescente Meghan guardò con sua figlia Suzy i video delle nozze di Lady D, celebrate nel 1981. Sonia, che definisce Meghan «una bellissima persona dal cuore grande», riferì al *Daily Mail* che l'amica di sua figlia «era molto ambiziosa. Ammiravo molto la sua capacità di combattere con le unghie e con i denti per le cose che desiderava nella vita [...] e Meghan otteneva sempre ciò che desiderava».

Per chi seguiva da vicino queste vicende, le osservazioni di vecchi amici e conoscenti parevano contraddire a bella posta quelle pronunciate da Meghan nell'intervista alla BBC dopo il fidanzamento.

«Anche se ora comprendo molto chiaramente che qui è in ballo un interesse globale, non sapevo granché di lui» disse Meghan di Harry, in riferimento al periodo precedente la loro relazione. «Credo però che sia stato davvero piacevole per entrambi perché, dato che non lo conoscevo bene, ogni cosa che ho scoperto l'ho scoperta attraverso di lui, anziché dare ascolto ad articoli, tabloid e a tutto il resto. Quello che ho scoperto sul suo conto e su quello della sua famiglia è stato ciò che ha voluto condividere con me, e viceversa. Perciò è stato per entrambi un modo molto autentico e naturale per conoscerci.»

Aveva scelto di accettare i pro e i contro del matrimonio con un principe, ma dietro le quinte ammise di essere «ferita e delusa» dal tradimento della vecchia amica. Benché lei e Ninaki si fossero allontanate dopo il divorzio da Trevor, non si sarebbe mai aspettata che l'altra la mettesse in croce su un tabloid. Quando a Palazzo cominciarono a consigliarla, un collaboratore anziano la mise in guardia. «Se c'è qualcuno che è in possesso di una storia su di te o che è arrabbiato con te, è assai probabile che la stampa lo sfrutti, comprando le informazioni. Se c'è qualcosa, dimmelo, per favore, così avrò un piccolo vantaggio.»

La fede fu una delle cose che aiutarono Meghan a superare quel periodo difficile. «Il rapporto con Dio e con la Chiesa è importantissimo per lei» rivela una cara amica. «È un dettaglio che non conosce quasi nessuno. Svolge un ruolo centrale nella sua vita, come individuo e come donna.»

Anche se Meghan è stata cresciuta nella consapevolezza di Dio, la sua famiglia non è particolarmente devota. Meghan ha frequentato una scuola cattolica, ma per motivi didattici, non religiosi. Sua madre, cresciuta in una famiglia protestante, ha un'inclinazione spirituale e seleziona elementi di diverse religioni, compreso il buddhismo, che le sembrano ricchi d'ispirazione. Thomas diventò chierichetto a dodici anni e membro cresimato della Chiesa episcopale a quattordici. Benché da bambino andasse regolarmente a messa alla Church of the Nativity di Newport, da adulto perse questa abitudine. A detta di suo padre, Meghan non fu battezzata da piccola perché lui e Doria non avevano le medesime convinzioni. Così lasciarono che la figlia scoprisse la sua fede da sola. Da ragazzina, la religione «non le è stata imposta», afferma un amico di famiglia.

«Il suo rapporto con Dio, la sua spiritualità nascono dall'esperienza personale» aggiunge la stessa persona, che ha pregato spesso con Meghan. «Quando dico che la fede è un aspetto importante della sua vita, mi riferisco alla fede in Dio. Nella famiglia. Nelle persone che le sono più vicine.»

Alla Northwestern, una delle sue migliori amiche apparteneva a una famiglia cristiana. Le due pregavano spesso insieme. Dopo la laurea Meghan passò svariate ricorrenze a casa della compagna.

La preghiera si rivelò uno strumento importante per lei mentre affrontava gli ostacoli della vita. Riuniva il cast e la troupe di *Suits* per recitare una preghiera prima di iniziare a lavorare. Le sue invocazioni sul set non riguardavano una teologia specifica. Piuttosto, voleva che tutti si sentissero uniti nei momenti di transizione o difficoltà.

«Sono state la preghiera e le conversazioni con Dio ad aiutarla a superare i periodi più bui» conferma una fonte. «È un aspetto che ha un ruolo determinante nella sua vita e nella relazione con Harry. I due hanno intrapreso un viaggio di fede insieme.»

Prima di sposare il principe, Meghan decise di farsi battezzare e di entrare a far parte della Chiesa anglicana, benché non fosse obbligatorio. «È stata una sua scelta e un passo avanti nel suo percorso spirituale» commenta un'amica. «Nessuno le ha fatto pressione. Anche se avrebbe potuto farlo dopo le nozze, rispettando i propri tempi, ha voluto ricevere il battesimo prima di sposare Harry nella St George's Chapel "per rispetto della regina".»

L'intima cerimonia di quarantacinque minuti ebbe luogo il 6 marzo alla Chapel Royal di St James's Palace, la cappella privata dove re Carlo I ricevette il Santissimo Sacramento prima di essere giustiziato nel 1649, dove la salma della principessa Diana rimase esposta per una settimana prima del funerale e dove il principe George fu battezzato. Anche Louis avrebbe ricevuto il battesimo lì quattro mesi dopo, durante una cerimonia a cui parteciparono sia Harry sia Meghan.

Prima di essere battezzata, Meghan ebbe incontri regolari con l'arcivescovo di Canterbury, Justin Welby, con cui, secondo un aiutante di Palazzo, instaurò una «salda amicizia». Discussero di molte questioni personali, tra cui il precedente matrimonio con Trevor. L'arcivescovo le chiese quali insegnamenti avesse tratto dal divorzio. «La Chiesa anglicana ha regole ben precise per stabilire quando sia giusto che una persona divorziata, con un ex ancora in vita, si risposi e ne abbiamo parlato a lungo» spiegò Welby a febbraio. «Ovviamente non ci sono problemi.»

Alla presenza di Carlo, Camilla, Harry e diversi amici, tra cui Jessica, Lindsay e Markus, Meghan fu battezzata con l'acqua santa del fiume Giordano prelevata dalla Lily Font d'argento dorato e versata sulla sua testa con una brocca d'argento massiccio portata da Mark Appleby, il gioielliere della Corona. Prima della cerimonia tutta l'argenteria fu trasferita nella cappella dalla sua classica sede nella Torre di Londra, assieme all'elaborata boccetta contenente l'olio per la consacrazione.

La funzione – a cui la regina, William e Kate non presenziarono – fu scandita dai canti del coro della Chapel Royal, formato da sei Gentlemen-in-Ordinary e da dieci Children of the Chapel. «È stato un evento sentito e molto commovente» ricorda l'arcivescovo. «Un grande privilegio.»

«È stato edificante» osserva uno dei diciotto ospiti che, dopo il battesimo, parteciparono alla cena organizzata a Clarence House da Carlo e Camilla.

Meghan si era tuffata anima e corpo nella preparazione della sua vita di futura reale. Nello stesso mese del battesimo, lei e Harry presero in affitto la Great Tew Estate nell'Oxfordshire, un fienile ristrutturato di quasi quattrocento metri quadri, costruito originariamente nel 1708. Benché la coppia usasse ancora il Nottingham Cottage come alloggio a Londra, la casetta aveva cominciato a essere troppo angusta.

Harry visionava case di campagna da prima di conoscere Meghan. All'inizio del 2016 valutò l'idea di usare parte dei soldi che aveva ereditato dalla madre per acquistare una proprietà nel Norfolk. Nel 2017 la sua attenzione si spostò sull'Oxfordshire.

Great Tew, a Chipping Norton («Chippy», per i residenti), ospita diverse figure di spicco che amano la campagna a circa un'ora e mezza da Londra. Kate Winslet e i Beckham avevano una casa nella zona, e altre celebrità come Eddie Redmayne e Stella McCartney erano habitué della Soho Farmhouse, situata sugli stessi milleseicento ettari della Great Tew. Pur non frequentando spesso la Farmhouse, Harry e Meghan godettero al massimo dei lussi offerti dal club, come i croissant freschi provenienti dalla cucina principale e i prodotti della spa Cowshed. Una sera in cui avevano ospiti uno chef andò addirittura a casa loro.

Se Harry e Meghan non volevano uscire, non si può certo fargliene una colpa. L'edificio, dotato di quattro camere da letto, aveva una cucina in stile shaker,[7] con portefinestre affacciate sui giardini curati.

La casa nell'Oxfordshire offriva loro la possibilità di ricevere tranquillamente ospiti. Anche quando erano in compagnia, usavano di rado la grande sala da pranzo, preferendo le riunioni informali durante le quali il cibo veniva servito direttamente dal forno al tavolo della cucina. Ma il loro posto preferito per intrattenere gli amici era il patio con il barbecue di mattoni.

I terreni verdeggianti intorno alla proprietà erano anche l'ambiente perfetto per i loro due cani. Quell'estate la coppia diede il benvenuto a un nuovo membro della famiglia: un labrador nero che chiamarono Pula, come la valuta del Botswana. Nella lingua setswana, che appartiene al gruppo bantu, questa parola significa *pioggia*, e a giusto titolo. Con le sue distese semiaride, il paese considera la pioggia una preziosa benedizione. Proprio come il vivace trovatello di Harry e Meghan.

Molti familiari e amici (tra cui Redmayne con la moglie, Hannah Bagshawe, che era entrata a far parte della cerchia più ampia della coppia reale) passarono del tempo in quella abitazione confortevole, arredata con alcuni mobili che Meghan aveva fatto arrivare da Toronto.

Jessica fece un paio di visite, per esempio poco prima

[7] Arredata con mobili semplici e funzionali, generalmente in legno di rovere, faggio e acero, disposti in modo da far apparire la cucina sempre in perfetto ordine. Lo stile shaker nacque tra metà XVIII-metà XIX secolo nel Nord America, presso le comunità rurali religiose dei cosiddetti «Shaking Quakers» (per via del loro dimenarsi durante le cerimonie religiose) da cui lo stile prende il nome. *(N.d.R.)*

delle nozze. Le due trascorsero il weekend a rilassarsi, facendosi maschere di bellezza, bevendo «generose quantità di vino», chiamando Ben per un saluto e ridacchiando perché erano entrambe brille.

Doria, che raggiunse due volte la figlia e il futuro genero, non solo ricevette una camera e un bagno tutti suoi, ma arrivò senza intrusioni da parte della stampa. Prelevata direttamente dalla pista di atterraggio a Heathrow, si registrò nell'area VIP e poi fu accompagnata subito in campagna. Fu una pausa graditissima dagli assalti dei paparazzi che le avevano scombussolato la vita da quando la relazione di sua figlia con il principe era diventata di dominio pubblico.

Il Palazzo si mise a disposizione per darle consigli su come gestire il nuovo, fastidioso interesse per la sua vita, che Doria trovava estremamente curioso. Jason le raccomandò di non parlare con i giornalisti e di chiamarlo subito se qualcuno lasciava un biglietto a casa sua, cosa che accadeva di frequente. Spesso i reporter le infilavano lettere sotto la porta per offrirle la possibilità di «raccontare la sua versione della storia». Jason la pregò anche di avvisare sia lui sia le autorità se qualcuno l'avesse seguita. Harry precisò che se Doria fosse stata molestata, avrebbe pagato personalmente la sua protezione.

A Los Angeles i paparazzi si appostavano davanti a casa sua e la seguivano mentre andava dai suoi pazienti, perlopiù malati terminali. Le sfrecciavano accanto, immortalandola con le loro grandi macchine fotografiche, mentre percorreva i vialetti verso le porte d'ingresso. Era allarmante non solo per lei, ma anche per i suoi assistiti, che erano già in una condizione di vulnerabilità.

Doria trovò un'alleata improbabile nientemeno che in

Oprah Winfrey. L'ex conduttrice di talk show, che aveva conosciuto Meghan tramite un'amica, offrì aiuto a sua madre quando fu investita per la prima volta dalla tempesta mediatica. Saltò fuori che di tanto in tanto andavano nella stessa chiesa, l'Agape International Spiritual Center a Los Angeles. «Oprah si è rivelata un'amica, dando una mano a una persona in una situazione davvero straordinaria» dice una fonte vicina a Meghan. «Pochi sono in grado di capire le circostanze in cui si è ritrovata Doria, perciò è fantastico poter contare su qualcuno che comprende lo stress di essere sempre sotto la lente d'ingrandimento.»

Quando Doria aveva bisogno di allontanarsi da casa, poteva passare del tempo con Oprah senza temere che l'altra sfruttasse la loro amicizia per ottenere un'intervista (prima delle nozze un aiutante di Palazzo anziano ebbe una conversazione sincera con la conduttrice, che gli assicurò: «Non è di questo che si tratta»). «Meghan sarà sempre grata a Oprah per il sostegno che dà a sua madre» osserva una fonte. «Doria ha molti amici, ma la certezza di avere al tuo fianco una persona come Oprah è confortante.»

Tuttavia non c'era nulla che la Winfrey potesse fare per impedire ai fotografi di infastidire Doria mentre si recava al lavoro. Pur tenendosi regolarmente in contatto con la madre di Meghan, anche i funzionari di Palazzo erano impotenti.

L'attenzione prestata a Thomas si rivelò altrettanto dannosa, ma in modo completamente diverso.

A dicembre, mentre Harry e Meghan si godevano il fidanzamento, un giornale pubblicò un articolo su di lui con fotografie della sua casa in cima a una scogliera di trentacinque metri a Rosarito Beach – una tranquilla cittadina turistica messicana affacciata sul Pacifico – e dettagli sulla sua vita raccolti nei mesi precedenti, come la Ford Escape rossa o la Volvo color argento che guidava per andare a fare la spesa al Walmart più vicino o al suo deposito, dove si era vantato con il proprietario dicendo che sua figlia era in TV. Ma non c'erano virgolettati perché, ogni volta che un reporter lo avvicinava, Thomas dava la risposta suggerita dai funzionari di Palazzo: «Non posso parlare per rispetto della mia famiglia».

Una volta che l'articolo del *Mail on Sunday* ebbe rivelato il suo indirizzo, Thomas dovette affrontare le costanti intrusioni di giornalisti e fotografi. Un paparazzo sborsò persino i soldi per affittare il deposito accanto al suo. «A quel punto Meghan era in pensiero per suo padre» dice una fonte vicina all'attrice. «Lo attaccavano da ogni fronte e lei era preoccupata soprattutto per il suo benessere e la sua incolumità.»

Thomas, che coprì con pannelli di compensato le finestre affacciate sulla strada, non sopportava l'idea di stare zitto, permettendo così ai media di controllare la sua immagine. Alcuni programmi televisivi di intrattenimento negli Stati Uniti e diversi giornali britannici erano implacabili, offrendo somme cospicue perché qualunque parente alla lontana di Meghan rivelasse i segreti di famiglia (*Good Morning Britain* invitò in trasmissione l'ex moglie del fratellastro di Meghan, che lei conosceva a malapena e che non vedeva da anni, e i suoi figli, uno dei quali gestiva un commercio legale di marijuana). Che fossero sinceri oppure no era irrilevante. Il pubblico era affamato di informazioni sulla vita di Meghan, a prescindere dal tono e dalla motivazione del commento.

Di Thomas si sapeva soltanto ciò che era stato immortalato dalle macchine fotografiche: scatti di lui che portava fuori la spazzatura, che faceva il bucato in una lavanderia a gettoni, che comprava le birre per gli addetti alla sicurezza del quartiere e che usciva da Home Depot con un water nuovo (che alcuni tabloid chiamarono «trono»). In mancanza di sue dichiarazioni, alcuni giornali crearono l'immagine di un tipo solitario e malato, la cui unica compagnia erano una Heineken e un pacchetto di sigarette.

Jason, il suo referente a Palazzo, specificò fin dall'inizio che sarebbe stato disponibile giorno e notte per aiutarlo ad affrontare la situazione con la stampa. Erano circostanze singolari e tutti, in particolare Harry e Meghan, volevano essere sicuri che Thomas non si sentisse abbandonato. Pur avendogli dato il numero del suo cellulare privato, la sua e-mail e anche quella del suo vice, Jason non ricevette chiamate né messaggi. Di tanto in tanto era lui a contattarlo, ma l'altro diceva sempre di stare benissimo. «Thomas è un uomo orgoglioso» spiega una fonte. «E testardo.»

A questo punto entrò in scena Jeff Rayner. Ormai il fotografo e comproprietario dell'agenzia stampa Coleman-Rayner era un volto noto, perché era appostato da mesi davanti alla casa di Thomas. Gli fece un'offerta apparentemente vantaggiosa per entrambi. Avrebbero potuto realizzare qualche finto scatto rubato per trasformare il padre di Meghan da eremita sovrappeso a genitore devoto che si preparava diligentemente al grande giorno di sua figlia. Quando fosse comparso in fondo alla navata della St George's Chapel, tutti l'avrebbero considerato un bravo papà che si era documentato sulla monarchia prima dell'incontro faccia a faccia con la regina.

Nel corso di diverse telefonate Harry e Meghan raccomandarono esplicitamente a Thomas di fare il possibile per ignorare *tutta* la stampa. Ma lui non li ascoltò. Incoraggiato da Samantha, che intanto era riuscita ad assicurarsi una fetta della torta, accettò la proposta del fotografo. Lui e Jeff girarono per la città mettendo insieme qualche scatto, tra cui un'immagine del padre di Meghan che leggeva un libro di storia britannica in un caffè e un'altra in cui entrava in un Internet point per cercare le ultime notizie sulla figlia e sul futuro genero. Il piano era vendere le foto al maggior numero di giornali possibile per ottenere il massimo profitto e la massima pubblicità.

Le fotografie comparvero su svariate testate internazionali, ma non servirono a migliorare l'immagine pubblica di Thomas. Anzi, l'unico a trarne vantaggio sembrò essere Rayner, che guadagnò almeno 130.000 dollari, di cui Thomas intascò il trenta per cento.

Una settimana prima che il padre di Meghan finisse sotto i riflettori al castello di Windsor, il Palazzo venne a sapere che il *Mail on Sunday* intendeva smascherare come falsi gli scatti *rubati*, compreso quello in cui Thomas sfogliava *Images of Britain: A Pictorial Journey Through History* (Immagini della Gran Bretagna: un viaggio illustrato attraverso la storia).

Su ordine di Harry, il team responsabile delle comunicazioni, di concerto con il team legale dello studio Harbottle & Lewis, cominciò a elaborare una strategia per impedire la pubblicazione di quell'articolo imbarazzante.

Prima, però, Meghan volle sentire direttamente da suo padre come fossero andate le cose. Secondo un confidente fidato al suo fianco in quelle circostanze, l'attrice telefonò a Thomas dicendo: «Papà, dobbiamo sapere se sia vero oppure no, perché il mio team proverà a bloccare la pubblicazione, se mi dici che è tutta una montatura. Se è così, si faranno in quattro per proteggerti. Mi stai dicendo che sei solo una vittima, giusto?».

Thomas mentì. «Certo» assicurò, omettendo che era stato complice del fotografo.

«Ogni volta che Meghan lo chiamava, diceva: "Papà, ti voglio bene. Desidero soltanto che tu lo sappia. È tutto a posto. Raggiungici. Stiamo per sposarci. Dobbiamo festeggiare. Non preoccuparti di queste cose. Lasciamoci tutto alle spalle"» aggiunge la fonte. E poi: «Vuoi credere il meglio delle persone, no? L'ho sentita dire: "Mio padre non se l'è mai andata a cercare. Sono convinta che sia una vittima, e ora mi rattrista il fatto che probabilmente l'abbiano raggirato"».

Prima di riagganciare Meghan ricordò a suo padre che l'indomani un'auto sarebbe andata a prenderlo per portarlo a Los Angeles. Da lì, Thomas si sarebbe imbarcato sul volo transatlantico per Londra, dove era tutto organizzato nel minimo dettaglio. Avrebbe avuto a disposizione autisti, guardie del corpo e una guida pronta a rispondere a qualunque domanda. Non avrebbe dovuto preoccuparsi di nulla.

Nel frattempo i responsabili delle comunicazioni a Kensington Palace fecero tutto il possibile per impedire che il piano maldestro di Thomas avesse conseguenze disastrose, collaborando con lui per emanare un comunicato tramite l'Independent Press Standards Organisation e un avviso ai direttori dei giornali britannici. Ma invano. Il giorno dopo la telefonata di Meghan a suo padre, la prima pagina del *Mail on Sunday* annunciò: *Il papà di Meghan simula un servizio fotografico con i paparazzi*. Purtroppo le immagini delle telecamere a circuito chiuso confermavano le accuse.

Meghan era devastata dalle menzogne di Thomas, ma anche preoccupata per la sua salute. Suo padre si era dimostrato poco accorto, certo, ma mancava solo una settimana alle nozze e lei non vedeva l'ora di averlo a Londra, dove sarebbe stato protetto da autisti e guardie del corpo.

Lo chiamò subito, ma Thomas non rispose. Lo richiamò. E poi ancora e ancora, lasciando ogni volta una versione analoga dello stesso messaggio: «Papà, ti voglio ancora bene. Non è cambiato niente. Ti faremo uscire dal Messico e arrivare a Londra sano e salvo. Mando una macchina a prenderti».

Sempre che Thomas fosse salito a bordo.

13

LA SITUAZIONE DI THOMAS MARKLE

Nella sua ultima sera da persona comune Meghan Markle fu trattata come una regina.

Alle diciotto e quindici del 18 maggio, lei e Doria si trasferirono nell'alloggio loro assegnato per l'occasione: il Cliveden House, un imponente cinque stelle con trecentocinquant'anni di storia alle spalle.

L'hotel è da tempo un luogo d'incontro per politici e membri dell'alta società. Tuttavia fu solo nella prima metà del XX secolo, quando Nancy e Waldorf Astor si stabilirono nell'edificio, che il Cliveden diventò famoso per la sua ospitalità impeccabile e gli ospiti illustri. Gli Astor ricevettero un mix eterogeneo di persone di spicco, da Winston Churchill a George Bernard Shaw, da Gandhi a Henry Ford.

Ora l'hotel ospitava la futura duchessa di Sussex. Accompagnate velocemente dalla Range Rover all'ala orientale della costruzione, madre e figlia fecero il giro delle loro camere, tra cui l'Inchiquin Suite da 1900 dollari a notte. Mentre esaminavano l'elegante insieme di pesanti tendaggi, mobili antichi e opere d'arte originali, si videro porgere una flûte di champagne Taittinger freddo.

Dopo mesi di preparativi era tutto pronto. Invece di affidarsi a un tradizionale wedding planner, la coppia si rivolse a una persona già nota alla Royal Family: Thea Garwood, che collaborò per diversi anni con Jamie Lowther-Pinkerton, l'ex segretario privato di Harry e William, dal 2007, quando fu nominata segretaria tuttofare dei due fratelli. Aveva partecipato attivamente all'organizzazione del concerto in memoria di Diana, diventando una figura indispensabile e fidata nelle loro vite. Famosa per la sua calma anche nelle situazioni più stressanti, coordinava le discussioni tra le parti in causa, dall'ufficio del lord ciambellano (il principale canale di comunicazione tra la regina e la Camera dei Lord) al panettiere e al fiorista, che Meghan scelse personalmente.

Nulla fu lasciato al caso, nemmeno i poliziotti armati che pattugliavano i corridoi del Cliveden House. Un anello di un'altra ventina di guardie circondava i centocinquanta ettari della proprietà. Se mai Meghan avesse avuto bisogno di qualcosa, era disponibile anche Tifare Alexander («Tif», per gli amici), attendente di Harry ed ex paracadutista.

Quell'ala del palazzo – dove i membri dello staff portavano caraffe d'acqua frizzante, tazze di tè verde e Arnold Palmer (uno dei drink preferiti di Meghan e di suo padre) – era riservata esclusivamente alla futura duchessa e ai suoi visitatori. Anche se lei e sua madre sarebbero state le uniche a passare la notte lì, arrivarono amiche come Lindsay e Jessica, oltre all'amatissimo trovatello Guy, che il giorno prima aveva ricevuto un passaggio fino a Windsor nientemeno che dalla regina.

Lo chef stellato André Garrett preparò una cena nella sala da pranzo privata, offrendo al gruppo ravioli ripieni di zucca (un richiamo alla passione di Meghan per la pasta) e sogliola grigliata. E se le ospiti avessero voluto, la spa era a loro disposizione, con tanto di piscine, massaggiatrici e vasche d'acqua calda profumata alla rosa e alla lavanda.

Meghan, in particolare, sentiva l'esigenza di un po' di relax. Mentre alcune spose riempiono le settimane prima delle nozze pensando alle composizioni floreali, all'assegnazione dei posti e al vestito, lei aveva dovuto affrontare una profonda crisi personale che aveva coinvolto la stampa britannica e internazionale.

Nonostante la raffica di messaggi scritti e vocali da parte di Meghan, Thomas non solo si era rifiutato di salire in auto per andare all'aeroporto, ma persino di rispondere alla figlia.

«Santo cielo, non ne posso più di stare al telefono» disse Meghan a un'amica, spiegando che aveva chiamato il padre almeno venti volte. «Suppongo che riceva i miei messaggi» aggiunse, preoccupata.

Invece di sapere le cose direttamente dalla fonte, lei e Harry dovevano aggiornarsi sui piani di Thomas (o, meglio, sulla sua decisione di presenziare alla cerimonia oppure no) tramite i tabloid e i siti di gossip.

Dopo la pubblicazione dell'imbarazzante articolo del *Mail on Sunday*, Thomas si rivolse a TMZ per giustificarsi, asserendo che aveva cercato di «migliorare» la propria immagine dopo aver subìto un'«imboscata» da parte di altri fotografi. Ma per risparmiare ulteriore imbarazzo a sua figlia e alla famiglia reale non avrebbe preso parte alle nozze.

Anche se in pubblico il Palazzo si chiuse in un silenzio stoico, dietro le quinte ci furono recriminazioni e rabbia perché il padre di Meghan aveva trasformato in un circo quello che avrebbe dovuto essere un festeggiamento dignitoso. Tagliando i ponti con gli aiutanti di Palazzo e con la figlia, Thomas stava fornendo alla stampa un flusso apparentemente interminabile di dichiarazioni assurde. Le notizie sul matrimonio erano ormai infarcite delle volgarità pubblicate da TMZ, la stessa testata che aveva rivelato le bravate di Harry a Las Vegas. I funzionari dello staff reale prevedevano che la bomba successiva sarebbe stata sganciata da un momento all'altro. Nessuno sapeva cosa aspettarsi.

«È stata molto, molto dura» dice un altro collaboratore, riferendosi alla reazione del Palazzo alla situazione di Thomas Markle. «Non c'erano soluzioni facili, e l'hanno gestita meglio che potevano, anche se dall'esterno sembrava un enorme pasticcio. È molto semplice scaricare la colpa sul Palazzo ma, santo cielo, non ho mai visto niente di simile. Una bellissima giovane sta per sposare un principe, e suo padre è lontano ottomila chilometri e non collabora. E oltre a non collaborare, fa giochetti stupidi.»

In una delle sue numerose interviste Thomas affermò che Harry lo aveva chiamato sibilando in tono furioso: «Se mi avessi dato retta, non sarebbe mai accaduto». Tuttavia questa conversazione non ebbe mai luogo. In un altro drammatico colpo di scena, il giorno dopo aver annunciato che non sarebbe andato alla cerimonia, Thomas disse ai reporter che non riusciva neppure a immaginare di perdersi un evento così importante.

Ferita, Meghan ordinò ai funzionari di Kensington Palace di rendere nota una sua dichiarazione sull'accaduto, definendolo «una questione strettamente personale» e chiedendo di rispettare la sua privacy mentre la risolvevano. Pur non volendo assolutamente che il suo dramma familiare diventasse di dominio pubblico, si sentì in dovere di fare qualcosa.

Nonostante il comportamento di suo padre, il pensiero

di non averlo alle nozze la rattristava molto. Thomas stravedeva per lei fin da quando era bambina, arrivando a creare una famiglia di origine mista della Barbie per Natale, a disegnare le scenografie per le recite scolastiche e a volare da Los Angeles a Toronto con la cassetta degli attrezzi per aiutarla a traslocare in cambio di un semplice caffè.

«Per quanto fosse offesa e umiliata, desiderava che suo padre fosse presente ed era disposta a dimenticare ogni cosa» racconta una cara amica. «E poi era preoccupata per lui; non era certa che stesse bene. Non si era mai comportato così.»

Il completo e le scarpe su misura lo aspettavano nella sartoria Oliver Brown a Chelsea, come il veterano militare che Harry aveva incaricato di scortarlo da Londra a Windsor. «Il trattamento che Doria ha ricevuto al suo arrivo era identico a quello programmato per Thomas» ricorda un aiutante di Palazzo anziano, osservando che il padre della sposa avrebbe alloggiato in hotel e avuto a disposizione una guardia del corpo e un assistente per l'intero soggiorno.

A soli quattro giorni dalle nozze, tuttavia, Meghan ricevette una notizia ancora più devastante su suo padre, nuovamente attraverso un sito di gossip.

Senza esitare a incolpare l'invadenza della stampa, Thomas dichiarò che lo stress gli aveva provocato un infarto. I medici avevano deciso di operarlo il giovedì successivo, due giorni prima della cerimonia, per disostruire un'arteria, riparare il danno e impiantargli diversi stent nei vasi sanguigni. A meno di una guarigione miracolosa, disse, non sarebbe stato in condizioni di sorvolare l'Atlantico, e dunque non avrebbe presenziato al *royal wedding*.

Angosciata, Meghan gli scrisse un messaggio. «Ho cercato di contattarti per tutto il weekend, ma non rispondi alle telefonate né ai messaggi [...] sono molto preoccupata per la tua salute e la tua sicurezza e ho preso ogni misura per proteggerti ma cos'altro posso fare se non ti fai vivo [...] Hai bisogno di aiuto? Possiamo rimandare il team della sicurezza? Mi dispiace molto sapere che sei in ospedale ma per favore mettiti in contatto con noi [...] In quale ospedale sei?»

Dieci minuti dopo ne inviò un altro. «Oggi io e Harry abbiamo deciso di mandare gli stessi addetti alla sicurezza che hai rifiutato questo weekend perché siano presenti sul posto e si accertino che tu non corra rischi [...] Saranno a tua disposizione non appena avrai bisogno di loro. Ti prego, ti prego chiama al più presto [...] tutto questo è spaventoso ma la tua salute è la cosa più importante.»

Quella sera Thomas inviò un breve messaggio ringraziando per l'offerta, ma dicendo di non sentirsi in pericolo. Invece, scrisse, si sarebbe ripreso in un motel. Meghan chiese quale, ma lui non rispose.

Dopo aver ricevuto la conferma che Thomas non era in condizioni di viaggiare, la futura sposa pregò il Palazzo di rilasciare un'altra dichiarazione per suo conto: «Purtroppo mio padre non parteciperà alle nozze. Gli ho sempre voluto bene e spero che [i media] gli concederanno il tempo necessario per prendersi cura della sua salute».

Nessuno aveva accennato all'argomento qualche ora prima, quando Meghan aveva portato Doria a conoscere la regina e il principe Filippo, ma il dramma pubblico l'aveva fatta sentire in imbarazzo durante il tè al castello di Windsor.

Qualcuno sollevò dei dubbi sulla veridicità delle affermazioni di Thomas, ma Meghan disse allo staff di Kensington Palace che nessuno avrebbe dovuto gettare discredito su suo padre. «Meghan ci ha tenuto a precisare che nonostante l'accaduto i suoi collaboratori non devono criticarlo» dichiara una fonte interna al Palazzo. «La settimana del matrimonio si sarebbero potute dire molte cose, ma è stata così lungimirante da decidere che non valeva la pena demolire suo padre per evitare una brutta figura.»

Incolpò in parte se stessa. Dopo aver passato l'ultimo anno e mezzo sotto la luce abbagliante dei riflettori, sapeva quanto fossero opprimenti le pressioni dei media.

«Mio padre è vulnerabile» disse a un'amica. «L'hanno ingannato. Molti giornalisti gli hanno fatto un sacco di moine e l'hanno pagato. Non so se abbia mai avuto davvero la possibilità di rifiutare.»

Anche Harry diede la colpa ai media. «Alle pressioni cui è stato sottoposto nei sei mesi prima di cedere e alla fine collaborare» spiega un membro anziano del personale di corte, riferendosi a Thomas. «È stato per questo che Harry si è infuriato.»

Una persona vicina alla coppia riassume la situazione così: «Ci sono una sorta di invadenza aggressiva e quasi un'ostilità sconsiderata e irresponsabile, profondamente dannosa, verso le iniziative dei media. Credo che i paparazzi non siano gli stessi. Penso che le cose siano cambiate. Ma la malignità spietata di alcuni rappresentanti dei media – perché è di questo che si tratta – ha un'autentica vena di cattiveria. Ciò che hanno fatto a suo padre, costringendolo ad abbandonare la sua vita ritirata e a uscire allo scoperto, e poi sventolandogli davanti gli assegni, è assolutamente terribile. Voleva vivere nell'ombra e avrebbe continuato a farlo. Sarebbe andato alla cerimonia se i media l'avessero lasciato in pace come richiesto. E non c'è un tema di interesse pubblico che giustifichi l'intrusione nella sfera privata di Thomas Markle».

Nel tentativo di dare una mano alla sposa, Harry si rivolse all'uomo che a suo parere sarebbe stato il sostituto più adatto: suo padre. Carlo aveva una certa esperienza, perché due anni prima aveva accompagnato all'altare un'amica di famiglia, Alexandra Knatchbull, il cui padre, Lord Brabourne, si era ammalato all'ultimo minuto. «Gliel'ho chiesto, e penso che l'avesse previsto» racconta Harry in un documentario della BBC. «Ha risposto subito: "Sì, certo. Farò qualunque cosa di cui Meghan abbia bisogno, sono qui per aiutarvi» (ora il futuro re conserva una foto in bianco e nero incorniciata che lo ritrae mentre cammina accanto alla nuora nella residenza di Clarence House).

Dopo una settimana di incertezze, con Thomas che rubava la scena e oscurava quello che avrebbe dovuto essere il momento più felice della vita di Meghan, poco prima del grande giorno Kensington Palace annunciò che sarebbe stato Carlo ad accompagnare la sposa. «Ms Meghan Markle ha chiesto a Sua Altezza Reale il principe di Galles di accompagnarla all'altare del coro della St George's Chapel nel giorno delle sue nozze. Il principe di Galles è lieto di poterle dare il benvenuto nella famiglia reale in questo modo» recitava il breve comunicato.

Harry e Meghan passarono parte della giornata precedente la cerimonia percorrendo il Long Walk verso il castello di Windsor a bordo della Range Rover blu per dare un'ultima occhiata alla location di cui si erano innamorati. La folla si era già riunita nella cittadina inglese e centinaia di giornalisti arrivati da tutto il mondo erano pronti a immortalare quelli che sicuramente sarebbero stati momenti magici.

La prova generale – che diede a Doria anche l'opportunità di conoscere William, Kate, George e Charlotte – fu un toccasana per i nervi tesi di Meghan, che le avevano impedito di chiudere occhio. «In quegli ultimi giorni ha capito di dover lasciare ogni cosa com'era; non poteva cambiare ciò che era accaduto» commenta un buon amico.

Tutti, compreso William, erano dispiaciuti per Meghan. Vederla rischiare di farsi rovinare il giorno delle nozze da suo padre fu straziante. Doria era addolorata per la figlia, ma per nulla sorpresa. A suo dire, Thomas non era mai stato una persona affidabile.

Per fortuna, Meghan aveva al suo fianco gli amici e la madre. «Per sua stessa ammissione, se non fosse stato per Harry, Doria e gli amici, non sarebbe riuscita a superarlo» racconta una fonte.

La sera prima del matrimonio, dopo le ultime sedute preparatorie per l'apparizione davanti ai media, al Cliveden House Meghan ricevette un massaggio facciale e una sessione di guarigione energetica da Sarah Chapman, la guru dello skincare che era diventata sua buona amica nei mesi precedenti. Meghan apprezzava i suoi modi rassicuranti e aveva la sensazione che un incontro con lei fosse più di un semplice trattamento al viso. Fungeva anche da terapia.

Tuttavia, nonostante quella seduta rilassante, aveva ancora una questione in sospeso. Scrisse ancora una volta a suo padre, che però non rispose.

Quella sera, immersa nella vasca da bagno mentre parlava su FaceTime con un'amica, Meghan disse che aveva lasciato un ultimo messaggio a Thomas. «Non posso restare sveglia tutta la notte a premere INVIA.»

Mantenendo la calma, ricordò agli amici preoccupati che l'indomani avrebbero festeggiato il suo incontro con il vero amore. «Mi sposo» disse. «Voglio essere felice di questo.»

14

STAND BY ME

La sveglia suonò alle sei.

Ben presto, vassoi di cereali, frutta fresca, succhi e tè furono portati nella suite, dove la sposa fece colazione con sua madre.

«Parevano vecchie amiche che si raccontano le ultime novità mentre fanno colazione insieme» riferisce il truccatore e amico Daniel Martin. «Giocavamo con Guy, il beagle di Meghan. Era una mattinata gelida.»

A parte ciò che era successo con Thomas, stava filando tutto liscio (forse perché non c'era posto per altri drammi).

Se Meghan era il ritratto della calma, Daniel, incaricato di preparare la sposa per il più importante matrimonio dell'anno, era indubbiamente teso. Il truccatore – che era diventato amico di Meghan dopo averla conosciuta alla New York Fashion Week poco dopo il rinnovo di *Suits* – pianificava quella giornata da dicembre, quando l'attrice gli aveva inviato un messaggio chiedendo se avesse da fare il 19 maggio.

In quel periodo si teneva il Met Gala,[8] aveva risposto

[8] Manifestazione di beneficenza annuale a favore del Costume Institute, dipartimento abbigliamento e costumi del Metropolitan Museum di New York. *(N.d.R.)*

Daniel. Poi probabilmente sarebbe dovuto andare a Cannes per il Festival del cinema. Ma per lei poteva cambiare programma. Perché?

La risposta era stata l'emoticon di uno sposo e di una sposa.

Daniel aveva cominciato subito a studiare il look giusto: naturale ma effervescente, quasi come se «avesse una luce che la illuminava dall'interno». La difficoltà maggiore erano stati gli impegni di entrambi, che avevano impedito loro di fare una prova come si doveva. Daniel era stato costretto a ispirarsi alle immagini della prova dell'acconciatura, tenutasi ai primi di maggio. Ma siccome lavoravano insieme da anni, conosceva i gusti di Meghan, una donna abbastanza sicura di sé da lasciar trasparire la sua bellezza, e una spruzzata di lentiggini.

Per la segretezza che ammantava l'evento, tuttavia, non era sicuro di chi altri fosse coinvolto nei preparativi. Due professionisti della bellezza concorrenti possono creare una situazione molto scomoda. Ma quando vide Serge Normant, il parrucchiere storico di Julia Roberts, scendere le scale, disse: «Grazie al cielo».

Mentre Serge raccoglieva i ricci della sposa in uno chignon perfettamente spettinato, Daniel si occupò del makeup di Doria, mescolando gli ombretti color pesca per dare risalto agli occhi. Poi i due uomini si scambiarono di posto e Daniel conferì al viso di Meghan una lucentezza naturale con un mix di tonico, idratante, primer con protezione solare e un velo di fondotinta anti-imperfezioni sulla zona T. Finì applicando ombretti color castagna, cacao e ruggine, l'eye-liner e le ciglia finte agli angoli. Evitando il rossetto, usò il burrocacao per esaltare il colore delle labbra e, infine, aggiunse una leggera pennellata di blush rosa per ravvivare le guance.

Meghan selezionò una playlist di Spotify sul telefono. Billie Holiday, Ella Fitzgerald, Buddy Holly e Ben E. King cantarono mentre i tre chiacchieravano. «È stato molto spontaneo, come se fossimo vecchi amici incaricati di prepararla per una conferenza stampa, come facevamo una volta» rivela Daniel.

Quando Meghan si guardò nell'alto specchio antico – il vestito classico incorniciato da un velo di cinque metri, ricamato a mano con cinquantatré fiori che rappresentavano i paesi del Commonwealth, il calicanto d'inverno che cresceva davanti al Nott Cott e un papavero della California in onore del suo stato natale – era raggiante. Il tessuto del vestito, un cady di seta a doppio legame realizzato per l'occasione, rifletteva la luce, facendola splendere. Davanti, l'orlo era due centimetri più corto per dare l'impressione che fluttuasse nell'aria.

La sospinsero oltre la gigantesca tenda bianca che era stata montata per impedire a chiunque di dare anche solo un'occhiata fugace al vestito. Quindi salì a bordo della Rolls-Royce Phantom IV bordeaux e oro della regina, risalente al 1950, che era parcheggiata davanti alla suite da quasi tre ore, e fu solo allora che Meghan si rese conto di cosa stava per accadere. Due miliardi di occhi l'avrebbero osservata mentre si sposava. Seguendo la Rolls con la sua auto, Daniel rimase a bocca aperta nel vedere la folla numerosa che punteggiava le dolci colline della campagna inglese. «Le persone erano accampate lì da giorni con la speranza di intravedere qualcosa» si meraviglia.

Molti di coloro che non si erano mai visti rappresentati

nei festeggiamenti reali – per esempio, i britannici di origini caraibiche a Brixton – erano al settimo cielo.

Meghan era andata in quel quartiere di South London a gennaio per conoscere i giovani e bravissimi DJ e produttori della stazione radiofonica Reprezent, un progetto nato in reazione ai sempre più numerosi accoltellamenti verificatisi nella zona. La visita ufficiale le aveva dato la possibilità di ingraziarsi i residenti, perlopiù di origini afrocaraibiche, a cui in passato la famiglia reale non aveva prestato molta attenzione.

Ancora nuova agli impegni di questo tipo, era stata Meghan ad approvare il programma di formazione che, mettendo l'accento sul sostegno alla salute mentale per i giovani, era in linea con gli obiettivi suoi e di Harry. Tre giorni prima di Natale Shane Carey, fondatore e CEO di Reprezent, aveva ricevuto una telefonata da un aiutante di Palazzo che annunciava la visita della coppia, costringendolo a passare diverse notti in bianco mentre si preparava ansiosamente a illustrare il lavoro per cui «sgobbava» da quindici anni.

Ne era valsa la pena. Dopo un incontro pomeridiano con Carey, Harry e Meghan avevano fatto il giro degli studi. Mentre si mettevano le cuffie per ascoltare un brano di Poté, un artista di Santa Lucia, Meghan aveva fatto colpo sulla DJ diciassettenne Gloria Beyi, dimostrando di conoscere il suo lavoro. E aveva stupito YV Shells, uno studente di medicina ventiquattrenne che lavorava all'emittente in attesa di laurearsi, dicendo di aver sentito parlare del suo impegno a favore della parità di genere.

Dopo una serie di pugno contro pugno al posto delle strette di mano, la coppia era uscita così entusiasta da decidere di fare una deviazione fuori programma per salutare i fan riuniti all'esterno. Meghan si era inginocchiata per salutare ogni bambino della fila chilometrica. Quando un signore aveva detto che a maggio sarebbe andato fino a Windsor per le nozze, l'aveva ringraziato per la sua gentilezza. «Significa molto per me» aveva cinguettato. «Sarà una giornata speciale per tutti noi.»

E infatti i residenti di Brixton invasero le strade per festeggiare il matrimonio della coppia. Sopra un tratto di strada generalmente riservato alle bandiere delle isole caraibiche e delle nazioni africane che rappresentano il quartiere, qualcuno aveva appeso, da un lato all'altro della via, la bandiera britannica e quella americana. Antoney Waugh, un giamaicano che aveva conosciuto il principe e la futura sposa a gennaio, commentò: «Meghan sta cambiando la norma».

Intanto, nella torre del mastio del castello di Windsor, gli invitati vestiti di tutto punto si ritrovarono in una scena che pareva uscita da una fiaba d'altri tempi. Passando sotto l'arco di foglie a cascata che la fiorista Philippa Craddock e il suo team di trenta persone avevano impiegato quattro giorni per costruire, furono avviluppati dalla fragranza dei gelsomini e delle cicerchie odorose che profumavano la chiesa gotica del XIV secolo.

George e Amal Clooney, David e Victoria Beckham, Elton John, Priyanka Chopra, Idris Elba, Serena Williams, Oprah Winfrey e gli ex colleghi di *Suits*, tra cui Abigail Spencer e Rick Hoffman, trovarono i loro nomi famosi stampati su biglietti infilati nei banchi di quercia della St George's Chapel o, se erano così fortunati da essere seduti nel coro, decorati con betulla bianca, digitale e cerfoglio selvatico raccolti nella tenuta di Windsor. In realtà Philippa aveva adocchiato i delicati fiori bianchi del cerfoglio sparpagliati nella campagna inglese solo qualche giorno prima e aveva chiesto a John Anderson, il responsabile dei giardini, se potesse procurargliene un po' per aggiungerli alle composizioni di rose e peonie.

La Rolls-Royce si fermò prima davanti alla cappella per far scendere Doria, che indossava un vestito di Oscar de la Renta. La prova dell'abito si era svolta a Los Angeles due mesi prima. Il direttore creativo Fernando Garcia ricorda che la madre di Meghan «ci ha portato degli spuntini. Tutti snack salutari, perché è una runner». Il modista Stephen Jones aveva disegnato il basco verde menta di Doria e anche i cappelli di alcune amiche della sposa.

Poi l'auto andò a prendere Brian e John, il cui affetto per la «zietta Meg» era valso loro il ruolo di paggetti. Di lì a dieci minuti, la ragazza californiana che si era lasciata alle spalle il sole e l'esistenza libera del suo paese sarebbe diventata ufficialmente duchessa.

In mancanza di una damigella d'onore che aiutasse Meghan con il vestito, a darle una mano fu Clare Waight Keller, la stilista che l'aveva disegnato. L'allora direttrice artistica di Givenchy precedette la sposa per essere già sui gradini occidentali del castello quando fosse arrivata.

Fu il culmine di un processo che era iniziato poco dopo l'annuncio del fidanzamento. Da una lunga lista di designer che le avevano sottoposto degli schizzi, Meghan aveva optato per la Keller, che non solo aveva il requisito delle origini britanniche – era nata a Birmingham –, ma era anche la prima direttrice artistica donna di un brand che l'attrice adorava da anni.

Gli aiutanti del Palazzo avevano organizzato un incontro a Kensington Palace, durante il quale le due avevano passato mezz'ora a esaminare i disegni e Meghan aveva espresso il desiderio di qualcosa di moderno ma intramontabile. Quando si erano viste per la seconda volta, nel gennaio del 2018, aveva deciso di affidare a Clare la creazione del vestito. «È stato un momento straordinario» ricorda la stilista. «È stato incredibile essere coinvolta in un simile evento storico.»

Le due donne strinsero un'amicizia spontanea attraverso una serie di messaggi, telefonate e scambi di schizzi. A febbraio Meghan era arrivata con un'auto discreta nella proprietà a South West London dove Clare custodiva gli archivi delle sue creazioni e ultimava i capi. Lì avevano discusso del modello definitivo, quindi due piccoli team avevano cominciato a confezionare il vestito che, cucito all'interno, comprendeva un piccolo pezzo di tessuto blu ricavato dall'abito che Meghan aveva indossato durante il primo appuntamento al buio con Harry. Il 27 marzo, quando Meghan aveva preso un volo di linea per Los Angeles per trascorrere un po' di tempo con Doria prima del grande giorno, aveva portato con sé gli schizzi del vestito per mostrarli alla madre assieme ad altri dettagli della cerimonia.

Clare racconta che prima delle nozze lei e Meghan si videro svariate volte, ma che gli incontri non ebbero mai un'aria ufficiale o solenne. «Abbiamo parlato della cerimonia, di cosa avrebbe significato per lei entrare nella famiglia reale e di quale sarebbe stato il suo ruolo in futuro, di cosa voleva rappresentare, di quali emozioni voleva trasmettere, del suo desiderio di inaugurare una nuova concezione di look per i reali e anche della portata di questa ambizione. Era molto emozionata.»

Subito prima del matrimonio, il vestito – che aveva richiesto diverse prove, tutte eseguite da Clare in persona per garantire la riservatezza – fu trasferito in una camera sicura del Cliveden House alle prime luci dell'alba. L'operazione segreta, ideata da Melissa Toubati – l'assistente personale di Meghan – e da Jason, coinvolse varie guardie del corpo e un tunnel appositamente costruito. I due risero di quanto fosse folle correre qua e là con il vestito più ricercato del mondo.

Ogni dettaglio dell'abito era ammantato di mistero, compreso il nome della stilista. La comparsa di Clare sui gradini della chiesa fu la prima conferma per il pubblico, e anche per suo marito e per i suoi tre figli. «Mi sono attenuta al segreto professionale, come un medico che non parla dei suoi pazienti» dichiara la designer.

Davanti alle macchine fotografiche Clare si affannò a sistemare il velo, una creazione di tulle e seta talmente delicata e candida che le operaie avevano dovuto lavarsi le mani ogni trenta minuti nelle cinquecento ore necessarie per finirlo. «Sapevo che quando Meghan avesse salito gli scalini, il vestito avrebbe creato una bellissima linea» spiega Clare. «Dato che il velo era così lungo, ho voluto renderlo assolutamente spettacolare.»

Prima di muoversi, Meghan si girò verso di lei per controllare se il velo fosse pronto, fermandosi per un attimo a guardare la folla. Clara Loughran, la fidata aiutante di Palazzo che aveva sovrinteso al trasporto dei fiori per quella giornata speciale, aspettava in cima ai gradini per consegnarle il bouquet di mughetto, mirto, astilbe, gelsomino, astrantia e non ti scordar di me, i fiori preferiti di Diana.

Clare porse il velo ai paggetti, che la sera prima avevano fatto una scrupolosa prova in chiesa con un sostituto in pizzo di poliestere. I gemelli Mulroney, con i loro larghi sorrisi sdentati, si stavano «godendo il momento» quando le trombe iniziarono a suonare, riferisce la stilista. «Non aveva mai sentito una tromba prima di allora» dice Ben, riferendosi alla reazione stupita di Brian. «E meno male che avevamo fatto tagliare loro i capelli!»

Scintillante con il diadema di diamanti della regina Maria e un paio di décolleté Givenchy in raso duchesse di seta che completavano il look, Meghan cominciò a percorrere gli ottanta metri verso lo sposo, emozionato e commosso, anch'egli elegantissimo con l'uniforme dell'Household Cavalry Blues and Royals, cucita in Savile Row.

Anche Doria versò qualche lacrima mentre guardava la figlia camminare lungo la navata. Benché il pubblico credesse che la madre della sposa fosse sola, Meghan si era assicurata che fosse seduta accanto a due delle sue migliori amiche, Benita e Genevieve, che la conoscevano entrambe molto bene. Doria era particolarmente affezionata a Benita, le cui figlie, Rylan e Remi, non erano solo le figliocce di Meghan, ma anche le damigelle d'onore.

Dal momento in cui gli sposi furono l'uno di fronte all'altra e Harry ebbe congedato il padre con un riconoscente «Grazie, papà», fu impossibile notare qualcosa di diverso dal loro intenso amore. «Sei bellissima. Mi sei mancata» disse il principe a Meghan. «Grazie» rispose lei timidamente.

Nonostante la cerimonia – durata un'ora – si svolse all'insegna della pompa e della formalità, la coppia riuscì a renderla personale.

«È stato un matrimonio di portata globale, ma per noi era molto, molto importante che tutti si sentissero partecipi» afferma Harry nelle registrazioni che lui e Meghan incisero per la mostra *A Royal Wedding: The Duke and Duchess of Sussex* (Un matrimonio reale: il duca e la duchessa del

Sussex) al castello di Windsor. «Facendo scelte davvero personali e significative, l'abbiamo resa un'esperienza intima benché sia stato un evento in grande stile.»

A questo scopo, gli sposi riempirono la cappella medievale inondata di sole, uno sfavillante mix di vetrate istoriate e soffitti a volta, con le persone che avevano plasmato la loro vita. Erano presenti i rappresentanti delle organizzazioni benefiche con cui avevano collaborato negli anni. Tra coloro che assistettero al momento in cui Justin Welby, l'arcivescovo di Canterbury, chiese se ci fosse qualche ragione per cui Harry e Meghan non potessero sposarsi, c'erano anche le ex del principe, Cressida Bonas e Chelsy Davy.

A tenere il sermone fu il vescovo Michael Curry, il primo afroamericano a capo della Chiesa episcopale. Non avendo mai conosciuto la coppia, era rimasto alquanto sorpreso nel ricevere la chiamata dall'ufficio di Welby. Ed era ammutolito quando aveva scoperto che avrebbe pronunciato la predica al matrimonio di Harry e Meghan. «Non posso crederci!» era stata la sua risposta scioccata.

Non appena vide la coppia per la prima volta sull'altare, notò che l'amore era palpabile. «Si capiva da come si guardavano» dice. «Ho intuito che, insomma, era stato il loro amore reciproco a unire i vari mondi, superando i confini delle differenze. È stato tutto merito dell'amore.»

L'arrivo di un membro di origine mista nella famiglia reale britannica rappresentava più di un nuovo capitolo. Era un cambiamento sociale, avviato da un vescovo afroamericano convinto che l'amore di Harry e Meghan avesse il potere di cambiare il mondo.

«Una volta il compianto dottor Martin Luther King disse: "Dobbiamo scoprire il potere dell'amore, il potere redentore dell'amore e, quando lo faremo, saremo in grado di fare di questo vecchio mondo un nuovo mondo. Ma l'amore, l'amore è l'unica via"» predicò Curry.

La scelta di inserire citazioni del leggendario attivista per i diritti umani accanto ai salmi del Nuovo Testamento indicava che Meghan sarebbe stata un tipo diverso di duchessa. Il vescovo non si aspettava che il suo discorso fosse accolto da urla entusiastiche, ma sostiene di aver «visto gli *Amen!*» negli occhi dei presenti.

Dopo il sermone i venti membri del Kingdom Choir intonarono il classico *Stand by Me* (come il vescovo Curry, anche il Kingdom Choir era stato suggerito dal principe Carlo). Dietro le quinte era stato necessario molto lavoro per arrangiare il gospel in tre parti di Ben E. King, usato come grido di battaglia durante il movimento per i diritti civili. Gli sposi avevano scartato una decina di altre versioni preparate dalla capocoro, Karen Gibson. Poi il principe Carlo, che aveva consigliato gran parte dell'accompagnamento musicale, aveva disposto per la Gibson che cinque coristi e un tastierista suonassero dal vivo a Kensington Palace.

«La versione che hanno sentito tutti era la dodicesima, e tuttora non so se fosse esattamente quella che volevano, perché semplicemente non c'era più tempo» dichiarò Karen dopo le nozze. «All'epoca non capivo perché continuassero a dire di no, ma naturalmente avevano ragione. La versione che hanno scelto era pura. E perfetta per lo stile della cerimonia.»

Tuttavia Karen non è sicura che l'esibizione di quel giorno sia stata entusiasmante. Abituati ad ascoltatori più espansivi, l'unica reazione che ottennero «è stata il fruscio delle persone che giravano la testa», racconta ridendo. Ma quando lasciarono la chiesa, «siamo stati letteralmente assediati». L'attore Tom Hardy – un caro amico di Harry che si era allontanato per ventiquattr'ore da un set a New Orleans per partecipare al matrimonio – la abbracciò. Nel giro di qualche giorno l'esibizione totalizzò milioni di visualizzazioni su YouTube, i media britannici soprannominarono la Gibson «la madrina del gospel» e la regina invitò il coro a un garden party a Buckingham Palace il mese seguente.

L'emozione creata dalla musica continuò a riempire la chiesa mentre Harry e Meghan promettevano di amarsi e onorarsi, ma non di obbedirsi. La sposa aveva scelto di omettere quel termine antiquato come aveva fatto Kate quando aveva sposato William nel 2011. Dopo essersi scambiati gli anelli (di platino per Harry e in prezioso oro del Galles con impresso un drago gallese per Meghan), furono proclamati marito e moglie davanti a una folla in visibilio. Ora erano le Loro Altezze Reali duca e duchessa di Sussex.

Mentre il violoncellista diciannovenne Sheku Kanneh-Mason (primo musicista nero a vincere il BBC Young Musician of the Year negli allora trentotto anni di storia del premio) suonava tre pezzi, tra cui l'*Ave Maria* di Schubert, Harry e Meghan si spostarono con i genitori in una stanza privata della cappella per la firma del registro. Carlo si assicurò che Doria non si sentisse spaesata, offrendole la mano mentre entravano nel piccolo spazio per guardare Harry e Meghan che apponevano i loro nomi. «È stato un bel gesto» commentò Camilla, al fianco di Carlo durante il documentario della BBC *Prince, Son and Heir: Charles at 70* (Principe, figlio ed erede: Carlo a settant'anni). «Prendendo per mano la madre della sposa davanti a tutti prima di firmare il registro, mio marito ha fatto qualcosa di commovente [...] Le persone non sanno cosa fa dietro le quinte. Temo non abbiano idea di quanto sia gentile.»

Alla fine della cerimonia, poco dopo le tredici, gli sposi si fermarono in cima ai gradini della cappella e finalmente poterono onorare l'antica tradizione di scambiarsi il primo bacio come marito e moglie. Poi, con le voci del Kingdom Choir che echeggiavano da dentro la chiesa cantando *This Little Light of Mine*, salirono sulla carrozza scoperta Ascot Landau, trainata da cavalli, per un giro celebrativo di venticinque minuti per le strade di Windsor.

Portandosi una mano al petto, Meghan disse una sola parola quando vide l'enorme folla riunita intorno al castello: «Wow!».

Seduto sulla carrozza accanto alla moglie, Harry rise osservando che aveva i pantaloni «troppo stretti».

E così il matrimonio dell'anno, o almeno la parte che gli sposi vollero mostrare al mondo, era finito, con Harry e Meghan che letteralmente cavalcavano verso il lieto fine, facendo ciao agli ammiratori e guardandosi negli occhi, stupiti dall'importantissimo passo che avevano appena compiuto.

15
PRESENTANDO I SUSSEX

Anche se il pubblico non poté vedere nient'altro di quell'evento spettacolare, per Harry e Meghan il giorno delle nozze era appena iniziato.

Dopo aver percorso le strade di Windsor ed essere tornata al castello, la carrozza li portò agli State Apartments. Gli ospiti cominciavano a mescolarsi nella St George's Hall, alzando gli occhi verso il soffitto costellato di stemmi e la statua equestre del *King's Champion* all'estremità orientale della sala, e ammirando la torta multistrato al limone di Amalfi e allo sciroppo di sambuco, coperta di peonie e preparata dalla pasticcera californiana Claire Ptak. Harry e Meghan furono condotti nella dorata Green Drawing Room, dove il fotografo Alexi Lubomirski ebbe venticinque minuti esatti per scattare sei ritratti diversi, tra cui uno raffigurante tutti e quattro i paggetti con le loro uniformi in miniatura e le sei damigelle d'onore con i minuscoli vestiti Givenchy. Essendosi occupato delle foto del fidanzamento nel dicembre del 2017, Alexi aveva già una certa confidenza con la coppia.

Anzitutto Harry aveva una questione importante da risolvere. Si allontanò dal fianco della moglie per coprire Clare di elogi. «È venuto dritto verso di me» ricorda la stilista, che era impegnata a sistemare lo strascico e il velo perché ogni cosa sembrasse perfetta nelle foto.

«Grazie mille» disse il principe. «Meghan è assolutamente meravigliosa.»

Mentre Daniel, pronto a ritoccare il trucco della sposa, chiacchierava con Doria, palesemente contenta di non essere più sotto i riflettori, Alexi e il suo team sistemarono Harry sul divano in damasco di seta Morel & Seddon, che un tempo il principe aveva diviso con sua madre dopo essere stato battezzato nel 1984. Meghan si posizionò ai suoi piedi, sul tappeto Axminster, con i paggetti e le damigelle tutt'intorno.

Alexi riuscì a far sorridere i più piccoli con una sola frase. «A chi piacciono gli Smarties?» urlò. I bambini alzarono la mano.

Il fotografo usò lo stesso trucco con Doria, William, Kate, Carlo, Camilla, la regina e il principe Filippo, dopo averli disposti con cura sulle poltrone di seta. «Volevo che sembrasse un ritratto di famiglia» spiega. «Non la foto di una squadra sportiva o dell'esercito.» Per fortuna la domanda sugli Smarties funzionò anche con gli adulti. Persino la sovrana sorrise.

Avendo ancora pochi minuti a disposizione per fotografare gli sposi da soli, Alexi decise di uscire sui prati del roseto. Mentre il terzetto avanzava tra siepi e aiuole, il sole iniziò a scendere dietro le torrette del castello. Alexi suggerì un ultimo scatto su una piccola scalinata. Harry si sedette su uno scalino mentre Meghan, finalmente libera dal velo bellissimo ma ingombrante, si abbandonò contro di lui, appoggiandosi comodamente al suo petto. Fu la foto del giorno. Harry e Meghan risero per aver superato l'ardua prova di quella mattina e scherzarono di quanto fossero esausti per l'emozione. «È stato uno di quei momenti magici» racconta Alexi, «in cui sei il fotografo e ogni cosa trova la giusta collocazione.»

Andò immediatamente a casa di sua madre, che si trovava poco lontano ed era un posto sicuro per lavorare al riparo da sguardi indiscreti. Durante il viaggio in auto passò in rassegna i file digitali che non aveva avuto il tempo di esaminare mentre lavorava, facendo affidamento sul suo assistente perché rivedesse le immagini sul momento. Così, quando vide la foto che aveva scattato in tutta fretta negli ultimi tre minuti della seduta, tirò un sospiro di sollievo. Era «straordinaria» e «toccante».

Toccante avrebbe benissimo potuto essere la parola del giorno. E nessuno riuscì a incarnarla meglio dello sposo all'inizio del ricevimento. Mentre gli ospiti (molti dei quali si erano liberati delle scarpe, sostituendole con le morbide pantofole bianche messe a disposizione per farli stare comodi) socializzavano nella sala neogotica, riportata all'antico splendore dopo un incendio nel 1992, Harry prese la parola. Quando esordì dicendo: «Io e mia moglie», fu ricompensato dagli applausi della folla. Era stato impaziente di pronunciare quelle parole quanto gli altri erano stati ansiosi di sentirle.

Erano tutti di buon umore, anche grazie allo champagne non millesimato Pol Roger Brut Réserve. Per gli invitati minorenni – compresi Lady Louise Mountbatten-Windsor e il visconte Severn – c'erano *mocktail* preparati con succo di mela Cox di Sandringham e fiori di sambuco. Furono serviti anche squisiti canapè agli scampi scozzesi avvolti in salmone affumicato con *crème fraîche* agli agrumi, asparagi inglesi grigliati e arrotolati in prosciutto della Cumbria, panna cotta di piselli con uova di quaglia e verbena odorosa, e pollo ruspante in camicia con yogurt leggermente speziato e albicocche caramellate. Per pranzo seguirono fricassea di pollo ruspante con spugnole e porri; risotto ai piselli e menta con germogli di pisello, olio di tartufo e scaglie di parmigiano; e pancia di maiale di Windsor cotta a fuoco lento per dieci ore, con composta di mele e cotenna croccante.

L'ospite ufficiale dell'evento pomeridiano era la regina, ma fu William, il testimone di Harry, a presentare i nuovi marito e moglie e ad annunciare il brindisi di suo padre.

Carlo sfoggiò il suo umorismo caustico raccontando che aveva dato il biberon al piccolo Harry e gli aveva cambiato i pannolini, cosa che gli aveva permesso, a quanto pareva, di crescere bene. Poi, con un gesto che commosse la folla fino alle lacrime, confessò che era stato emozionante assistere alle nozze del figlio minore. «Mio caro, vecchio Harry» concluse, «sono molto felice per te.»

Nessuno era più felice per Harry di Harry, che improvvisò un discorso dicendo quanto fosse contento del suo nuovo ruolo di marito e ringraziando la sposa per aver organizzato il matrimonio mentre affrontava «con molto garbo» alcune sgradevoli interferenze esterne. Come suo padre, si lanciò poi in una bonaria canzonatura. Sperava, disse, che gli invitati americani non scappassero con le spade della sala e pregò tutti di non far rumore quando se ne fossero andati per non disturbare i vicini.

Quindi, prima di affondare il coltello nel pan di Spagna inzuppato nello sciroppo ricavato dagli alberi di sambuco di Sandringham, il principe riprese in mano il microfono e chiese ironicamente se qualcuno sapesse suonare il pianoforte. Elton John – con i consueti occhiali rosa – captò il messaggio. Avendo acconsentito da tempo a un miniconcerto, si sedette alla tastiera.

«Cosa sta succedendo?» mormorò un'amica di Meghan, stupita.

Poi Sir Elton attaccò.

«*My gift is my song, and this one's for you*» cantò.[9]

Dopo *Your Song* eseguì *Circle of Life* (*Il re leone* è tra i film preferiti di Harry) e *I'm Still Standing*, che fece venire le lacrime agli occhi a molti ospiti, tra cui Oprah.

Quindi fu il turno di *Tiny Dancer*, con un richiamo a Meghan nell'esordio: *Blue jean baby, LA lady*. Era l'esibizione perfetta per il ragazzo che aveva visto diventare uomo, il figlio di una delle sue migliori amiche. Anzi, era stato in quella stessa location, in occasione della festa per il ventunesimo compleanno del principe Andrea, che Elton aveva conosciuto Diana nel 1981.

Accanto a Harry, in vece di sua madre, c'erano le due sorelle di Lady D, Lady Sarah McCorquodale e Lady Jane Fellowes; suo fratello Charles Spencer; Carolyn Bartholomew, l'ex compagna di stanza di Lady D, nonché madrina di Harry; e Julia Samuel, madrina del principe George e responsabile dell'organizzazione benefica Child Bereavement UK, di cui William è testimonial (l'ente aiuta i bambini e le famiglie che hanno perso una persona cara e coloro che si prendono cura di familiari malati terminali). Durante la cerimonia Lady Jane aveva letto un brano del *Cantico dei Cantici* per onorare la memoria della sorella.

Sostenuti dallo spirito di Diana, Harry e Meghan si avviarono verso il loro alloggio temporaneo nel castello di Windsor per rilassarsi un po' prima di prepararsi per

[9] «Il mio dono è la mia canzone, e questa è per te.» (*N.d.R.*)

il ricevimento privato di quella sera. Il principe aveva in mente un breve sonnellino ma, galvanizzato dall'energia e dalle emozioni della giornata, non riuscì a stare fermo nemmeno per un momento.

Nelle tre ore tra un ricevimento e l'altro Meghan cambiò look. L'hairstylist londinese George Northwood le raccolse i capelli in uno chignon più alto e stretto, con qualche riccio a incorniciarle il viso. Tenendo conto dell'orario serale e della luce più tenue, Daniel optò per un make-up leggermente più sognante e sexy, aggiungendo sfumature più intense agli occhi di Meghan. Anche il secondo vestito della sposa – uno Stella McCartney in crespo di seta con il collo alto – era più sensuale. Era ora che Meghan si divertisse.

«Il ruolo che ha assunto è molto austero, molto rigido, e penso che così abbia acquisito una notevole autorevolezza e mostrato che lo prende molto sul serio» disse Stella alla BBC. «È stata l'ultima occasione in cui ha potuto esprimere l'altro lato di sé.»

Per rispettare la tradizione del qualcosa di prestato e di blu, Harry diede a Meghan l'anello Asprey di Diana, in oro giallo da ventiquattro carati con un'acquamarina taglio smeraldo.

«Voglio soltanto togliermi il pensiero» confessò Meghan a Daniel, che le tamponò un po' di olio biologico sulla pelle, porgendole una manciata di salviettine opacizzanti e un rossetto, e mandandola verso la Jaguar E-Type Concept Zero blu argento del 1968 che Harry, in smoking, guidò lungo il Long Path verso Frogmore House.

Duecento amici e familiari, che avevano ricevuto un invito disegnato a mano, arrivarono a destinazione verso le diciannove, a bordo di autobus a due piani. Alcuni preferirono usare un mezzo proprio, per esempio Doria, che fece un sonnellino sul sedile posteriore di una Range Rover. La principessa Beatrice e la principessa Eugenie, entrambe cugine di Harry, optarono per una Bentley nera, mentre George e Amal Clooney comparvero con un'Audi color argento.

(Brillarono per la loro assenza Skippy e sua moglie Lara, invitati alla cerimonia e al pranzo, ma non alla festa serale. Il giorno dopo, durante un brunch, Skippy riferì ad alcuni amici: «Meghan ha cambiato Harry esageratamente», aggiungendo che il principe diventava uno zerbino davanti a celebrità come i Clooney e Oprah. «L'abbiamo perso» concluse. Molti vecchi amici di Harry osservarono che la lista degli ospiti di quella sera era il modo degli sposi per dire: «Queste sono le persone che vogliamo nella nostra vita d'ora in poi».)

Dopo aver spento i cellulari (gli sposi avevano chiarito che quella parte dei festeggiamenti sarebbe stata assolutamente privata), gli invitati si riversarono da due tendoni bianchi sulla vasta distesa d'erba che aveva funto da sfondo per le foto del fidanzamento mesi prima. Anche loro si erano cambiati d'abito. Serena Williams, prima con un vestito Versace total pink, indossava un Valentino a motivi floreali, con sneaker dello stesso brand per stare comoda. Priyanka Chopra aveva sostituito il tailleur Vivienne Westwood color lavanda e il *fascinator*[10] coordinato con un luccicante Dior in tulle dorato e gioielli Lorraine Schwartz.

Famoso per la sua avversione agli eventi formali, Harry aveva vagheggiato una festa in grado di reggere il confronto con le folli serate della sua gioventù, quando lui e i suoi

[10] Decorativo copricapo femminile indossato nelle occasioni formali. *(N.d.R.)*

amici andavano al Mahiki – un night club stile tiki che serve cocktail a base di champagne in forzieri pieni di ghiaccio e frutta – o ballavano per ore al Boujis. E anche se la location di Frogmore House – un imponente edificio di trecentoquarant'anni, un tempo abitato da re Giorgio III – era innegabilmente solenne, il ricevimento fu l'esatto contrario.

Alle diciannove e trenta in punto, gli elegantissimi invitati entrarono nel tendone appositamente montato davanti alla villa del XVII secolo, dove ciascuno trovò il proprio posto a uno di venti tavoli, i cui nomi coincidevano con quelli di vari cibi dalla diversa pronuncia britannica e americana. Mentre un gruppo di ospiti posò i bicchieri da cocktail su un tavolo con l'etichetta *tomato* (pomodoro), ad altri furono assegnati *basil* (basilico), *oregano* (origano), *potato* (patata) o *arugula* (rucola). Descrivendo l'evento a *Vanity Fair*, Janina Gavankar, attrice di *True Blood* e cara amica di Meghan, dice: «C'erano tantissimi richiami alla magnifica fusione delle due culture».

Nonostante l'alto numero di invitati, la cena fu un momento davvero intimo, soprattutto in confronto allo sfarzo e alla formalità del pomeriggio, che si era svolto sotto gli occhi di milioni di persone.

«Assistere alla cerimonia è stato incredibile, un grande onore, ma quella sera avevi davvero l'impressione di essere al matrimonio di un'amica. Eravamo un gruppetto fidato. Molti di noi si conoscevano o erano entrati in contatto nell'ultimo anno e mezzo. È stato diverso, punto e basta» dichiara un'ospite. «Il gusto [degli sposi] emergeva da ogni dettaglio. Si riconosceva ogni singola cosa che avevano scelto amorevolmente. Noi ragazze continuavamo a dire: "Oh, questo è tipico di Meg".»

Tuttavia il menu biologico a chilometro zero – preparato

dalla chef stellata Clare Smyth (che a sua volta strinse una salda amicizia con Meghan) e a base di piatti come pollo arrosto con salvia e cipolle, allevato per sessantaquattro giorni nella fattoria Creedy Carver, nel Devon – fu opera del principe Carlo.

Mentre i camerieri servivano le prime tre portate, William iniziò il suo discorso. Ricordando l'imbarazzante imitazione che Harry aveva fatto delle telefonate smancerose tra lui e Kate durante il fidanzamento, giurò che la vendetta sarebbe stata dolce ora che era il testimone di suo fratello.

Per mettere a disagio Harry, William cedette il microfono a «dono di Dio, Charlesworth», il nomignolo che i principi avevano dato a Charlie van Straubenzee, loro ex compagno di collegio.

Dirigente di una società di gestione d'investimenti e membro storico della cerchia interna di Harry, Charlie scelse quell'occasione elegante per rivangare i vecchi ricordi di scuola.

«Volevo soltanto le coccole della mamma» disse del primo incontro con Harry alla Ludgrove School, dove il principe si era visto assegnare il ruolo di controllore del dormitorio. «Invece Harry mi ha rubato l'orsacchiotto e l'ha gettato fuori, sul tetto. Signore e signori, vi chiedo una cosa: come si può mettere a capo di un dormitorio una persona che si comporta peggio di tutto il dormitorio messo insieme?»

Sfottendo il perenne rifiuto «del nostro principe biondo ramato» di ammettere il colore dei propri capelli, Charlie rivelò che spesso, da ragazzo, Harry aveva odiato gli altri rossi senza riconoscere che era uno di loro. Poi ricordò la sua tendenza a cadere da cavallo mentre giocava a polo, generalmente perché durante le partite era in preda ai postumi di una sbornia. Dopo aver fatto le sue battute sarcastiche (tra cui un accenno alle bravate giovanili dello sposo), Charlie si commosse quando parlò non solo della sofferenza di Harry dopo la morte di sua madre, ma anche di come avesse sconfitto la rabbia e la depressione.

Diana sarebbe stata molto felice e orgogliosa che suo figlio avesse trovato l'amore con una donna così straordinaria, aggiunse Charlie, e sarebbe stata entusiasta all'idea che iniziassero una vita insieme. Meghan, concluse, era la moglie perfetta per il suo caro amico, e le era molto grato per avergli regalato la felicità.

Sopraffatto dalle emozioni, Harry prese il microfono per ringraziare ancora una volta tutti coloro che avevano reso possibile quella giornata. Un grazie andò a Carlo per il suo profondo affetto e per l'aiuto con l'organizzazione dell'evento. Carlo, che pagò gran parte del ricevimento serale, avrebbe poi commentato in tono scherzoso che ormai il budget era «andato a farsi benedire». Harry espresse la sua riconoscenza anche alla suocera, per aver cresciuto «una figlia meravigliosa, mia moglie», una frase che scatenò un enorme applauso. Infine si rivolse alla sposa: «Le parole non possono esprimere quanto mi senta fortunato ad avere una moglie tanto magnifica al mio fianco».

Poi, come era trapelato da alcune indiscrezioni, anche Meghan fece un discorso.

Era la prima volta che una sposa reale prendeva una simile iniziativa, rafforzando così l'idea che questa americana non fosse una duchessa come le altre.

«Non si sentiva volare una mosca» racconta una confidente, secondo cui il discorso fu un momento indimenticabile anche per gli americani.

«Dopo aver taciuto per tutto quel tempo, avere uno spazio sicuro in cui pronunciare delle osservazioni sincere è stato davvero speciale» aggiunge la fonte. «Al campus, in TV o lottando per la responsabilizzazione delle donne, [Meghan] fa sentire la propria voce da anni. E non l'ha mai rinnegato. Ha un profondo rispetto per la tradizione, per la famiglia e l'istituzione di cui è entrata a far parte. Ma è semplicemente uno stile di vita diverso. Ci era mancato sentirla parlare.»

A quanto pare, la nostalgia era reciproca, perché Meghan esordì ridendo: «So che è passato un po' di tempo dall'ultima volta».

Ringraziò la regina per averla accolta affettuosamente nel clan fin dal principio, Carlo per averla accompagnata all'altare e per aver aiutato sua madre a muoversi in un mondo sconosciuto, e anche Doria per averle offerto sostegno e consigli saggi. La maggior parte degli elogi, tuttavia, andarono a Harry, il principe che era entrato nella sua vita per caso e che continuava a superare ogni sua aspettativa.

Tutti i suoi amici americani fischiarono e applaudirono.

«Ecco la nostra Meg» osservò la confidente. «Riesce a stabilire un legame con tutti.»

Dopo i discorsi commoventi arrivò un intermezzo comico con James Corden, il conduttore di *Late Late Show*, che andò al centro del tendone travestito da Enrico VIII. Sua moglie Julia, un'amica di Meghan, finse di inorridire.

«Vostre Altezze, signore e signori, non avevo idea di come vestirmi per un matrimonio reale» disse Corden, che indossava persino la giubba e la calzamaglia dei Tudor, «così ho consultato il manuale di etichetta e ho trovato questo costume. Spero di aver azzeccato.»

Dopo che ebbe finito il numero – compresa una battuta

riguardo a cosa rivelasse l'uso di un tendone sulle dimensioni del castello di Windsor –, gli ospiti, seguendo le indicazioni di Harry, cominciarono a festeggiare.

Per il primo ballo, la coppia scelse *I'm in Love* di Wilson Pickett, cantante soul degli anni Sessanta. Seguirono altri classici del soul, come *My Girl* dei Temptations e *Soul Man* di Sam & Dave, suonati da una band di dodici musicisti degli Stati Uniti meridionali. Poi fu il turno di Sam Totolee, detto «DJ to the Stars», che aveva debuttato nelle discoteche di Ibiza e si era esibito a eventi privati per celebrità come Puff Daddy, Elon Musk e alle nozze di Pippa Middleton nel 2017. Come richiesto da Harry, mise su un brano dance dopo l'altro.

Sam si fermò solo per permettere a Idris Elba di sostituirlo per un'ora. Come l'attore, che aveva legato con il principe dando una mano durante un'edizione degli Invictus Games, dichiarò su *Elle*: «Un giorno mi ha detto: "Hai impegni per questa data [delle nozze]?". "Mmh, no" ho risposto. E lui: "Ti andrebbe a) di venire alla cerimonia e b) di fare il DJ durante il ricevimento?". E io: "No... anzi, sì! Certo che mi va!"».

La martellante musica hip hop e house per cui Harry andava matto quando aveva vent'anni (il volume era così alto da essere udibile in tutti e cinque gli ettari di Windsor) o i cocktail a tema *drink del mondo* non riuscirono a coinvolgere abbastanza gli invitati nello spirito della festa, ma George Clooney diede il suo contributo. Attirando le persone verso il bar, fece ridere tutti quando cominciò a offrire bicchierini di tequila Casamigos, il brand di cui è cofondatore. «Volevo assicurarmi che tutti si divertissero» ricorda l'attore.

Alle ventitré fu il momento del gran finale. Mentre i camerieri servivano piccoli canapè assieme ai cocktail *Harry ti presento Meghan*, a base di zenzero e rum, altri membri dello staff corsero a cercare delle corde per allontanare i cigni dal lago. Poi gli ospiti furono invitati a uscire per un magnifico spettacolo pirotecnico.

Stringendo la mano di suo marito, Meghan fissò il cielo. Il futuro era lì davanti, luminoso e brillante come i fuochi d'artificio che sfavillavano nell'aria. Le nozze furono il coronamento di un viaggio unico, intrapreso da una coppia che aveva superato diverse difficoltà per arrivare fin lì. Ma all'orizzonte si profilavano nuovi ostacoli.

16

ACQUA IN BOCCA

Harry e Meghan erano appena tornati dalla luna di miele, di cui avevano raggiunto la destinazione segreta con un jet privato preso a prestito da un amico. Avevano passato quasi tutta la settimana al sole, in una località così misteriosa che la maggior parte dei loro amici non sa ancora dove sia.

Si stavano ancora crogiolando nella nuova felicità coniugale il 18 giugno 2018, quando Thomas Markle rilasciò un'intervista esclusiva a *Good Morning Britain*. In un feed dal vivo trasmesso da una camera d'albergo a San Diego, il padre di Meghan si pronunciò su una serie di argomenti. Si scusò per essersi prestato ai finti scatti rubati prima delle nozze, anche se si diceva che l'intervista televisiva gli avrebbe fruttato 10.000 dollari. «Mi sono reso conto di aver commesso un grave errore» dichiarò. «È difficile rimediare.»

Non era facile capire come potesse aspettarsi il perdono della figlia e del genero. I consulenti e gli amici della coppia non sapevano come comportarsi con un uomo che ancora una volta si dimostrava ingestibile. Il Palazzo prediligeva la discrezione e la privacy più di qualunque altra cosa. «Temo che non stia bene e che sia vulnerabile» dichiarò all'epoca una fonte vicina a Harry e Meghan. «I giornali e le emittenti che pagano regolarmente per ottenere l'ennesima intervista li trovo scandalosi.»

L'ultima umiliazione di Thomas fu particolarmente sconfortante per i due giovani, che avevano rinviato il viaggio di nozze per partecipare a un garden party a Buckingham Palace per il settantesimo compleanno del principe di Galles. Seimila persone – tra cui rappresentanti di trecentottantasei enti di beneficenza patrocinati da Carlo, venti associazioni militari e membri dei servizi d'emergenza nazionali – resero omaggio ai cinquant'anni di attività filantropica del principe. Sebbene il vero compleanno di Carlo sarebbe stato solo a novembre, la presenza di Harry e Meghan all'evento del 22 maggio fu una dimostrazione del legame sempre più solido tra lui e i Sussex.

«Il suo entusiasmo e la sua energia sono davvero contagiosi» commentò Harry quel pomeriggio, elogiando il padre. «Senza dubbio hanno spronato me e William a occuparci delle cause che ci stanno a cuore e a impegnarci per fare la differenza. In realtà è stato nostro padre a farci conoscere molti dei temi che seguiamo attualmente.

«Perciò, papà, pur sapendo che hai chiesto di non metterti al centro dell'attenzione oggi, devi perdonarmi se non ti darò retta – un po' come facevo quando ero più giovane – e se invece pregherò i presenti di dirti un enorme grazie per il lavoro incredibile che hai svolto in quasi cinquant'anni. Lavoro in grado di dare sicurezza di sé e opportunità a migliaia di giovani che forse non hanno avuto una vita facile, o di perorare cause come la lotta al cambiamento climatico ben prima che quasi tutti gli altri ne parlassero. Grazie soprattutto per la tua lungimiranza e la tua capacità di unire le persone per cambiare le cose. Sei stato una fonte d'ispirazione per me e William e, a giudicare da ciò che vedo oggi, chiaramente non siamo gli unici.»

Meghan aveva le sue ragioni per ammirare Carlo, che non aveva esitato ad accettare di accompagnarla all'altare quando suo padre l'aveva piantata in asso. All'epoca, una confidente fidata commentò che Meghan aveva «trovato in Carlo un padre incoraggiante e amorevole, il che ha veramente cambiato la sua vita in meglio». Non un suocero, secondo la fonte, bensì un «secondo padre».

Un amico di Carlo dice che il principe aveva «davvero preso in simpatia Meghan. È un'americana impertinente, disinvolta e bellissima. Lui ha una predilezione per le donne molto forti e sicure di sé. Meghan è intelligente e consapevole dei propri pregi e difetti, e capisco perché non abbiano tardato a diventare amici».

Carlo ama l'energia di Meghan. «Il principe di Galles ha sempre avuto un debole per le persone che appartengono al mondo dell'arte, come Emma Thompson, sua amica da anni» rivela un'altra fonte. «Meghan ha tutti i requisiti necessari. E soprattutto ha sposato il suo amato figlio minore e l'ha completato. Questo è fonte di enorme gioia e soddisfazione per Carlo.»

Forse Camilla intuì che suo marito aveva bisogno di un legame familiare, perché all'inizio lei e Carlo avevano aiutato Meghan ad affrontare gli alti e bassi della vita sotto i riflettori. Entrambi erano stati rassicuranti e comprensivi nei momenti difficili prima delle nozze. Quell'estate la coppia aveva trascorso un weekend al castello di Mey, la residenza reale in Scozia che un tempo apparteneva alla regina madre, particolarmente affezionata a Carlo. Harry e Meghan erano partiti in segreto per cinque giorni a Caithness, sulla costa settentrionale della Scozia. In quell'appartato castello del XVI secolo, Meghan era riuscita a passare del tempo con il suocero e Camilla.

Prima che suo padre ricomparisse sui media, la duchessa di Sussex si stava adattando senza difficoltà al ruolo di nuova arrivata nella famiglia reale. Non solo instaurò un rapporto con Carlo e Camilla, ma il 14 giugno accompagnò la regina in una *trasferta* a Chester senza Harry. A viaggiare di notte sul Royal Train furono solo loro due (e diversi aiutanti di Palazzo).

Fu un'esperienza faticosa per Meghan, nonostante le comodità offerte dal treno personale di Sua Maestà, che aveva camere da letto private (i cuscini del principe Filippo sono a tinta unita; quelli della sovrana, con una piccola cifra reale in un angolo, sono guarniti di pizzo); un salotto con un divano di cuscini di velluto cuciti a mano; una sala da pranzo per sei persone; una scrivania dove la regina lavora ai suoi documenti; e una sospensione pneumatica secondaria per evitare sobbalzi (intorno alle sette e mezzo del mattino, il macchinista guida molto lentamente per far sì che l'acqua non trabocchi dalla vasca mentre Elisabetta fa il bagno).

Meghan era assai grata per la generosità della regina. Era un onore essere presa sotto la sua ala nonostante fosse passato così poco tempo dal matrimonio. Benché Kate conoscesse Sua Maestà da anni, il suo primo impegno era arrivato ben dieci mesi dopo le nozze con William.

La regina Elisabetta aveva fiducia in Meghan perché, rivela una fonte interna al Palazzo, «gestisce impeccabilmente queste situazioni, essendo sempre ben preparata e rispettosa. È molto in gamba e capisce al volo cosa è necessario».

E infatti Meghan, fasciata in un elegante tubino con

mantella color crema di Givenchy disegnato da Clare Waight Keller, fu praticamente ineccepibile durante il viaggio in treno (anche se i tabloid la criticarono per non aver indossato il cappello, che però non era obbligatorio).

«La regina è stata magnifica, affabile e generosa con la nuova duchessa» riferisce una fonte vicina a Sua Maestà. «Si è assicurata che Meghan sapesse cosa stava succedendo e che si sentisse a proprio agio, perché era il loro primo viaggio insieme.»

In effetti, prima di scendere dal convoglio, la regina le regalò un delicato paio di orecchini di perle e diamanti.

Meghan, che assorbiva avidamente tutte le informazioni possibili sul protocollo reale, andava spesso in giro con raccoglitori pieni di ricerche per evitare di commettere gaffe. Prese molto seriamente il suo nuovo ruolo. Quel giorno, però, fu diverso; stava per ricevere una master class dalla sovrana in persona.

«Hanno passato una splendida giornata insieme, con tanto di introduzione alla vita dei reali, perché la regina ha numerose conoscenze da tramandare e Meghan è una studentessa entusiasta» racconta una fonte vicina alla duchessa di Sussex.

Le due trascorsero quel giorno circa a trecento chilometri a nord di Buckingham Palace, inaugurando un ponte, visitando un complesso ricreativo e pranzando in municipio con i politici del posto e altri dignitari civici.

Nonostante la preparazione accurata, Meghan non era sicura di come comportarsi quando fosse salita sulla Bentley con Sua Maestà. «Cosa preferisce fare?» chiese educatamente alla regina.

«Prima tu» rispose l'altra.

«Okay.» Meghan ce la metteva tutta per non sbagliare, il

che rendeva ancora più scoraggiante l'apparizione pubblica di suo padre sulla TV nazionale in Inghilterra.

Purtroppo la partecipazione di Thomas a *Good Morning Britain* fu soltanto l'inizio di un nuovo blitz mediatico.

A luglio il padre di Meghan parlò di vari argomenti sul *Sun*, dicendo che sua figlia sembrava terrorizzata durante gli impegni pubblici e giudicando troppo castigati i vestiti scelti che le imponevano di indossare. Meghan, affermò inoltre, aveva tagliato i ponti in maniera così drastica che non aveva modo di mettersi in contatto con lei. In realtà la duchessa aveva ancora lo stesso cellulare che aveva usato per bombardarlo di messaggi prima delle nozze e il 10 giugno, tre settimane dopo non essersi presentato alla cerimonia per sottoporsi a un'angioplastica cardiaca, Thomas aveva dichiarato di aver messaggiato sua figlia. «L'intervento è andato bene» aveva scritto. «Dovrò prendere gli anticoagulanti e seguire una dieta per il resto della vita, ma sono salvo. Ho pensato che forse volessi saperlo.» Questo messaggio non era mai stato inviato.

Due giorni dopo, *The Sun* pubblicò un'altra intervista con Thomas, che quella volta minacciò di presentarsi senza preavviso se non avesse ricevuto notizie di Meghan. «Voglio vedere mia figlia. Ci sto pensando» disse. «Non mi importa se è incazzata con me. È triste che la situazione sia degenerata fino a questo punto. Mi dispiace che le cose siano andate così. Sì, in parte è colpa mia. Ma ho già detto chiaramente che ne pagherò le conseguenze per il resto della vita.»

Se chiunque altro avesse diffuso simili falsità, sarebbe stato più facile smentirlo. Ma a parlare era il padre di Meghan. Thomas aveva interrotto ogni contatto con il Palazzo e ormai si consultava soltanto con Samantha. Nel frattempo i giornalisti cominciarono a scrivere editoriali sui molti errori che il Palazzo aveva commesso gestendo l'intera questione con la famiglia Markle. Thomas aveva messo la monarchia e sua figlia in una situazione ingestibile.

A differenza di Harry, che spesso leggeva i giornali e controllava gli account Twitter di alcuni corrispondenti reali, Meghan cercò di evitare la stampa. Tuttavia i diligenti responsabili delle comunicazioni e gli amici la contattavano quando emergeva qualcosa di particolarmente acceso o litigioso, perciò la duchessa era al corrente di quasi tutti i commenti offensivi.

Secondo una delle sue migliori amiche, Meghan era molto addolorata e «voleva riallacciare il rapporto». Nonostante le numerose umiliazioni che aveva subìto, verso la fine dell'estate fece un ultimo tentativo di comunicare con il padre scrivendogli una lettera di cinque pagine.

«Papà, è con il cuore pesante che ti scrivo queste righe, non capendo perché hai deciso di imboccare questa strada, fingendo di non vedere il dolore che stai causando» dice nella lettera. «Le tue azioni mi hanno mandato il cuore in mille pezzi, non solo perché hai provocato una sofferenza tanto inutile e ingiustificata, ma anche perché hai scelto di non dire la verità mentre ti lasciavi manovrare. È una cosa che non comprenderò mai.»

«Se mi vuoi bene, come continui a ripetere alla stampa, per favore fermati» implora Meghan. «Ti prego, lasciaci vivere in pace. Per piacere, smetti di mentire, di causare tutto questo dolore, di sfruttare la mia relazione con mio marito.»

Per mesi Thomas portò nella valigetta la lettera scritta a mano e infilata in una busta della FedEx, senza consegnarla ai media perché dimostrava le numerose discrepanze delle sue rivelazioni ai tabloid. Rispose con una missiva di quattro pagine, dove proponeva di dimenticare ogni cosa, di riconciliarsi.

Il modo migliore per lasciarsi tutto alle spalle, scrisse nella lettera che invece inviò, sarebbe stato organizzare un servizio fotografico per la stampa, mostrando che lui, Meghan e Harry andavano d'amore e d'accordo.

Meghan stentava a crederci. «Sono devastata» confessò a un'amica. «Chiaramente mio padre è stato corrotto.»

«Per lei è stato così doloroso perché è molto coscienziosa. Gli dava del denaro. Cercava di offrirgli tutto l'aiuto necessario» aggiunge una confidente. «Le azioni di suo padre resteranno per sempre una ferita aperta. Ma allo stesso tempo prova una grande compassione per lui. Perché non è mai andato a bussare alla porta della stampa. È rimasto in silenzio per quasi due anni. Poi, per così dire, l'hanno logorato. Bombardandolo ogni giorno. Trasferendosi nella casa accanto alla sua. Non poteva sfuggire. Perciò ora è come se fosse confuso.»

Anziché tentare di riallacciare i contatti, Meghan eresse quello che, in una delle tante interviste rilasciate dopo il loro scambio epistolare, suo padre definì un «muro di silenzio».

Di lì a qualche mese Samantha cercò di consegnare una lettera a Kensington Palace, chiedendo un faccia a faccia con Meghan. La donna, che era a Londra per l'ennesimo giro di interviste, condivise il momento con un fotografo di Splash News, che aveva ricevuto una soffiata sulla visita inattesa. Tuttavia lasciò la busta al cancello sbagliato, portandola all'ingresso di una strada privata che correva dietro il palazzo. Nonostante ciò, Meghan disse agli amici che il comportamento della sorellastra l'aveva «innervosita».

Non era facile perdere i propri familiari. Rinunciare alla relazione con suo padre – un uomo che un tempo aveva coperto di elogi durante le interviste, attribuendogli il merito della sua conoscenza pratica dei set televisivi, della sua etica professionale e della sua predilezione per i biglietti di ringraziamento scritti a mano – fu un sacrificio duro da fare per la sua nuova vita, per quanto meravigliosa fosse.

E, sotto tutti gli aspetti, lo era davvero. Qualche mese dopo lo sgradevole episodio di Thomas, George Clooney invitò lei e Harry a raggiungerlo sul lago di Como con il suo jet privato. Nel tardo pomeriggio del 16 agosto, la coppia arrivò da Londra all'aeroporto di Milano e, da lì, fu condotta con un corteo d'automobili a Villa Oleandra, la casa di George e Amal.

I Clooney, che alloggiavano in quell'edificio con venticinque stanze da un mese, avevano già ospitato una serie di amici famosi, tra cui Cindy Crawford, Rande Gerber, Stella McCartney e suo marito. L'estate precedente David e Victoria Beckham avevano fatto loro visita con i figli.

Ubicato nel paesino di Laglio, il rifugio che George acquistò nel 2002 ha un teatro all'aperto, una piscina e un garage per le cinque motociclette d'epoca dell'attore. Ci sono anche un campo da tennis, una palestra completamente attrezzata, bagni enormi e una sala-pizzeria con tanto di forno. I soffitti delle camere, ornati di intagli elaborati, meritano una menzione a parte.

Durante quella visita di tre giorni, riferisce una fonte, «Meghan e Amal hanno passato molto tempo a rilassarsi a bordo piscina e a giocare con i gemelli mentre George e Harry esaminavano la collezione di motociclette. Harry ne prese una per fare un giro con la sua guardia del corpo. George aveva avuto un incidente poco tempo prima, perciò non era ancora in condizioni di rimontare in sella».

Quel weekend il duca e la duchessa non furono gli unici ospiti. Eugenie e Jack Brooksbank erano già alla villa quando Harry e Meghan arrivarono, e i loro soggiorni si sovrapposero parzialmente. Per non correre rischi, il gruppo trascorse tutte le serate a casa, deliziando il palato con i piatti di vari chef. L'ultima sera della visita di Harry e Meghan, George ingaggiò lo chef del Gatto nero, uno dei suoi ristoranti locali preferiti, perché preparasse un banchetto italiano per quindici persone. Gli invitati, che comprendevano anche i vicini di casa e i loro ospiti, cenarono nei giardini curatissimi, intorno a lunghi tavoli su cavalletti. Mentre la musica dal vivo echeggiava nella proprietà, gli ospiti si trattennero fino alle ore piccole.

Harry e George erano amici da molto tempo prima che il principe conoscesse Meghan. Dopo essersi incontrati per la prima volta a un evento benefico, i due avevano scoperto di avere parecchie cose in comune nonostante la differenza d'età, per esempio la passione per le motociclette. George aveva collezioni sul lago di Como, a Los Angeles e a Sonning.

In almeno due occasioni i Clooney ospitarono i duchi a Sonning, che si trova a circa un'ora dalla Great Tew Estate. Harry e Meghan portarono con sé i cani nella tenuta, dove George e sua moglie amano condurre gli amici sul lago. Lì hanno un patio appartato e, dentro, un salotto arredato con tradizionali pannelli di legno, pesanti tendaggi, velluti scuri, poltrone e un bar.

Di ritorno nell'Oxfordshire, Harry e Meghan presero nuove abitudini da coppia sposata. Sorseggiare insieme un caffè o un tè in cucina ogni mattina diventò un rituale.

Poi facevano a turno per preparare la colazione con i prodotti biologici che ordinavano alla vicina Daylesford Farm o con la spesa che si facevano consegnare da Waitrose.

Anche loro amavano avere ospiti. All'inizio di luglio Serena, in città per disputare Wimbledon, e suo marito, Alexis Ohanian, si fermarono per un breve soggiorno in campagna. Qualche giorno dopo Meghan, assieme a Kate, andò a guardare la leggendaria tennista giocare con Angelique Kerber nella finale femminile. Pur essendo ormai una duchessa come Kate, che è la madrina di Wimbledon dal 2016, quando ereditò questo ruolo dalla regina, Meghan andò nell'area VIP per abbracciare Serena e sua madre, Oracene Price. «Meghan è una donna straordinaria e una grande amica della mia famiglia» spiega Oracene. «Siamo molto orgogliosi di tutti i traguardi che ha raggiunto.»

Il caldo insolito dell'autunno del 2018 permise alla coppia di godersi il patio quasi fino all'inizio del tour reale di sedici giorni in Australia, alle Figi, a Tonga e in Nuova Zelanda. Non era il primo viaggio ufficiale di Harry e Meghan all'estero, che risaliva invece a luglio, quando i duchi avevano passato quarantott'ore a Dublino. Siccome il soggiorno era stato breve e la destinazione poco lontana dall'Inghilterra, si erano assicurati che il jet privato noleggiato per raggiungere l'Irlanda li riportasse a casa in tempo per guardare la seconda metà della partita di calcio Croazia-Inghilterra comodamente dal loro salotto nell'Oxfordshire.

C'era un'altra grossa differenza tra i due tour. Questa volta Meghan era incinta e lei e Harry erano al settimo cielo, perché avevano sperato di metter su famiglia il prima possibile.

Il 15 ottobre, il giorno prima del loro volo per l'Australia, il Palazzo prese totalmente alla sprovvista il gruppetto di giornalisti riuniti a Sydney per un briefing preliminare. I reporter pensavano che avrebbero ricevuto le solite informazioni logistiche necessarie per descrivere il viaggio, per esempio gli orari e i luoghi di partenza dell'autobus. Invece, accalcati intorno a un iPhone 6 posato in cima a una tazza e a un piattino a mo' di altoparlante a bassa frequenza improvvisato, ricevettero una grande notizia da Jason: «Il duca e la duchessa aspettano un bambino [...] Dirameremo un comunicato tra quindici minuti».

Meghan, che avrebbe dovuto partorire nella primavera del 2019, non era nemmeno alla dodicesima settimana quando il tour ebbe inizio. Ma un aiutante di Palazzo dice che lei e Harry avevano deciso di divulgare la notizia in anticipo per evitare una valanga di ipotesi sulla possibile gravidanza. «Il pancione cominciava già a vedersi e nasconderlo sarebbe stato impossibile» spiega la fonte. «I *rumors* avrebbero dominato i media, facendo passare in secondo piano lo scopo del viaggio. Meghan non voleva che accadesse.»

(Forse la scelta del momento dell'annuncio favorì il tour, ma andò a discapito di un altro lieto evento reale: le nozze della principessa Eugenie. I membri della famiglia avevano saputo della gravidanza solo qualche giorno prima, al matrimonio della cugina di Harry. Ciò non fece molto piacere a Eugenie che, secondo una fonte, disse ad alcuni amici che la coppia avrebbe dovuto aspettare a dare l'annuncio.)

La gravidanza non rallentò affatto Meghan, nemmeno quando si ritrovò ad affrontare quattordici voli e settantasei impegni nei sedici giorni successivi. La prima tappa fu Sydney, dove i duchi atterrarono con le classiche valigie blu contrassegnate dai loro nomi e con i trolley Rimowa abbinati, contenenti nécessaire, vestiti di ricambio, appunti e altri oggetti essenziali che un assistente si assicurava non mancassero mai. Al loro seguito c'era anche un entourage di dieci persone, tra cui la segretaria privata e responsabile dello staff Samantha Cohen, le segretarie private Amy Pickerill e Heather Wong, la funzionaria anziana di Buckingham Palace Marnie Gaffney e l'hairstylist George Northwood.

A Sydney per presenziare a vari impegni e fare da testimonial alla quarta edizione degli Invictus Games, Harry e Meghan riuscirono a sgattaiolare via per una serata con Jessica e Ben Mulroney, che avrebbe seguito i giochi per il network canadese CTV. Un miliardario del settore immobiliare prestò loro la sua casa per una serata intima e assolutamente segreta con una cena di cinque portate, preparata da uno chef privato.

La coppia attirava folle immense ovunque andasse. La stampa locale disse che avevano il «tocco magico» quando atterrarono a Dubbo, una delle più vaste regioni agricole del Nuovo Galles del Sud, gravemente colpito dalla peggiore siccità del paese da oltre mezzo secolo. Mentre scendevano sulla pista di atterraggio, si addensarono nuvole scure e il terreno arido ricevette più pioggia in un singolo giorno di quanta ne fosse caduta negli ultimi sei mesi. Fu la risposta a una preghiera per i 38.943 residenti, la cui comunità agricola aveva subìto gravi danni per i raccolti mancati. Quasi metà della popolazione festeggiò quel miracoloso cambiamento meteorologico durante un picnic con la coppia reale. Tutti, compresi Harry e Meghan, erano fradici ma assolutamente euforici. Benché non sia una novità che i reali attirino grandi folle, la visita dei Sussex aveva qualcosa di diverso. I giovani che non erano mai stati interessati alla monarchia britannica iniziarono d'un tratto a occuparsi dei reali. Gli adolescenti, molti dei quali australiani indigeni, definivano Meghan un simbolo di responsabilizzazione femminile o un volto in grado di rappresentarli come i membri della Royal Family non avevano mai fatto prima. «È bello sapere che le ragazzine guardano la duchessa del Sussex e pensano: "Ehi, mi assomiglia"» commenta Sherry-Rose Bih, la titolare afroaustraliana di un'impresa sociale che ebbe modo di chiacchierare con Meghan durante un ricevimento per giovani leader a Melbourne.

Dopo l'Australia Harry e Meghan partirono per le Figi e Tonga, due tappe che suscitavano preoccupazione per la possibilità di esposizione al virus Zika, che può causare gravi difetti congeniti se colpisce una donna incinta. Anche se i due paesi erano stati etichettati dall'Organizzazione mondiale della sanità e dai Centri per la prevenzione e il controllo delle malattie come «aree a rischio di infezione da Zika», e dunque sconsigliate per le donne in dolce attesa, i duchi erano determinati a non cambiare programma.

Meghan, che si era rivolta a un medico prima di lasciare l'Inghilterra, adottò le precauzioni suggeritele. Indossò vestiti a maniche lunghe dai colori chiari, che rendevano più difficili le punture di zanzara e, secondo un aiutante di Palazzo, ogni volta che usciva si cospargeva abbondantemente di repellente. Entrambi avevano un erogatore personale di disinfettante per le mani e flaconi di spray antizanzare nelle tasche dei sedili dell'auto. A Tonga, le autorità sanitarie fecero sottoporre due volte l'area a disinfestazione chimica antizanzare un paio di giorni prima dell'arrivo della coppia.

Se Meghan era preoccupata per lo Zika, non lo diede a vedere. A Figi, davanti a centinaia di studenti e docenti dell'Università del Pacifico meridionale, tenne un disinvolto e appassionato discorso di tre minuti sulla necessità dell'istruzione universale, uno dei tre interventi formali che pronunciò durante il tour, superando ogni altro consorte reale. L'aveva scritto di suo pugno, il che spiega perché non abbia avuto bisogno di fare riferimento al foglio, costellato di appunti a mano.

Meghan si rivelò una forza formidabile nella famiglia reale, senza mai lamentarsi dell'ingente numero di impegni, delle moltitudini isteriche e del jet lag, i cui effetti durarono, a suo dire, più di una settimana. In realtà, sfruttò appieno le notti insonni all'Admiralty House a Sydney. Prima di andare a Dubbo, preparò il banana bread secondo una ricetta tutta sua, che prevedeva scaglie di cioccolato e zenzero, e lo portò a casa di una famiglia di agricoltori locali insieme a una confezione di tè Fortnum & Mason «Royal Blend» (il suo preferito). «Mia madre mi ha sempre insegnato che non si va in casa d'altri a mani vuote» disse quando arrivò. I media australiani non tardarono a ribattezzarla «Regina di cuori».

Anche Harry fece la sua parte per cambiare l'immagine polverosa dell'establishment britannico. Le camicie sbottonate, la rinuncia alle cravatte (ne aveva portate soltanto due per l'intero tour) e il candore con cui parlava delle sue battaglie lo facevano apparire molto più accessibile degli altri membri della famiglia reale. Il viaggio dimostrò anche quanto avesse preso sul serio la propria nomina, nell'aprile del 2018, a Commonwealth Youth Ambassador, con il nobile obiettivo di responsabilizzare i giovani di tutte le condizioni sociali. Fu questo il tema che ispirò il tour dall'inizio alla fine.

Durante l'ultima tappa in Nuova Zelanda Meghan continuò a mostrare entusiasmo ed energia. In occasione di un incontro dedicato alla salute mentale in un caffè sulla spiaggia di Wellington, Harry parlò candidamente del suo passato ad alcuni teenager affetti da disturbi psichici. Intanto Meghan affrontò un argomento di cui era esperta: i social. Più precisamente, descrisse il lato negativo della vita online per i giovani. «Sui social si vedono foto bellissime e non si sa se la persona raffigurata sia davvero così o se si tratti di un ritocco» disse. «L'autostima comincia a vacillare quando si basa tutto sui like.»

Harry le diede manforte. «I problemi derivanti dai social e dai videogiochi sono gravi tra i giovani del Regno Unito... e nel resto del mondo.» Ma, forse pensando all'imminente paternità, consigliò di non essere troppo precipitosi nell'incolpare i genitori dei disturbi dei figli. «Spesso si punta il dito contro le madri e i padri» proseguì, «ma non sempre è giusto, anche loro devono ricevere una preparazione in questo campo.»

Fino agli ultimi minuti del tour, Meghan fu instancabile. Scrisse i suoi discorsi, si assicurò che i pasticcini avanzati alla fine di un evento fossero distribuiti ai bambini di una scuola locale che aspettavano di vedere la coppia reale, e congedò gli aiutanti di Palazzo e gli addetti alla sicurezza per percorrere con Harry l'ultimo tratto della foresta di Whakarewarewa, nel Rotorua, in Nuova Zelanda, così che il principe potesse fotografarla tra le sequoie, dimostrando che la gravidanza non aveva intaccato la sua incrollabile etica professionale.

Pur riducendo gli impegni (su richiesta del principe Harry e dei funzionari di Kensington Palace, convinti che dovesse rallentare il ritmo), la duchessa non mostrò il minimo segno di cedimento. «Spesso la gravidanza è un periodo stancante» disse il primo ministro neozelandese, Jacinda Ardern, che passò tre giorni con la coppia durante il tour. «Ma il modo in cui [Meghan] si tuffava in ogni cosa con tutta se stessa era incredibile. È una donna fantastica e sono molto contenta di averla conosciuta.» (I duchi si sono tenuti in costante contatto con lei, scambiandosi delle e-mail e addirittura ricevendola a Kensington Palace il 21 gennaio 2019. Meghan indossa regolarmente gli orecchini che la Ardern le regalò in Nuova Zelanda, un paio di semplici palline d'oro con una piuma incisa dalla musicista e designer di gioielli neozelandese Boh Runga.)

Purtroppo la vita non sarebbe diventata più rilassante quando Meghan fosse rientrata dal tour.

17

UNA DUCHESSA DIVERSA

Tra l'annuncio della gravidanza e il successo innegabile del suo primo importante tour reale, finalmente Meghan si godette qualche settimana di commenti positivi da parte della stampa. Ma quel periodo di serenità si interruppe bruscamente il 10 novembre, quando il *Mail on Sunday* pubblicò il primo di una serie di articoli accusatori. A quanto si diceva, Melissa Toubati, l'assistente di Harry e Meghan, si era licenziata dopo soli sei mesi. Insinuando che Meghan fosse un pessimo capo, il giornale citava un funzionario anziano, secondo il quale Melissa, assunta da Kensington Palace a marzo, «è una persona di enorme talento [che] ha svolto un ruolo centrale nella buona riuscita del *royal wedding* e di cui tutti sentiranno la mancanza nella casa reale».

Una settimana dopo, il *Mirror* rincarò la dose con un articolo sul licenziamento improvviso di Melissa, riferendo che Meghan aveva ridotto l'assistente in lacrime in diverse occasioni. «Ha sopportato parecchie cose. Meghan pretendeva molto da lei, finendo per farla piangere» afferma una fonte anonima. «Melissa è un'ottima professionista, molto brava nel suo lavoro, ma la situazione è precipitata ed è stato più facile per entrambe andare ciascuna per la propria strada.»

I soprannomi creati dai tabloid («Uragano Meghan» e «Me-Gain», cioè "io guadagno" o "il mio guadagno") e le descrizioni poco lusinghiere dei comportamenti della duchessa («Si alza alle cinque del mattino, bombarda di messaggi gli aiutanti di Palazzo, si veste in maniera discutibile») non diedero segno di placarsi.

Intanto Harry e Meghan si domandavano perché il Palazzo non facesse nulla per smentire gli articoli negativi e fuorvianti sulle dimissioni di Melissa. Secondo varie fonti a conoscenza della sua decisione improvvisa, nonostante i fervidi resoconti della stampa, la coppia aveva cominciato a essere insoddisfatta del lavoro dell'assistente e non restò delusa quando la donna scelse di andarsene. Meghan si chiese se qualcuno a Kensington Palace, dove Melissa aveva alcuni buoni amici, fosse più interessato a proteggere un membro dello staff che la duchessa di Sussex.

Nei momenti più difficili Harry e Meghan apprezzarono il sostegno della #SussexSquad, il gruppo di ammiratori che li supporta online. Questi sostenitori, uomini e donne di ogni categoria, li difendevano regolarmente dai commenti negativi della stampa e spingevano le loro attività in cima alla classifica delle tendenze di Twitter. Ispirata dalle loro iniziative filantropiche, la Squad è arrivata persino a lanciarne di proprie, per esempio #GlobalSussexBabyShower per raccogliere 50.000 dollari destinati agli enti benefici per i bambini o per piantare centomila alberi in tutto il mondo a nome dei duchi. «Questo supporto e queste parole positive significano molto» disse Harry a un amico.

Nonostante il favore crescente del pubblico, i Sussex continuarono ad alimentare le discussioni. Quando, il 24 novembre, il Palazzo annunciò che sebbene fosse in corso il restauro nell'appartamento 1 a Kensington Palace, Harry e Meghan si sarebbero trasferiti a Windsor, i media si scatenarono ancora una volta a suon di critiche.

Dopo aver ipotizzato per mesi che la coppia avrebbe lasciato il Nottingham Cottage per l'alloggio del duca e della duchessa di Gloucester, adiacente all'appartamento 1A di William e Kate, i *royal watchers* (gli appassionati delle vicende della Royal Family) scoprirono con stupore che si sarebbe spostata di diversi chilometri. Trentacinque, per la precisione.

«Il duca e la duchessa di Sussex si trasferiranno nel Frogmore Cottage, nella tenuta di Windsor, all'inizio del prossimo anno, preparandosi intanto all'arrivo del loro primogenito» annunciò il Palazzo riferendosi alla loro nuova dimora, situata poco lontano dal castello di Windsor e a un centinaio di metri da Frogmore House. «Windsor è un luogo molto speciale per le Loro Altezze Reali, e sono felici che la loro residenza ufficiale si trovi nella tenuta.»

«Alla regina procura grande piacere regalare case ai membri della famiglia» dichiara un funzionario anziano dello staff reale. Sua Maestà ha donato Sunninghill Park al principe Andrea; Bagshot Park al principe Edoardo e a Sophie, contessa di Wessex; e Anmer Hall a William e Kate. «È il suo forte!» aggiunge il collaboratore.

Frogmore era perfetta per Harry e Meghan, data la vicinanza a Windsor, ma non era accanto a William, Kate e ai loro figli. Questo bastò per alimentare il dibattito sulla «faida tra duchesse» che prese il via due giorni dopo. Il 26 novembre, il *Telegraph* riferì che prima del matrimonio Meghan aveva lasciato Kate in lacrime dopo la prova del vestito da damigella d'onore per la principessa Charlotte. «Kate aveva appena partorito il principe Louis ed era molto sensibile» ricorda una fonte. Il 28 novembre, *The Sun* confermò la vaga storia aggiungendo che la causa del pianto di Kate erano state le «rigide pretese» di Meghan.

Una fonte, che assistette alla prova del vestito in maggio e che non ha mai raccontato l'accaduto se non agli autori di questo libro, sostiene che gli aneddoti sulle lacrime sono «sconcertanti». «Alcuni bambini non collaboravano e c'era un gran trambusto. Tutti cercavano di dare una mano come potevano, ma non è mai facile quando sono i piccoli a dover provare i vestiti. Nessuno è scoppiato a piangere. E alla fine è andato tutto bene. Kate e Meghan erano entrambe un po' stressate ma hanno dimostrato una grande professionalità, e c'erano altre persone, tra cui Clare [Waight Keller], Melissa e due assistenti di Givenchy.»

Coloro che erano vicini a Meghan sospettavano che dietro gli articoli ci fosse qualcuno del Palazzo o un ex dipendente, e si domandavano apertamente perché lo staff si rifiutasse di mettere subito le cose in chiaro. «Molte persone, siano esse collaboratori o membri della famiglia, sanno che tali insinuazioni sono perlopiù infondate, ma non sono autorizzate a dire nulla, come nel caso di quella ridicola storia su Meg e Catherine, sui vestiti delle damigelle d'onore» rivela una confidente fidata. «Quella storia era assurda e falsa.» All'epoca, tuttavia, un aiutante di Palazzo si limitò a dire che le donne, entrambe offese dalle accuse, avevano «caratteri molto diversi». (Vari collaboratori degli uffici reali confermano ora agli autori di questo libro che la duchessa di Cambridge non è mai scoppiata a piangere durante la prova di un vestito.)

Meghan avvalorerebbe questa tesi. Il loro rapporto non aveva fatto particolari progressi da quando era la ragazza di Harry. Quand'anche Meghan comprendesse la riluttanza di Kate a stringere un'amicizia solida in quel periodo, ormai era a sua volta una *senior working* della famiglia reale e la cognata di William. Eppure non si erano avvicinate nemmeno un po'. I fiori per il suo compleanno erano un gesto carino, ma Meghan avrebbe preferito di gran lunga che Kate avesse mostrato un minimo di interessamento nei momenti più difficili.

Il rifiuto di smentire i *rumors* privi di fondamento non fece altro che rafforzarli. Di solito, in casi simili, il Palazzo non rilasciava dichiarazioni, ma i Sussex non ebbero paura di fare uno strappo alla regola per sconfessare articoli sui membri d'alto rango della famiglia (tanto per citare un esempio lampante, nel luglio del 2019 un portavoce fece un comunicato ufficiale per negare le affermazioni di una clinica estetica secondo cui Kate si era sottoposta al *baby botox*). Harry e Meghan furono frustrati da questo approccio, perché ritenevano di non poter contare sullo stesso sostegno.

In quel caso, le duchesse non erano migliori amiche, ma nemmeno in guerra l'una contro l'altra. Ci furono momenti imbarazzanti, per esempio il giorno in cui le donne si incrociarono casualmente a Kensington Palace (all'inizio del 2017, quando ancora Harry e Meghan non erano fidanzati) e, benché entrambe stessero andando a fare shopping – nella stessa via –, Kate preferì usare il proprio Range Rover. La verità è che le due non si conoscevano molto bene. Anche se all'epoca alcuni aiutanti di Palazzo affermarono che «parlavano e si messaggiavano regolarmente», prima delle nozze di Harry e Meghan gli incontri tra cognate furono rari.

Non esistono posti di lavoro perfetti. Nel mondo rarefatto della monarchia le pressioni possono essere insostenibili. Lo stesso vale per la politica interna dei tre diversi uffici, che spesso parevano in competizione tra loro. La concorrenza tra Buckingham Palace, Clarence House e Kensington Palace era così accanita che persino i *royal watchers* sui social cominciarono a ridacchiare quando avevano l'impressione che i tre gruppi programmassero eventi e pubblicassero post nel medesimo giorno per eclissarsi a vicenda. «C'è sempre stata rivalità tra loro» ammette un membro anziano dello staff reale. «È una cosa che non cambierà mai.»

Il personale di corte confessò di essere frustrato per gli articoli negativi o menzogneri che comparivano giorno dopo giorno sui tabloid britannici. Tuttavia doveva aver previsto le fughe di notizie dall'interno. In privato, un membro dello staff si vantò con gli amici della sua abilità nel far pubblicare un articolo, positivo o negativo, in qualunque giornale con un solo *clic*, e un altro disse al direttore di una testata autorevole che avrebbe potuto «gestire qualunque cosa dopo aver tollerato una delle sfuriate di Meghan». Diversi collaboratori hanno riferito agli autori di questo volume che l'atmosfera nei tre uffici era «competitiva», «deprimente» e «agguerrita».

La colpa non era tutta dello staff reale, ma in parte anche dei principi. La spaccatura che si era aperta quando il duca di Cambridge aveva accusato il fratello di bruciare le tappe con Meghan non aveva fatto altro che allargarsi dopo le nozze di Harry.

I sentimenti di William e Kate sembrarono inequivocabili ai Sussex quell'estate e in seguito. I Cambridge non figurarono mai tra gli amici e i familiari che Harry e Meghan ospitarono nell'Oxfordshire. «Anche se erano stati invitati» commenta una fonte.

Non era certo così che Harry aveva immaginato il suo futuro. Una volta disse a un amico che sognava di sposarsi e di passare del tempo con William e Kate, le due coppie insieme, i loro figli migliori amici.

Gli attriti tra fratelli furono una delle ragioni per cui Harry desiderava vivere con la sua famiglia a Windsor. «Voleva allontanarsi dai riflettori di Kensington Palace» dichiara una fonte. «Ovunque ti giri, sei circondato da collaboratori e familiari. Ormai [Harry] lavorava con suo fratello, si occupava della fondazione con suo fratello e viveva accanto a suo fratello. Era troppo.»

Ma la stampa continuò a riservare le critiche più aspre a Meghan. Secondo un articolo, per il giorno delle nozze l'ex attrice aveva chiesto deodoranti spray per ambiente da spruzzare nella «muffosa» St George's Chapel (il luogo di culto abituale della regina, che ospita la cripta reale), facendo inorridire i funzionari di Buckingham Palace. La verità è che i discreti diffusori di fragranze Baies forniti per la cappella da Diptyque – più o meno come le candele dello stesso marchio che Kate aveva scelto per profumare l'abbazia di Westminster per le sue nozze nel 2011 – erano stati approvati da tutte le parti in causa.

A dicembre un altro articolo raccontò come Kate, «furiosa», fosse intervenuta dopo che Meghan aveva redarguito un membro del suo staff. Si mormorava che si trattasse della vicesegretaria addetta alle comunicazioni Katrina McKeever, che aveva lasciato Kensington Palace dopo cinque anni per cogliere nuove opportunità. Persino il Palazzo trovò quel resoconto incomprensibile. Katrina se ne andò in buoni rapporti con i Sussex, che le avevano inviato una lettera scritta a mano e un'enorme composizione floreale.

Una settimana dopo *The Express* riferì che il personale

del Palazzo chiamava Meghan «Duchess Difficult» (Duchessa diversa), un titolo di cui non è ancora riuscita a liberarsi. Nessun dettaglio era troppo irrilevante per non essere considerato un gesto di sfida, persino lo smalto nero e il vestito a una spallina che la duchessa indossò per i British Fashion Awards a dicembre, quando consegnò a Clare Waight Keller il premio di British Designer of the Year. Un'istantanea di Meghan, Clare e dell'attrice Rosamund Pike, postato sull'account Instagram del British Fashion Council, fu eliminata nel giro di due ore. «Era un ricordo privato, mai destinato a essere condiviso» dice una fonte del Palazzo. Un membro del British Fashion Council, tuttavia, sostiene che l'organizzazione rimosse la foto per la sfilza di commenti razzisti con cui fu accolta.

Il giornalista Richard Kay (un tempo il reporter preferito della principessa Diana) cita il giudizio maligno di una fonte: «C'era qualcosa di pretenzioso nel modo in cui [Meghan] posava tenendosi il pancione, oltre ad avere le unghie dipinte con lo smalto nero, che la regina odia».

Lady D preferiva lo smalto rosso e i vestiti con le spalle scoperte. La principessa Eugenie si dipinse le unghie con la bandiera britannica per festeggiare il giubileo di diamante della regina nel 2012, e con un color prugna analogo a quello di Meghan per un party alle Serpentine Galleries. Persino Kate, che di solito riga dritto, optò per una pedicure rossa a un evento. Anche se il più delle volte le donne Windsor, compresa Meghan, usano toni neutri, fanno un'eccezione se l'occasione lo consente. Non esiste un protocollo sullo smalto per unghie.

L'indignazione per la manicure di Meghan indicava un problema più grande. La moglie di Harry diventò il bersaglio preferito dei media, molti dei quali criticavano ogni minima cosa. «Una duchessa *diversa*» afferma una sua cara amica, «è questo che gli altri faticano ad accettare. È la persona più affabile con cui lavorare. Alcuni semplicemente sono contrariati per il fatto che sappia distinguersi.»

Secondo alcuni membri del personale di corte, certi funzionari del Palazzo erano prevenuti contro Meghan perché era americana e un'ex attrice. I metodi di lavoro americano e britannico sono intrinsecamente differenti. Gli americani sanno essere molto più diretti, e spesso ciò non è visto di buon occhio nella raffinatissima istituzione della monarchia. A volte il tono pragmatico degli americani è considerato irritante dalla società britannica.

«È un copione che si è scritto da solo non appena si è sparsa la notizia che un'attrice americana sarebbe entrata nella famiglia reale» aggiunge un altro aiutante di Palazzo.

Meghan aveva la sensazione che alcuni commenti e articoli dei tabloid non fossero la semplice conseguenza di uno scontro culturale, erano sessisti e pieni di pregiudizi. Se un uomo si alza prima dell'alba per lavorare, lo elogiano per la sua etica professionale. Se lo fa una donna, la etichettano come intrattabile o stronza. Il doppiopesismo si esacerba quando si tratta di donne di colore affermate, spesso giudicate esigenti o aggressive.

Il 3 dicembre Meghan era tra il pubblico al Southbank Centre di Londra quando Michelle Obama, in città per promuovere il suo memoir *Becoming. La mia storia*, disse: «Il fatto è che noi donne nere diventiamo caricature [...] Le persone prendono da noi le cose che preferiscono. Imitano il nostro stile, il nostro modo di fare, ma poi ci demonizzano. Siamo arrabbiate, siamo troppo chiassose, troppo tutto. E l'ho provato sulla mia pelle. Come oso avere una voce e usarla?».

Un esempio calzante: nel febbraio del 2019 Meghan fu attaccata ancora una volta dalla stampa e dai commentatori quando, durante un impegno reale, scrisse messaggi incoraggianti sulle banane per le prostitute di Bristol. Nella cucina dell'ente benefico One25, che aiuta le donne vulnerabili ad allontanarsi dalla prostituzione, dalla tossicodipendenza, dalla povertà e dalla violenza, la duchessa vide un volontario preparare i pacchi alimentari da distribuire quello stesso giorno alle prostitute. Impugnando un pennarello, prese una banana da ogni sacchetto e cominciò a scrivere con cura parole di sostegno: *Sei forte*, *Sei straordinaria*, *Sei amata*.

Fu una mossa inaspettata che toccò il cuore dello staff dell'organizzazione no-profit, il cui furgone offre aiuto ogni anno a circa duecentoquaranta prostitute del quartiere a luci rosse della città. «Avevo visto il progetto che una donna aveva avviato da qualche parte negli Stati Uniti con i pranzi della scuola» spiega Meghan, riferendosi alla responsabile della mensa della Kingston Elementary School in Virginia. «Scriveva un'affermazione su ciascuna banana per responsabilizzare i bambini. Un gesto così piccolo è un'idea incredibile.»

Per le prostitute, fu un bel gesto. «Qui fuori ci sentiamo invisibili e, anche se sembra sciocco, essere presa in considerazione e vedere parole che non leggo molto spesso ha significato molto» dice una di loro, che preferisce restare anonima.

Non tutti interpretarono il messaggio nello stesso modo. Un tabloid incaricò un reporter sotto copertura di provare a prendere qualche banana dal furgone di One25, e *The Sun* definì il gesto «offensivo». Piers Morgan – che attaccò regolarmente la duchessa in oltre cento articoli e interviste dopo non essere stato invitato alle nozze – scrisse che Meghan stava «ridicolizzando» la monarchia e le prostitute. Un giornalista del *Daily Mail* espresse la seguente opinione riguardo alle prostitute: «Non sono speciali: se ne rendono conto ogni volta che fanno sesso con un uomo in cambio di denaro».

Meghan era disgustata. «Queste persone sono animali» disse a un'amica.

«Sono soltanto troll, dei disturbatori» aggiunse Harry.

Il protocollo reale imponeva a Meghan di restare in silenzio e di rinunciare a difendersi nonostante la gravità delle offese. Così, nell'aprile del 2019, quando *The Sun* annunciò in prima pagina che la regina le aveva «proibito» di indossare i gioielli appartenuti a Diana, dovette mordersi la lingua. Per l'ennesima volta.

«Alcuni aspetti del comportamento di Meghan, anche prima del *royal wedding*, hanno suscitato risentimento tra i funzionari di Buckingham Palace» accusava il tabloid, alludendo a resoconti infondati sull'atteggiamento tirannico della duchessa, per esempio il rifiuto di avvalersi dello staff della regina per quasi tutti i dettagli della cerimonia nuziale, come i fiori o la torta. Nel frattempo, secondo l'articolo, Kate poteva indossare qualunque cosa volesse: «È a discrezione della sovrana e dei suoi consulenti fidati quali capi della collezione reale dare in prestito e a chi». Ma chiaramente la fonte ignorava che la collezione di Diana non fa parte della collezione reale.

Tanto Meghan quanto Kate avevano indossato una serie di pezzi iconici appartenuti a Diana, che dopo la sua morte erano passati ai suoi figli o alla regina, a seconda che fossero oggetti privati o doni ricevuti in quanto membro della Royal Family. Kate ha usato il diadema dei nodi d'amore di Cambridge che Lady D aveva sfoggiato in molte occasioni. Durante il tour in Australia, in Nuova Zelanda, nelle isole Figi e a Tonga, Meghan ha indossato gli orecchini di diamanti a forma di farfalla e il braccialetto rigido di zaffiri della compianta suocera.

Non era la prima volta che la stampa segnalava presunti bisticci per i gioielli. *The Sun* scrisse che Meghan aveva messo gli occhi su un «diadema di smeraldi», probabilmente quello indossato dalla granduchessa Vladimir per le sue nozze e non quello sfoggiato dalla regina Maria per il suo matrimonio. Portato di nascosto fuori dalla Russia dopo la rivoluzione del 1917 e acquistato dalla regina Maria nel 1921, il gioiello è uno dei pezzi più elaborati della collezione. Indossato sia da Diana sia dalla regina Elisabetta, fu ammodernato inserendo cerchietti intrecciati di diamanti con grandi perle a goccia e smeraldi che pendevano da ogni anello.

Per tale ragione, talvolta il gioiello viene confuso con il diadema dei nodi d'amore di Cambridge. Quest'ultimo – creato nel 1914 dalla House of Garrard per la regina Maria, con perle e diamanti già in possesso della sua famiglia – si ispira a un copricapo di sua nonna, la principessa Augusta d'Assia. Dopo la morte della regina Maria nel 1953, il diadema passò alla nipote, Elisabetta II.

È possibile invece che Meghan abbia optato per il diadema Vladimir perché il verde era un motivo ricorrente delle nozze (la coppia organizzò il servizio fotografico del fidanzamento nella Green Drawing Room e, per la cerimonia, la regina indossò un vestito verde e Doria un completo color menta). «A un certo punto, quando abbiamo iniziato a organizzare l'evento, può darsi che qualcuno abbia fatto notare che il diadema ideale doveva essere impreziosito da smeraldi» racconta una fonte coinvolta nei preparativi del matrimonio.

Non è vero, tuttavia, che Meghan pretese un altro diadema dopo averne scelto uno con la regina, un rito di passaggio per le spose reali. Da quando Elisabetta II è salita al trono, ha prestato gioielli a tutte le mogli reali, incluse Camilla e Kate. Secondo un funzionario di alto livello, «Sua Maestà è felicissima di poter offrire qualcosa» per gli eventi importanti e ama partecipare al processo di selezione, che di solito prevede la scelta di modelli per occasioni speciali come le cene di stato e altri impegni formali. «Spesso ha già qualcosa in mente» aggiunge la fonte.

Nel caso di Meghan, la differenza fu che Harry era presente. Nel febbraio del 2018 la coppia, che era fidanzata e conviveva a Kensington Palace da quasi quattro mesi, arrivò nella sala dei ricevimenti a Buckingham Palace e scese con l'ascensore blindato fino a un caveau spazioso, dodici metri sotto l'edificio, dove erano già esposti cinque diademi.

Benché di solito Meghan fosse sicura di sé anche nelle situazioni più difficili, era nervosa all'idea di provare gioielli inestimabili, alcuni dei quali hanno visto raramente la luce del giorno. Nella sua infanzia in California, nella sua carriera da attrice e nella sua evoluzione come femminista pronta a difendere le donne di tutto il mondo non c'era nulla che l'avesse abituata a maneggiare diademi tempestati di diamanti. A differenza della regina che, secondo la sua compianta sorella, la principessa Margaret, «è l'unica persona capace di mettersi un diadema con una mano mentre scende le scale».

Prima dell'incontro, Meghan aveva parlato con Clare Waight Keller, che aveva già cominciato a disegnare il vestito da sposa. «Avevano un'idea di cosa avrebbe funzionato» dice una fonte riguardo alla scelta del diadema, «ma non erano sicure di quali sarebbero state le opzioni definitive. Dovevano aspettare di vedere i modelli a disposizione.»

Esaminarono le immagini d'archivio di vari diademi che piacevano a entrambe, ma fondamentalmente non servì a nulla, perché sapevano che la scelta non sarebbe stata loro. Prendere a prestito uno di quei gioielli è un privilegio e un dono e, come la maggior parte dei doni, va accettato senza discutere.

Ciascun diadema è custodito in una cassetta di sicurezza nel caveau, una stanza sotterranea lunga circa quarantacinque metri e divisa in sezioni. La grande sala – le dimensioni lasciano immaginare l'estensione della collezione di Sua Maestà, formata da centinaia di diademi, spille, collane, orecchini e altri gioielli – non è spartana o fredda come il caveau di una banca. Invece è ben illuminata, come uno showroom.

Mark Appleby, il gioielliere della Corona – colui che aveva esposto i diademi (aggiungendo gioielli che erano conservati in sacchettini separati e la pietra centrale del diadema della regina Maria) – non partecipò all'incontro, che rappresentava un momento estremamente personale e intimo. Ma era pronto a intervenire se la sua assistenza fosse stata necessaria o se ci fossero state delle complicazioni. Tutte le postazioni del suo staff erano vuote, perché l'unica a presentare i diademi alla regina e a Meghan fu Angela Kelly, la curatrice dei gioielli reali, come era già accaduto con la duchessa di Cambridge e come sarebbe successo con la principessa Eugenie.

Con il titolo ufficiale di assistente personale, consulente

e curatrice di Sua Maestà la regina (gioielli, insegne e guardaroba), Angela è l'unica, a parte Appleby, ad avere accesso alla collezione personale della sovrana. Dalla lucidatura delle pietre alla collocazione del braccialetto, degli anelli, della collana e del diadema sul vassoio ricoperto di tessuto rosa – con un rivestimento bordato di pizzo e cucito a mano dalla regina Maria –, era chiaro quanta cura Angela mettesse nella manutenzione dei preziosi.

Benché normalmente i diademi si maneggino con i guanti, la curatrice – responsabile anche della pulizia dei gioielli prima e dopo la rimozione dal caveau – decise di farne a meno per avere una migliore presa su quei pezzi inestimabili.

Sotto lo sguardo attento di Elisabetta e di Harry, Angela presentò a Meghan cinque modelli. Anche se la regina è una grande conversatrice – come Meghan, che diventa particolarmente loquace quando è nervosa –, tutti si chiusero in un silenzio concentrato.

Prima dell'incontro Angela aveva proposto alla sovrana diverse opzioni. Poi Sua Maestà aveva esposto le sue considerazioni, riducendo la rosa dei candidati a cinque diademi. Meghan, seduta davanti a uno specchio a figura intera, provò ciascun modello fino ad arrivare a una decisione.

Anche se di solito i diademi si fermano con un nastro di raso o una forcina per capelli, quel giorno non si tenne una vera e propria prova, perché la presenza di un parrucchiere avrebbe guastato l'intimità del momento. In seguito ci sarebbe stato tutto il tempo di fare una prova completa, spiegò Angela, durante la quale avrebbero fissato il gioiello con le forcine e chiesto alla futura sposa di annuire per vedere se la coroncina si muovesse. Quel giorno l'essenziale era scegliere il modello giusto, e ce ne fu uno in particolare che eclissò tutti gli altri non appena la curatrice lo posò sui capelli scuri di Meghan.

Era il diadema a fascia della regina Maria. Fabbricato per la compianta regina consorte nel 1932, reca incastonata al centro una spilla di dieci diamanti, dono della contea di Lincoln per il suo fidanzamento. La grossa spilla rimovibile impreziosisce una scintillante fascia di platino formata da undici sezioni flessibili, traforata da ovali intrecciati e pavé con grandi e piccoli diamanti taglio brillante. Benché non fosse il preferito della regina Maria, che lo indossò per eventi meno formali, Meghan disse che «spiccava tra gli altri».

Elisabetta diede il suo benestare. Meghan provò tutti e cinque i modelli, ma capì subito quale le piaceva di più. «È stato un momento speciale per entrambe» rivela un aiutante di Palazzo.

Quando, più di un anno dopo, comparve l'articolo secondo cui Meghan aveva richiesto un diadema diverso per il giorno delle nozze, la duchessa chiamò un'amica dicendo: «Che tristezza, adoro il mio diadema».

Pur sbagliandosi sul contenuto, i giornali non si sbagliarono sul fatto che c'era stato un conflitto durante i preparativi del matrimonio. Tra Meghan e la regina non ci fu alcuna divergenza sul diadema. Il disaccordo fu tra Angela Kelly e Harry.

Iniziò tutto alla fine di marzo, quando Serge Normant, l'hairstylist di Meghan, prese un volo da New York a Londra per fare una prova dell'acconciatura con il diadema. La coppia aveva sperato di andare a Buckingham Palace per incontrare Angela, che avrebbe maneggiato il gioiello come aveva fatto la prima volta.

Ma nonostante tutte le richieste inviate da Kensington Palace, la guardarobiera della regina non rispose. Dopo diversi tentativi vani, la disponibilità di Angela non fu assicurata. Harry era furioso.

Angela – che cominciò come sarta nel 1993 e fece rapidamente carriera nel Dipartimento del Master of the Household fino a diventare stylist e poi assistente personale – ha una relazione particolarmente stretta con la regina. Una delle poche persone autorizzate a toccare la monarca, è il braccio destro della sovrana o, come dicono alcuni, la sua «guardiana», da oltre dieci anni. Sua Maestà, che le ha assegnato una casa in concessione gratuita a Windsor, le fa spesso visita e, quando le due sono sole, lo staff di Buckingham Palace riesce a sentire le loro risate risuonare nei corridoi.

Come quasi tutti i collaboratori anziani del Palazzo, Angela è sempre reperibile in caso Sua Maestà abbia bisogno dei suoi servigi e, nel periodo delle prime richieste per la prova dell'acconciatura, a quanto pare era impegnata al castello di Windsor, dove la regina prende residenza ogni anno per un mese nel periodo di Pasqua, una tradizione detta «Easter Court». Con il passare delle settimane, tuttavia, e nonostante i solleciti dello staff di Harry, la data della prova continuava a essere incerta.

Il principe, pur conoscendo il protocollo, non credeva che Angela fosse tanto occupata. Pensava invece che stesse ignorando volutamente Meghan. Tra lui e la stylist seguì un acceso litigio, molto diverso dai consueti toni pacati. Secondo una fonte, Harry non esitò a prendere di petto la questione. «Era esasperato» dice un aiutante di Palazzo.

A poche settimane dalle nozze la prova mancata restò un problema irrisolto. I membri dello staff di Kensington

Palace non riuscirono semplicemente a contattare Angela. Erano frustrati... e confusi. Perché era così difficile fissare un appuntamento? Alla fine Harry dovette parlare della situazione con sua nonna. E Meghan fece la prova.

Un collaboratore anziano di Buckingham Palace afferma che Harry era «ipersensibile» quando accusò Angela di aver cercato di ostacolare la sua fidanzata. Ma secondo una fonte vicina al principe, nulla avrebbe potuto dissuaderlo dal credere che alcuni membri della vecchia guardia del Palazzo non vedessero di buon occhio Meghan e fossero disposti a tutto pur di metterle i bastoni tra le ruote.

18
FRATELLI DIVISI

I collaboratori d'alto livello di tutte e tre le famiglie reali erano così allarmati per gli articoli apparsi sui giornali e per le speculazioni sui social riguardo a una spaccatura tra i fratelli e le loro mogli che cominciarono a discutere apertamente del possibile impatto sulla monarchia se le cose non si fossero sistemate. Da mesi, i titoli in prima pagina si concentravano sul deterioramento dei rapporti tra le due coppie. E i commenti sui social erano altrettanto chiassosi. La situazione era talmente fuori controllo, dice una fonte, che «persino la regina era preoccupata».

Nella primavera del 2019 i funzionari dello staff reale si riunirono per valutare le possibili soluzioni. «Dobbiamo ideare un sistema per proteggere la monarchia, punto e basta» dichiarò uno di loro. «Non è un segreto, il suo futuro dipende unicamente dalle quattro persone che al momento vivono a Kensington Palace. La popolarità pubblica è nelle loro mani [...] Quando [il principe di Galles] diventerà re, la monarchia durerà solo se quei quattro non saranno in guerra. Non possiamo permettere che accada.»

«Harry era arrabbiato per le ripercussioni pubbliche e per l'inesattezza di gran parte delle informazioni divulgate» aggiunge una fonte. «C'erano stati momenti in cui aveva avuto la sensazione che i collaboratori di suo fratello avessero rilasciato delle dichiarazioni per dare un'immagine positiva di William, anche a costo di distruggere lui. Era stato un periodo caotico e Harry era molto confuso. Non sapeva a chi o a cosa credere, e lui e William non si parlavano abbastanza, il che rendeva tutto assai più difficile.»

Questa fu di gran lunga la conseguenza più dannosa, perché riportava alla mente la fase della metà degli anni Novanta, alla fine del matrimonio di Carlo e Diana, in cui la stampa e l'opinione pubblica avevano messo esplicitamente in discussione la longevità della monarchia. Nonostante le proteste del personale di corte, secondo cui i fratelli andavano d'amore e d'accordo, i *rumors* non si erano zittiti.

Il 14 marzo 2019 Buckingham Palace annunciò che William e Harry sarebbero andati ciascuno per la sua strada separando i propri uffici.

«La regina ha acconsentito alla creazione di un nuovo ufficio per il duca e la duchessa di Sussex, dopo il loro matrimonio nel maggio scorso. L'ufficio, creato con il contributo della sovrana e del principe di Galles, vedrà la luce in primavera.»

L'ufficio di Harry e Meghan era un segreto di Pulcinella da novembre. Gli aiutanti di Palazzo si affrettarono a precisare che era una progressione naturale. I principi non erano più «i ragazzi», come li chiamava Diana, bensì uomini con caratteri, stili personali e ruoli costituzionali futuri molto diversi. Come dice un portavoce, erano su «strade divergenti».

Tutti pensavano che quando i fratelli avessero preso le necessarie distanze l'uno dall'altro, sarebbero riusciti a ricostruire il rapporto. «È molto improbabile che lavorino insieme» osservò all'epoca un membro dello staff reale. «Non è normale all'interno di una famiglia. È inevitabile che prima o poi emerga qualche tensione.»

A «tenere i cordoni della borsa» era il principe Carlo, che finanzia parecchie delle sue attività pubbliche, filantropiche e private con i proventi della sua proprietà, il ducato di Cornovaglia, e anche questo fu un fattore scatenante dei dissidi tra William e Harry. A volte i fratelli dovevano competere per ottenere nuovi fondi per i loro progetti dal padre, che copriva anche parte delle spese di Camilla e dei suoi figli (tra cui i guardaroba di Kate e Meghan). «Devono litigare per stabilire chi riceverà quale somma di denaro dal padre per sostenere i loro progetti» ci ha rivelato un aiutante di Palazzo. «Se si considera il fatto che esiste una gerarchia intrinseca, si capisce perché la situazione sia così complessa.»

«Pur essendo il padre di Harry, Carlo è anche il loro capo, e ciò complica il rapporto per una serie di ragioni» ci ha detto una fonte. «Carlo tiene molto alla sua immagine pubblica, e ci sono state occasioni in cui Harry ha avuto la sensazione che quest'ultima avesse la precedenza su tutto il resto.»

Harry non era il solo ad avere un rapporto difficile con il principe di Galles. «I ragazzi fanno il bello e il cattivo tempo con il padre» rivela una fonte, portando l'esempio della programmazione del servizio fotografico per il settantesimo compleanno di Carlo, che i principi definirono «un totale incubo».

«Nessuno dei due fu pronto ad assicurare la propria disponibilità» riferisce la fonte.

Un secondo aiutante di Palazzo, che partecipò alle riunioni sul futuro dei fratelli, spiega: «In questa famiglia, l'ordine di nascita determina la tua posizione di potere, perciò Harry è sempre arrivato secondo rispetto a William, soprattutto quando si tratta di finanziamenti. In passato è successo che Harry volesse farsi carico di progetti più importanti e svolgere più lavoro, ma non è riuscito a reperire i fondi. William ha sempre avuto la priorità. È così che funziona quando sei in affari con la tua famiglia».

I principi Andrea e Edoardo non lavorano con il fratello maggiore Carlo, perciò non hanno mai vissuto le stesse tensioni di William e Harry. Era comprensibile che Harry non volesse vivere all'ombra di William ora che stava per iniziare una vita con Meghan, commentano i membri dello staff reale.

Harry e Meghan desideravano creare un ufficio tutto loro a Windsor, con un team separato dagli altri. Ma i funzionari anziani non tardarono a bocciare tale idea.

Questi membri del personale di corte, che Diana chiamava «uomini in completo grigio», reputavano che fosse necessario tenere a bada l'interesse globale per i Sussex e la loro popolarità. Nel breve periodo trascorso dalle loro nozze da fiaba, Harry e Meghan avevano già cominciato a portare la monarchia a nuove vette in tutto il mondo, rendendola più accessibile per coloro che non avevano mai sentito un legame con quell'istituzione. Tuttavia occorreva richiamare la coppia all'ordine; altrimenti si sarebbe corso il rischio che la sua popolarità eclissasse quella della Royal Family.

«Per i funzionari di Palazzo che si chiedevano come gestire i Sussex, c'era un'altra figura capace di fare da modello alle giovani donne che sfruttano una posizione reale per iniziative benefiche internazionali: la madre di Harry» scrisse il redattore politico Tim Shipman nel *Sunday Times*, citando una fonte secondo cui «per loro il pericolo è che Meghan diventi più grande di Diana».

Meghan non godeva di un sostegno totale nell'istituzione della monarchia, e alcuni tabloid britannici la dipingevano come una minaccia, ma era entrata nelle simpatie di gran parte del pubblico. Per le persone, tanto nel Regno Unito quanto all'estero, Meghan era un'apripista, una donna che si muoveva con disinvoltura in un mondo prima considerato off-limits.

Le femministe elogiavano la sua attenzione instancabile alla responsabilizzazione delle donne attraverso l'influenza del suo nuovo ruolo reale. Il 10 gennaio 2019 Meghan annunciò il suo impegno verso Smart Works, un'organizzazione britannica che aiuta le donne a migliorare le proprie opportunità lavorative grazie a un servizio di consulenza e alla fornitura di un guardaroba professionale. La duchessa aveva collaborato privatamente con l'ente come volontaria, dando consigli alle assistite su come affrontare i colloqui e su quale abbigliamento scegliere. Juliet Hughes-Hallett, fondatrice di Smart Works ed ex redattrice di moda di *British Vogue*, imparò a conoscere Meghan nel corso di svariati mesi prima dell'annuncio, restando colpita dal suo senso pratico fin dalla prima visita nel marzo del 2018. «Era emozionata e ha voluto essere coinvolta fin dall'inizio» dice del contributo di Meghan al programma, che dal lancio nel 2013 ha aiutato migliaia di donne a trovare un lavoro. «Ciò che ci ha sorpresi di più sono state la sua empatia e la sua capacità di far sentire le donne al sicuro. Inoltre è molto simpatica.»

L'annuncio coincise con una visita pubblica alla sede dell'organizzazione a West London, dove risultò chiaro che Meghan era nel suo ambiente non appena arrivò, infilando la testa nell'ufficio sul retro per salutare alcuni membri dello staff, che ormai conosceva bene. «Non si tratta soltanto di donare vestiti e vedere dove finiscano, ma anche di essere partecipi del nostro successo reciproco come donne» osservò Meghan mentre aiutava a sistemare gli indumenti di seconda mano per una mamma di tre bambini, Patsy Wardally, un idraulico abilitato che cercava di rientrare nel mondo del lavoro dopo aver cresciuto una figlia autistica. La collaboratrice Marina Novis, che passò del tempo con la duchessa durante le sue numerose visite, afferma: «È straordinario vederla parlare con le candidate, perché le ascolta davvero e fa domande molto pertinenti. L'anno scorso [prima delle nozze] stava parlando con noi della sicurezza di sé, e le abbiamo chiesto: "Come fa ad averne così tanta?". "Sto per assumere un ruolo importante, proprio in questo periodo. La cosa essenziale da fare è respirare e avere fiducia in se stessi" ha risposto».

Meghan infuse quella fiducia a tutti e quattro i suoi patronati, tra cui i due ricevuti da Sua Maestà: il National Theatre e l'Association of Commonwealth Universities (ACU), che unisce università e docenti di oltre cinquanta paesi per promuovere la conoscenza. «Tiene molto all'impatto delle arti, siano esse usate a scopo sociale per migliorare la salute o per favorire il senso di appartenenza» dichiara Rufus Norris, direttore artistico del National Theatre. «E che bel modo di applicare al suo nuovo mondo l'esperienza maturata in una dimensione che conosce benissimo.»

Le iniziative filantropiche di Meghan rispecchiavano esattamente i suoi interessi e le sue capacità. «Voleva che fossero un riflesso della sua personalità, delle sue competenze, e un'anticipazione dei numerosi ambiti che le sarebbe piaciuto esplorare come membro attivo della famiglia reale» spiega un aiutante di Palazzo. «La responsabilizzazione femminile e la diversità di genere saranno sempre un pilastro del suo lavoro.» Meghan inorridì quando notò la mancanza di entrambe durante una visita all'ACU a febbraio, dopo aver visionato i dati che rivelavano la prevalenza di uomini bianchi tra i docenti britannici. «Oddio» esclamò durante una conversazione con la dottoressa Rachel Cowan, la responsabile del piano di uguaglianza, diversità e inclusione all'Università di Manchester. «È scioccante vedere quanta strada resti da fare.»

Sostenitrice di lunga data del movimento animalista Adopt, Don't Shop (Non comprare, adotta), Meghan diventò testimonial anche del centro veterinario Mayhew, dove, durante la seconda visita alla sede centrale nella zona nordoccidentale di Londra, disse all'amministratrice delegata Caroline Yates: «Gli animali sono una parte molto importante della mia vita. C'è un grande bisogno di strutture come questa – a Londra, nel Regno Unito e nel resto del mondo –, e purtroppo so quanto siano vitali i finanziamenti. Voglio aiutarvi a crescere in tutti i modi possibili».

I movimenti e il look di Meghan erano seguiti non solo nel Regno Unito, ma anche dalle più illustri pubblicazioni americane. Anna Wintour definì «fantastico» l'abbigliamento della duchessa al summit di Women in the World nell'aprile del 2019. «Di recente ho riflettuto spesso sui tailleur» disse al pubblico la direttrice di *Vogue*. «Grazie alla duchessa di Sussex!»

La creazione di uffici separati avrebbe permesso ai fratelli di occuparsi dei loro interessi e, allo stesso tempo, era finalizzata a rendere disponibili le risorse necessarie per le loro responsabilità in via di evoluzione. «I Cambridge e i

Sussex hanno futuri diversi, dunque occorre prepararli entrambi al cambio di regno» affermò all'epoca un aiutante di Palazzo anziano, riferendosi a quando il principe Carlo diventerà re. «L'obiettivo finale è predisporre tutte le strutture possibili per dare loro un assetto permanente.»

Harry si rese conto che forse lui e Meghan non avrebbero avuto molto tempo per avere un impatto su scala globale. È consapevole, infatti, che quando George compirà diciotto anni e diventerà un membro senior attivo, tutta l'attenzione della monarchia si concentrerà sulla successione di Carlo, William e George, lasciando Harry in panchina, come accadde agli zii Edoardo e Andrea allorché Carlo e i suoi fratelli raggiunsero la maggiore età.

Nonostante i bei discorsi, i Sussex non si videro mai assegnare un ufficio per gestire i loro affari. Secondo una fonte fu messo in chiaro che non avrebbero ricevuto alcun trattamento preferenziale. La notizia fu un brutto colpo per i duchi ma, con una sorta di compromesso, ottennero un piccolo team a Buckingham Palace. Anche se non era tutto ciò che avevano chiesto, era più di quanto fosse in programma all'inizio: la proposta di condividere lo staff con altri membri della famiglia reale sotto il grande ombrello di Buckingham Palace.

Carlo voleva che la separazione non incidesse sui costi. Ma secondo alcuni aiutanti di Palazzo, William lottò perché fossero destinate risorse sufficienti al nuovo ufficio dei Sussex, affinché disponessero di uno spazio di lavoro adeguato e di un cospicuo budget per le comunicazioni. Il duca di Cambridge sapeva che i Sussex erano importanti per la Royal Family e che avevano bisogno di tutto il sostegno necessario. E ruoli secondari per Harry e Meghan avrebbero comportato maggior lavoro per i Cambridge. Nel corso di diverse settimane, William e il suo fedele segretario privato, Simon Case, parteciparono a incontri con i funzionari anziani di Buckingham Palace per assicurarsi che Harry e Meghan ricevessero il miglior trattamento possibile.

Con i nuovi fondi, la coppia poté assumere Sara Latham, stimatissima esperta di pubbliche relazioni ed ex funzionaria dell'amministrazione Clinton, incaricandola di gestire la strategia comunicativa per l'ufficio dei Sussex.

Sara, che ha la doppia cittadinanza americana e britannica, aveva collaborato alla candidatura di Hillary Clinton alla presidenza nel 2016, svolgendo il ruolo di responsabile del personale per il presidente della campagna elettorale, John Podesta. Aveva lavorato anche nel governo britannico di Tony Blair come consulente speciale del segretario di stato per la cultura, i media e lo sport dal 2005 al 2006. Il suo ultimo incarico prima di entrare nella Firm era stato quello di socia dirigente di Freuds, un'agenzia internazionale di PR fondata dall'ex marito di Elisabeth Murdoch, la figlia del magnate dei media Rupert Murdoch. Avendo lavorato con Nick Loughran – uno degli ex responsabili delle comunicazioni preferiti di Harry, nonché il marito di Clara, l'assistente di Kensington Palace –, Sara aveva una certa dimestichezza anche con il mondo dei reali.

Intelligente, simpatica e ottima stratega, Sara diceva le cose come stavano, e i Sussex la presero subito in simpatia.

Quando fu annunciata la separazione degli uffici, occorse dividere lo staff che prima aveva lavorato per entrambi i fratelli e procedere a una notevole riorganizzazione. Jason Knauf, da tempo responsabile delle comunicazioni dei Sussex, si ritrovò al servizio dei Cambridge, svolgendo un ruolo preponderante nelle iniziative filantropiche della coppia e poi diventando amministratore delegato della fondazione. Nei mesi successivi avrebbe sovrinteso anche alla divisione della Royal Foundation e alla scissione dei molti programmi congiunti. «I quattro avrebbero potuto andare avanti come prima, ma i Cambridge erano ansiosi di ripartire da zero» dichiara una fonte. «Entrambe le coppie volevano seguire separatamente le loro attività benefiche.» Anche se ciò non segnò la fine immediata di tutti i progetti dei Fab Four (l'ultimo, Shout, un servizio di messaggistica per dare immediato supporto psicologico a coloro che ne hanno bisogno, era annunciato per il maggio seguente), fu la fine delle iniziative di gruppo condotte sotto la stessa organizzazione ombrello, come il Royal Foundation Forum, l'evento del febbraio del 2018 che aveva funto da vetrina per i loro programmi, tra cui Heads Together e United for Wildlife.

Christian Jones – ex addetto stampa del Dipartimento per l'uscita dall'Unione Europea – fu incaricato di gestire la nuova strategia di comunicazione dei Cambridge. Harry e Meghan rimpiangevano entrambi di aver perso il collaboratore, che aveva lavorato per loro quando le due coppie condividevano il medesimo ufficio. Meghan aveva legato immediatamente con lui dopo la sua assunzione nel dicembre del 2018 ed era stata una sua sostenitrice fin dal loro primo pranzo insieme al ristorante italiano Chucs a Notting Hill. Adorava il fatto che le parlasse da amico e andasse al lavoro con le sneaker. Inoltre apprezzava le sue idee. I due facevano regolarmente brainstorming insieme dimenticando ogni formalità. Tuttavia, la nuova opportunità a capo del team del futuro re era troppo allettante perché Christian potesse rifiutarla.

Quanto alla reputazione di Meghan come boss intrattabile, gli aiutanti di Palazzo la definiscono molto determinata, ma anche premurosa. Inviava spesso piccoli doni agli uffici di Kensington Palace, come all'inizio del 2018, quando mandò al team delle comunicazioni e allo staff privato un vasto assortimento di sorbetti per ringraziarli dell'aiuto, e non di rado regalava fiori e biglietti scritti a mano ai funzionari principali per i loro compleanni.

Tuttavia sarebbe stata la prima a dire di «puntare alla realizzazione del cambiamento».

«È un dato di fatto» afferma una fonte vicina alla duchessa. «È quello che la anima e che la fa alzare la mattina. Ed è nella posizione di farlo.»

Con una grande dimostrazione di solidarietà da parte della regina, Meghan fu nominata vicepresidentessa del Commonwealth Trust, una piattaforma per giovani fautori del cambiamento nei cinquantaquattro stati membri, pensata per promuovere, finanziare e connettere i giovani leader. Harry ottenne invece la carica di presidente. Durante il suo primo impegno in quel ruolo Meghan si unì a un gruppo di donne influenti – tra cui la cantante Annie Lennox e l'ex primo ministro australiano Julia Gillard – per un evento finalizzato a discutere l'importanza della Giornata internazionale della donna al King's College di Londra. In quell'occasione Anne McElvoy, caporedattrice di *The Economist*, le domandò come reagisse ai titoli dei giornali che etichettavano il suo femminismo come «di tendenza».

«L'idea di rendere "di tendenza" la parola "femminismo" non ha nessun senso per me» rispose la duchessa. «È un argomento che rientrerà per sempre nelle discussioni.»

Come sua moglie, nemmeno Harry tardò a rendere operativo il suo ufficio. Nell'aprile del 2019 lui e Oprah annunciarono una partnership per produrre una serie sulla salute mentale per Apple TV+ alla fine del 2020 o all'inizio del 2021. Oprah, che volò a Londra nel mese di marzo per incontrare il principe e Meghan (già in stato di gravidanza avanzata), racconta che l'idea le è venuta dopo una conversazione con il principe. «Quali sono, a tuo parere, i problemi più importanti che il mondo deve affrontare oggi?» gli chiese. «Il cambiamento climatico e il benessere, l'equilibrio e la salute mentali» rispose Harry senza esitazione.

«Sono incredibilmente orgoglioso di lavorare con Oprah» disse Harry in una dichiarazione. «Sono davvero convinto che una buona salute mentale – l'equilibrio mentale – sia il segreto per una leadership efficace, una comunità produttiva e un io determinato [...] La nostra speranza è che questa serie sia positiva, illuminante e inclusiva, in grado di condividere storie globali di persone dalla tenacia eccezionale, capaci di lottare per uscire dai luoghi più bui, e che ci offra l'opportunità di capire meglio noi stessi e chi ci circonda.»

La vita professionale del principe stava decollando. Cosa altrettanto importante, anche quella privata sembrava in via di assestamento. Il principe si augurava che l'intervento di William a favore del suo ufficio fosse l'inizio di una distensione tra lui e suo fratello. «In quel momento decise di buttarsi il passato alle spalle e di essere grato a William per gli sforzi che aveva compiuto» riferisce una fonte vicina alla coppia.

Harry era disposto ad accettare che lui e il fratello fossero persone diverse. William era sposato con l'istituzione della monarchia, all'interno della quale ricopriva un ruolo ben preciso, mentre Harry aveva una strada tutta sua da seguire. E dovette ammettere che entrambi ci erano rimasti male. In fin dei conti, però, erano una famiglia e quel legame non meritava di essere distrutto.

William fu contento di recuperare il rapporto con Harry. Secondo una fonte interna al Palazzo, alla fine di marzo il duca di Cambridge disse: «Sai una cosa? Io e mio fratello abbiamo fatto una bella chiacchierata per la prima volta in due mesi».

Quell'anno, a Pasqua, Harry partecipò da solo alla funzione di famiglia al castello di Windsor, perché Meghan, ormai vicina al parto, non se la sentì di presenziare a un grande impegno pubblico. Nella cappella i due risero e chiacchierarono tra loro.

«È stata una gioia vederli andare d'accordo» commenta un funzionario di Buckingham Palace.

19

UN NIDO A WINDSOR

Dopo la funzione di Pasqua Harry tornò al Frogmore Cottage con William e Kate, che si fermarono a vedere come stesse Meghan.

La duchessa raggiunse loro e altri membri della famiglia in salotto (invece che nella formale sala di ricevimento), dove chiacchierarono davanti a una tazza di tè. La visita fu breve, solo trentacinque minuti, ma fu il primo passo verso la riconciliazione e il superamento dei vecchi rancori, o almeno così sperava Harry dopo la dimostrazione d'affetto del fratello. Prima che William e Kate se ne andassero, il principe, emozionato, fece fare loro il giro della casa, perché era la prima volta che la vedevano dopo la ristrutturazione.

Harry si augurava che il fratello e la cognata, assieme ai loro figli, diventassero ospiti regolari del cottage a Windsor, che «occupa un posto speciale nel loro cuore», secondo una fonte vicina ai Sussex. Mentre si stavano innamorando, Harry e Meghan avevano fatto lunghe passeggiate nei giardini privati di Frogmore House senza temere le interferenze dei paparazzi. In seguito, naturalmente, avevano scelto quel luogo per le foto del fidanzamento e il ricevimento nuziale.

«È proprio un bel posto per crescere un figlio» commenta una confidente fidata di Meghan. «Potevano aprire la porta e avere a disposizione tutti quei giardini privati. Pensavano entrambi che per il bambino sarebbe stato molto positivo vivere lì, fare delle passeggiate senza essere disturbato. Anche se prima non avevano preso in considerazione tale aspetto, una volta che se ne sono resi conto, erano entrambi molto contenti.»

Ma prima il Frogmore Cottage doveva essere sottoposto a una sostanziale ristrutturazione. Costruito nel 1801, in origine era la casa di campagna della regina Carlotta e delle sue figlie nubili. Il cottage ospitò molti inquilini (compreso Henry James Senior, teologo americano e padre del filosofo William James e dello scrittore Henry James) fino all'inizio del XXI secolo, quando l'edificio, che contava dieci camere da letto, fu diviso in cinque unità separate per alloggiare lo staff della tenuta di Windsor. Prima che Harry e Meghan si trasferissero nel cottage, ricevuto in dono dalla regina nell'autunno del 2018, occorreva sventrarlo e rimodernarlo completamente, con tanto di cucina, nursery e veranda.

I progetti per la ristrutturazione includevano verande, diversi nuovi camini a gas e una cucina open space. Si prevedeva che la madre di Meghan avrebbe fatto lunghe visite per passare del tempo con il nipotino, ma il lavoro le avrebbe permesso di fermarsi soltanto per brevi periodi. Nonostante le voci su un'«ala per la nonna», Doria avrebbe soggiornato in una stanza degli ospiti a qualche porta di distanza dalla camera padronale.

I pavimenti, gli infissi e le porte tradizionali furono conservati. Era in programma anche un'accurata progettazione dei giardini, una delle attrazioni del Frogmore Cottage, dove un giorno il bambino avrebbe potuto giocare liberamente.

Benché le spese da 2,4 milioni di sterline per la ristrutturazione strutturale siano state sovvenzionate dal Sovereign Grant, l'indennità concessa annualmente dal governo per finanziare i doveri ufficiali della regina e coprire i viaggi della famiglia, la manutenzione del palazzo e le retribuzioni dei dipendenti reali, la coppia pagò i lavori interni di tasca propria. Entrambi oculati nelle spese, Harry e Meghan non scialacquarono, come si mormorava, un milione di sterline in opere d'arte. «Non potrebbe essere più lontano dal vero» dice un amico, ricordando che quasi tutte le opere della casa erano stampe o poster vintage incorniciati, tra cui uno studio di nudo dell'artista newyorkese contemporanea Inslee Fariss, che Meghan aveva conservato in un deposito dopo aver lasciato l'abitazione di Toronto.

La casa è grande, ma l'edificio è poco profondo, con tante stanze che iniziano sul davanti e finiscono sul retro. «È una delle cose che piacciono a Meghan e Harry» dichiara un amico. «Tutta quella splendida luce che entra da entrambi i lati. L'energia è molto positiva.»

La permanenza nella zona di sicurezza della tenuta di Windsor assicurò ai Sussex la privacy che desideravano per la loro nuova vita lontano da Londra, ma prima del trasferimento furono prese ulteriori misure. Intorno al Frogmore Cottage furono piantati alberi adulti per proteggere la casa da occhi (e obiettivi) indiscreti. Anche una recinzione taglio laser altamente tecnologica consentiva di tenere a bada gli intrusi. Accanto al cottage, inoltre, un edificio separato fungeva da alloggio stabile per le guardie del corpo, assunte dalla sezione Royalty and Specialist Protection di Scotland Yard.

Era un cerchio d'acciaio necessario per garantire la sicurezza dei Sussex, soprattutto dopo che erano stati costretti a lasciare in anticipo la casa nell'Oxfordshire quando Splash News (la stessa agenzia che li aveva seguiti in Giamaica) aveva mandato un elicottero a scattare fotografie aeree della casa. Le immagini erano così nitide che si riuscivano a scorgere la camera da letto padronale e le zone giorno. A metà gennaio del 2019 *The Times of London* ne pubblicò una, imitato poi da svariate altre testate. Harry era furioso e Meghan sconfortata.

Una fonte vicina alla coppia riferisce che si sentirono subito vulnerabili, specialmente con Meghan incinta. Anche se l'area era sicura e protetta, «trovarsi nel bel mezzo della campagna, dove non sai chi ci sia là fuori di notte o se qualcuno sia riuscito a intrufolarsi», li convinse a dire addio all'Oxfordshire. L'idea originaria era tenere la casa fino alla scadenza del contratto d'affitto e poi forse acquistarla. Ma tornarono al Nottingham Cottage, che sembrava ancora più claustrofobico e scomodo, finché il Frogmore Cottage fu pronto (in seguito Harry fece causa a Splash News e il 16 maggio 2019 ricevette un cospicuo risarcimento, che diede in beneficenza, e le scuse dell'agenzia fotografica per l'intrusione).

Oltre ai sistemi anti-intrusione a Frogmore, Harry e Meghan cominciarono a adottare misure di sicurezza digitale più stringenti dopo aver subìto un'importante fuga di dati. Il 12 settembre 2018 un programmatore informatico in Russia riuscì a penetrare in un account di archiviazione cloud che conteneva oltre duecento foto inedite dei Sussex, scattate da Alexi Lubomirski.

Tra le immagini rubate c'erano quelle di momenti personali durante il servizio fotografico del fidanzamento, oltre ad altre del ricevimento nuziale (comprese alcune della regina). La nutrita serie di fotografie includeva anche scatti con gli occhi socchiusi e altre pose poco lusinghiere, destinate a finire nella spazzatura. L'hacker ne postò alcune su Tumblr. Molti fan ipotizzarono che fossero false o photoshoppate ma, dietro le quinte, a Kensington Palace la preoccupazione serpeggiò quando arrivò una soffiata sulla violazione della sicurezza. Harry e Meghan «si sono spaventati quando hanno scoperto che era così facile procurarsi i loro file personali» ricorda una fonte vicina alla coppia. «L'episodio è stato un campanello d'allarme.»

Secondo una fonte reale, Frogmore creò ai Sussex anche «difficoltà logistiche» nelle loro varie iniziative. «Saranno lontani dall'ufficio [a Buckingham Palace]» commentò. «Entrambi tengono moltissimo al lavoro, perciò sarà difficile.»

Per questo attaccamento al lavoro, Harry e Meghan intendevano conservare una base a Londra per il futuro. Non usarono più il Nott Cott, che restò vuoto dopo il loro trasferimento.

C'erano numerosi precedenti che li autorizzavano ad avere due residenze. William e Kate hanno ricevuto in dono Anmer Hall dalla regina, ma la loro dimora principale è l'appartamento 1A a Kensington Palace. Il principe Carlo utilizza Clarence House come residenza ufficiale e Highgrove, nel Gloucestershire, per i weekend in campagna. Allo stesso modo la principessa Anna ha un appartamento privato a Buckingham Palace, come il principe Andrea.

Per il momento, tuttavia, i Sussex risiedevano stabilmente a Frogmore, che Meghan non lasciò mai nelle ultime settimane di gravidanza, a partire da aprile. L'ultimo trimestre fu assai frenetico, tra gli annunci dei quattro patrocini reali e gli impegni in rapida successione, inclusa la prima dello spettacolo *TOTEM* del Cirque du Soleil alla Royal Albert Hall a Londra per raccogliere fondi per la Sentebale. E poi, il 15 febbraio, prese un volo di linea British Airways da Londra a New York.

Era la prima volta che andava nella metropoli americana da quando si era sposata, e non vedeva l'ora di cinque giorni di shopping e buon cibo con alcune delle sue amiche più care e leali. Pur essendo una duchessa, fu felice di alloggiare per le prime tre notti nell'appartamento su due piani di Misha Nonoo al Greenwich Village, accanto al Waverly Inn, un hotel molto amato dalle celebrità. Ora Misha era fidanzata con il magnate del petrolio Michael Hess, che avrebbe sposato in autunno.

Il primo giorno in città Meghan si incontrò con Jessica, che la portò a prendere tè e macaron da Ladurée, una riservata pasticceria a SoHo. La duchessa acquistò anche abbigliamento da bambino nel lussuoso negozio francese Bonpoint. Ma ebbe la sensazione di essere tornata la vecchia Meghan solo durante la prima sera nel West Village. Tutta vestita di nero, con i capelli sciolti, passò quasi inosservata. Un uomo tirò fuori il telefono per fotografarla prima di essere bloccato dalla guardia del corpo, che camminava diversi passi dietro Meghan. Ma non era nulla in confronto alle folle che era costretta ad affrontare nel Regno Unito.

Quattro giorni dopo, tuttavia, quando Meghan si era ormai spostata al Mark Hotel nell'Upper East Side, i paparazzi furono sguinzagliati al gran completo dopo aver scoperto che ci sarebbe stato un *baby shower* stellare, organizzato da Serena Williams e da Genevieve Hillis.

Serena aveva prenotato il Grand Penthouse al Mark,

dove circa venti delle amiche più care di Meghan, dai tempi dell'adolescenza al presente, si riunirono per una festa che un'ospite definisce «calma e rilassata». La duchessa fu contenta di avere quasi tutte le sue amiche sotto lo stesso tetto. Coordinato da Jennifer Zabinski di JZ Events, che aveva organizzato anche le nozze di Serena con l'imprenditore Alexis Ohanian nel 2017, il party prevedeva una combinazione di colori declinata tra l'azzurro, il rosa, il giallo e il verde, senza alcun accenno al sesso del bambino. Non che questo accorgimento fosse necessario, perché Meghan riferì con discrezione che aspettava un maschietto ad alcune amiche, come Amal Clooney.

Le invitate – Misha, Gayle King, Jessica, la guru del wellness Taryn Toomey, Lindsay, la dirigente della NBC Bonnie Hammer, Janina Gavankar e Abigail Spencer – consumarono una cena preparata dallo chef stellato Jean-Georges Vongerichten, accompagnate dal sottofondo musicale dell'arpista Erin Hill. C'erano anche alcuni uomini, come Daniel Martin, Serge Normant e Markus.

La festa prevedeva una lezione di composizione floreale tenuta dal fiorista newyorkese Lewis Miller, diventato famoso per i suoi *Flower Flashes*, una serie di installazioni floreali comparse in tutta la città su strutture di ogni tipo, dai bidoni della spazzatura ai monumenti. Le composizioni degli ospiti furono donate a Repeat Roses, che distribuisce i fiori utilizzati per gli eventi a ospedali, case di riposo, rifugi per senzatetto e altre istituzioni anziché gettarli via.

Poi arrivò il momento del dessert, esposto accanto a contenitori dorati pieni di cristalli di zucchero, dove erano adagiati biscotti a forma di cicogna. Il dolce era una torta a due piani al cioccolato bianco e fondente, ornata dalle figurine di carta di Meghan e Harry con un passeggino. Ma c'erano anche torri di macaron Ladurée, tortine al lime e alla ciliegia, torte *red velvet* e alle carote, palline di zucchero filato e un barattolo di frittelle multicolori senza glutine.

Meghan ripartì per il Regno Unito piena di entusiasmo. Mentre saliva sul jet privato dei Clooney con Amal, che viaggiava con i gemelli – Ella e Alexander –, Daniel le inviò un messaggio per comunicarle che Beyoncé e Jay-Z le avevano appena reso omaggio ai BRIT Awards. «Credo di aver scritto soltanto "Brava"» dice Daniel, che allegò il video dei Carters davanti a un ritratto reale di Meghan con la corona, realizzato dall'illustratore Tim O'Brien. «Mi ha risposto mandandomi l'emoticon con gli occhi fuori dalle orbite.»

Benché il viaggio fosse stato un successo per Meghan, ai membri anziani dello staff reale nel Regno Unito andò di traverso la colazione quando videro il lussuoso *baby shower* trasformarsi in un circo mediatico. La stampa americana, infatti, aveva pubblicato le foto della duchessa che, con grossi occhiali da sole neri, andava dall'hotel all'auto – dando l'impressione di voler attirare intenzionalmente l'attenzione dei paparazzi – e una lunga lista di dettagli del party.

«È giusto precisare che lo stile della festa, un po' appariscente, non piacque ad alcuni funzionari di Palazzo» rivela uno di loro. Meghan era spesso oggetto di critiche perché troppo hollywoodiana, ossia troppo pacchiana, soprattutto per l'estetica sobria della monarchia. «Secondo me, alcune delle persone che l'avevano difesa nel corso dei mesi sono rimaste un po' deluse. D'altronde a volte, nella sua posizione, ti condannano se fai una certa cosa e ti condannano se non la fai. Fondamentalmente, il viaggio fu soltanto un'opportunità, per le amiche di Meghan, di festeggiare un momento davvero gioioso della sua vita.»

Meghan non ebbe molto tempo per incassare eventuali contraccolpi, perché solo quarantott'ore dopo essere tornata a Londra, prese un altro aereo con Harry e volò in Marocco su richiesta del governo britannico. Nell'ultimo trimestre era piena di energia e non mostrò alcun segno di voler rallentare fin da quando atterrò. Salendo su un elicottero diretto verso i monti dell'Atlante per Education for All, un ente benefico che offre opportunità di istruzione alle bambine nelle regioni rurali del Marocco, si mise le cuffie antirumore, prese Harry per mano e fece un respiro profondo mentre decollavano. «Ha riserve inesauribili di energia» dichiara Thomas Reilly, l'ambasciatore britannico in Marocco, che accompagnò il duca e la duchessa durante i tre giorni della visita. «Ecco una donna che salta su un elicottero per salire a quota millequattrocento, sempre sorridente e disponibile, pronta a sposare una causa importante.»

Durante il sopralluogo al pensionato dell'organizzazione nella cittadina di Asni, Meghan stupì i giornalisti presenti con la sua capacità di mettere a loro agio alcune studentesse nervose, facendo persino qualche domanda in francese. «Nessuna bambina di questo paese deve essere lasciata indietro» osservò Meghan in quell'occasione. «È fondamentale che ciascuna abbia accesso all'istruzione superiore.»

Dall'uguaglianza di genere alle opportunità di istruzione universale, all'imprenditorialità sociale e alla responsabilizzazione femminile, l'itinerario della visita mise in evidenza le questioni che più le stavano a cuore. Il principe Harry, già noto per le sue iniziative umanitarie, lasciò spesso che Meghan prendesse in mano la situazione durante i nove impegni in Marocco, bisbigliandole ogni tanto nell'orecchio per chiederle se stesse bene.

Ci fu persino un'apparizione per *Together: Our Community Cookbook* con uno chef marocchino. La raccolta di cinquanta ricette, scritta dalle donne colpite dall'incendio della Grenfell Tower nel 2017 e contenente una prefazione di Meghan, aveva scalato le classifiche di vendita di Amazon nel giro di qualche ora dalla sua pubblicazione, cinque mesi prima. Finora è stato uno dei più grandi successi di Meghan da quando è entrata nella Royal Family, ma iniziò tutto con una visita privata a una piccola mensa per i poveri a West London, nata per aiutare le famiglie distrutte dal tragico rogo che aveva ucciso settantadue persone e lasciato centinaia di senzatetto.

Meghan si mise un grembiule per dare una mano a un gruppo di donne all'Al Manaar Muslim Cultural Heritage Centre, anche se, secondo il programma, avrebbe soltanto dovuto fare un po' di volontariato nel luogo dove si cucinava per le famiglie e i residenti. «Voleva solo aiutarci» spiega la coordinatrice Zahira Ghaswala. «La prima volta, pochi minuti dopo essere arrivata, ha cominciato a lavare il riso, a preparare i *chapati*, a servire il cibo.»

Durante la seconda visita Meghan ebbe un'idea per raccogliere fondi per la mensa, che all'epoca funzionava solamente due giorni la settimana. «Dovremmo pubblicare un libro di ricette» propose alle donne. Ispirate dalla sua ambizione, queste ultime lavorarono a stretto contatto con la duchessa. «Non credevamo di farcela in così poco tempo!» confessa Zahira. Ora che Meghan aveva stretto amicizia con tutte le collaboratrici, non era raro che arrivasse senza preavviso, sempre accolta con baci e abbracci. «È come una di famiglia» osserva la direttrice Intlak Al Saiegh. «La adorano anche i bambini. Li faceva sempre sedere sulle sue ginocchia e parlava con loro.»

Il sentimento era reciproco. «Ho sentito un'affinità immediata con questa mensa; è un luogo dove le donne possono ridere, piangere e cucinare insieme» scrive Meghan nella prefazione del ricettario. «Fondendo le identità culturali sotto lo stesso tetto, crea uno spazio dove assaporare il senso della normalità nella sua forma più semplice, il bisogno universale di instaurare un legame, prenderci cura degli altri ed entrare in comunione attraverso il cibo, tanto nei momenti di crisi quanto in quelli di gioia. Una cosa in cui tutti possiamo identificarci.»

Al *book party* organizzato a Kensington Palace, Doria fece un'apparizione a sorpresa, arrivando da Los Angeles per passare qualche giorno con la figlia e il genero. «Ciao, sono la mamma di Meghan» disse alle donne della mensa riunite per l'evento. «Ho sentito parlare molto di voi [...] È fantastico potervi conoscere.»

Dopo averla presentata alle altre, Meghan fece un discorso improvvisato. «Mi ero trasferita a Londra da poco e mi sono sentita immediatamente accettata dalle donne della mensa. Il loro affetto, la loro gentilezza e anche la possibilità di vivere in questa città e di vedere in questa piccola stanza quanto sia multiculturale [...] Sono molto orgogliosa di vivere in una città che ospita tanta diversità. [Ci sono] dodici paesi rappresentati in questo gruppo di donne! È davvero straordinario.» Doria era molto colpita. «Il potere delle donne» aggiunse. «Noi facciamo accadere le cose. Siamo curiose. Diciamo di sì, ci facciamo avanti. Siete una fonte d'ispirazione.»

Quando Harry e Meghan fecero il tour in Marocco, *Together: Our Community Cookbook* era ormai diventato un best-seller del *New York Times*, con 71.000 copie vendute nelle prime sette settimane. Nel pomeriggio trascorso a cucinare con lo chef marocchino Moha Fedal, i duchi, seguendo una ricetta del libro, prepararono delle crêpe con i collaboratori disabili di un ristorante nella capitale Rabat. «Saranno fiere quando lo sapranno» commentò Meghan riguardo al debutto marocchino del ricettario. «Il messaggio è arrivato lontano.»

Dopo il viaggio Meghan cominciò a rallentare il ritmo. Ormai prendere un aereo era fuori questione. Dati i continui commenti negativi di alcuni giornali britannici, il ritorno in Inghilterra non fu necessariamente molto riposante. Pur non essendosi mai abituata ai *rumors* sul suo conto, alla fine della gravidanza non sopportava più le critiche superflue. I vestiti pré-maman che sceglieva o il modo in cui si teneva il pancione alimentavano le dicerie dei tabloid. Era come se non riuscisse neppure a essere incinta secondo standard accettabili per i media. Parlando con un'amica, paragonò quegli attacchi a una «lenta agonia».

Meghan soffriva terribilmente. Mentre aspettava con ansia la nascita del suo primo figlio, si sentiva fragile e molto emotiva. Harry fece del suo meglio per starle accanto, ma riteneva opportuno un intervento da parte della famiglia. Però nessun membro della Royal Family fece quella mossa.

Nelle ultime settimane di gravidanza Meghan avrebbe dovuto partecipare a un paio di impegni, tra cui, il 20 marzo, la piantumazione degli alberi per il Queen's Commonwealth Canopy, un'iniziativa per la conservazione delle foreste. Alla fine non se la sentì e preferì sbrigare altro lavoro da casa.

Nessuno le fece mai pressioni perché lavorasse ma, come dice un'amica che la chiama scherzosamente «Super Meg», «ci vuole del bello e del buono per metterla fuori gioco». Sara Latham raggiungeva spesso la duchessa al Frogmore Cottage, dove Harry e Meghan si trasferirono nella prima settimana di aprile. Nonostante le voci su un ritardo di oltre un mese nella ristrutturazione, la coppia traslocò nella casa solo nove giorni dopo il termine previsto. Impresa non da poco, considerando che il restauro era iniziato ai primi di ottobre del 2018.

A risollevare l'umore di Meghan contribuirono le visite degli amici più cari, tra cui Daniel, che arrivò al cottage il 6 aprile e trovò la duchessa «incredibilmente calma, intenta a godersi gli ultimi giorni con il pancione». Harry e Meghan cucinarono per lui, con il principe che faceva quasi tutto da solo in cucina. «Non c'era il minimo nervosismo e sembravano molto felici nella nuova casa» ricorda Daniel.

Doria andò a Frogmore il 16 aprile per dare una mano, perché il parto era previsto per il 28. Durante il volo di linea da Los Angeles un passeggero si avvicinò per chiederle se fosse la madre di Meghan. «Sono una mamma orgogliosa!» rispose Doria, che fu accompagnata al cottage non appena atterrò a Heathrow.

Benché la sua presenza fosse un conforto per la duchessa, anche Harry si prendeva costantemente cura della moglie, assicurandosi che stesse bene fisicamente e servendole degli snack. Il guacamole con crudité fu la cosa più simile al cibo spazzatura che Meghan consumò. Non perché non le piaccia, ma perché non ne aveva voglia.

Pur non essendo preoccupata per il peso, parlando con un'amica si definì scherzosamente «una mongolfiera» quando superò la data prevista per il parto. L'anello di fidanzamento non le entrava più al dito. Quando la gravidanza si prolungò fino alla prima settimana di maggio, continuò a fare gli esercizi di yoga adattati che eseguiva tutte le mattine. Dopo il trasferimento a Frogmore prese anche l'abitudine quotidiana di fare lunghe passeggiate con i due cani.

Nonostante tutto, la coppia riceveva ancora visite. Sara, per esempio, si recò al cottage venerdì 3 maggio e ricorda che Meghan era «calma e soddisfatta». L'indomani, Gayle King, che si trovava a Windsor per girare un documentario della CBS per il primo anniversario di matrimonio dei Sussex, si fermò per un'ora e rimase colpita dall'energia della duchessa.

Il 6 maggio Meghan era ormai di diversi giorni oltre il termine. «Gli otto giorni più lunghi della sua vita!» riferisce un'amica. «Ma in quel periodo ha dimostrato una pazienza e una calma straordinarie. "Il bambino arriva quando arriva" diceva. Punto e basta.»

20

BENVENUTO, ARCHIE

Harry si mise al volante della Range Rover blu, con Meghan e Doria che aspettavano sul sedile posteriore, la sera di domenica 5 maggio. Con una guardia del corpo in auto e un team di altre guardie del corpo su una seconda Range Rover, il principe si apprestò a percorrere i quarantacinque chilometri che separano il Frogmore Cottage dal Portland Hospital, al centro di Londra.

Anche se in principio Meghan aveva espresso l'intenzione di partorire a casa, quando era entrata nell'ultimo trimestre aveva deciso di andare in ospedale. Nonostante le voci secondo cui era «devastata» al pensiero di accantonare il parto in casa, una fonte riferisce che quando cominciò il travaglio aveva ormai scartato quell'idea. «So che circolavano pettegolezzi sul suo desiderio di partorire a casa, e senza dubbio è stata un'ipotesi di cui si è discusso all'inizio» aggiunge la fonte, «ma Meg sapeva da mesi che sarebbe andata in ospedale. Le importava solo di far nascere il bambino nel modo più sicuro possibile. Era sempre più nervosa a mano a mano che si avvicinava al termine, perciò direi che per certi versi è stato un sollievo rivolgersi a un ospedale tradizionale.»

Ancora una volta in contraddizione con le indiscrezioni, Meghan non prese mai in considerazione l'idea di partorire alla Lindo Wing, dove Kate aveva dato alla luce tutti e tre i suoi figli, Diana William e Harry, e la principessa Anna Peter e Zara. Voleva infatti un luogo più discreto del St Mary's Hospital.

Al Portland – un ospedale di proprietà di una società statunitense, famoso tra le celebrità e gli espatriati americani a Londra – sono nate Beatrice ed Eugenie. Offre non solo un'assistenza all'avanguardia, ma anche un ingresso sotterraneo, dove l'andirivieni di SUV dai finestrini oscurati è la norma. Harry e Meghan, che nessuno aveva mai visto entrare o uscire dal Portland, non avevano rivelato quale ospedale avessero scelto nemmeno ai collaboratori o agli amici più stretti.

Le uniche persone a conoscenza di quel dettaglio erano Doria e l'équipe medica, tra cui Penelope Law, una delle migliori ostetriche del Portland, nonché una contessa (è la moglie del settimo conte di Bradford). Tuttavia chiedeva alle pazienti di chiamarla «dottoressa Penny». Nonostante l'elevata percentuale di tagli cesarei tra le sue assistite, la Law è a favore del parto naturale. Meghan non si sottopose al cesareo, anche se i Sussex si rifiutarono di dare informazioni sulla procedura. Secondo una fonte, la duchessa «accettò il consiglio» dei medici, che nei giorni precedenti il ricovero andarono quotidianamente al Frogmore Cottage. Alle cinque e ventisei di lunedì 6 maggio, dopo un parto senza complicazioni, venne alla luce Archie Harrison Mountbatten-Windsor, settimo in linea di successione al trono. Meghan, sollevata all'idea che fosse andato tutto bene, era semplicemente felice di poter tenere in braccio per la prima volta il suo «bellissimo e dolcissimo bambino», che pesava 3,3 chili.

«Archie era vigile non appena è arrivato. Aveva gli occhi spalancati» racconta un'amica. «Descrivendo il momento in cui l'ha stretto tra le braccia per la prima volta, Meghan l'ha definito "un'estasi [...] una felicità e un appagamento totali".» Una confidente fidata aggiunge: «Come ogni neomamma, non sai cosa aspettarti finché non lo vivi».

Quando nacque Archie, Harry e Meghan avevano già il nome pronto, sapendo da tempo che avrebbero avuto un maschietto. Secondo una fonte, l'avevano scelto durante l'ultima settimana di gravidanza. Volevano qualcosa di tradizionale, un nome evocativo anche senza un titolo davanti. Archie, che significa "forza" e "audacia", rispondeva a questo requisito. «Hanno scartato subito *Archibald*» ride un amico della coppia. «Il bambino sarebbe stato per sempre il piccolo Archie.» (Mountbatten-Windsor è il cognome usato da tutti i discendenti maschi della regina e del principe Filippo. Di solito i reali titolati non utilizzano cognomi.)

I Sussex, che avrebbero chiesto la doppia cittadinanza per il figlio, decisero di non dargli un titolo, perché volevano che fosse un comune cittadino finché non fosse stato abbastanza grande per decidere quale strada prendere. Secondo una fonte, erano entrambi in pensiero per il giorno in cui il principe Carlo sarebbe diventato re e i figli di Harry avrebbero potuto ereditare automaticamente i titoli di principe o principessa. Fecero presente le loro preoccupazioni a Carlo, che promise di valutare, quando fosse salito al trono, l'emanazione di una nuova lettera patente, uno strumento legale sotto forma di ordine scritto emesso dal sovrano, per rimediare alla situazione. «Avere un titolo ma non un ruolo senior nella famiglia reale è soltanto un peso» commentò all'epoca un funzionario anziano dello staff reale.

Harry cominciò a messaggiare e a chiamare gli amici (tra cui Skippy, con cui aveva ripreso i contatti) per annunciare la lieta notizia. Iniziò dalla regina e dal principe Filippo, i primi a essere informati dell'arrivo dell'ottavo pronipote. Poi inviò un messaggio al padre e al fratello, assieme a una foto del bambino, prima di avvisare gli altri membri della famiglia – compresa Zara, la figlia della principessa Anna, e suo marito, la leggenda del rugby Mike Tindall – attraverso lo speciale gruppo WhatsApp di cui fanno parte tutti i cugini reali. Avvertì anche la famiglia di Diana, cioè Lady Sarah McCorquodale e Lady Jane Fellowes e il conte Charles Spencer. Non si dimenticò nemmeno di Tiggy, che aveva scelto come madrina di suo figlio molto prima di diventare padre.

Su richiesta di Meghan, Doria scrisse un messaggio a Thomas. La duchessa, infatti, non voleva che suo padre scoprisse la notizia dopo il resto del mondo. Ma non volle sapere se lui avesse risposto.

Infine, Harry dovette informare gli aiutanti di Palazzo, tra cui Sara, cosa che fece alle nove e mezza del mattino, proprio mentre stavano tornando al Frogmore Cottage. Archie era nato da poco, ma la dottoressa Penny aveva autorizzato le dimissioni e Meghan aveva voglia di andare a casa, dove sarebbe stata sottoposta a un monitoraggio costante.

Pur essendo rimasta in ospedale per poco tempo dopo il parto, quando la duchessa messaggiò i suoi amici americani mentre il neonato dormiva, disse di essere estasiata, anche se stanca e un po' frastornata. «Un momento incredibile» disse a un amico.

La neomamma si meravigliò di quanto fosse tranquillo il bambino. «Non ha mai pianto» confidò a un'amica. «È un angioletto.»

In un messaggio a un'altra cara amica, Meghan scrisse: «Se mio figlio sarà anche solo la metà di quello che sono i tuoi, sarò felicissima».

Quando si trattò di comunicare la notizia al pubblico, Harry volle farlo di persona. «Non voleva che il suo ufficio passasse ai giornali le informazioni da divulgare, e non voleva perdere il controllo di quel momento magico» spiega una fonte vicina al principe. «Desiderava che le persone lo sapessero da lui, niente dichiarazioni, niente annunci formali [...] soltanto lui, con un discorso sincero e improvvisato.» Sara diede le disposizioni necessarie.

Davanti alle scuderie del castello di Windsor, con due cavalli che spingevano le teste nere fuori dalle porte della stalla, Harry disse sorridendo: «Ho l'enorme piacere di annunciarvi che questa mattina presto io e Meghan abbiamo avuto un bambino, un maschietto sanissimo. Madre e figlio stanno bene. È stata l'esperienza più straordinaria che avrei potuto immaginare. È un mistero come le donne riescano a fare ciò che fanno, ma entrambi siamo entusiasti e pieni di gratitudine per l'affetto e il sostegno che abbiamo ricevuto da tutti. È stato meraviglioso».

Mentre parlava del «primo parto» a cui avesse assistito, Harry si profuse in elogi per la moglie e il figlio. «È un esserino tenerissimo. Perciò sono semplicemente al settimo cielo.»

Due giorni dopo Archie fece il suo debutto globale al castello di Windsor durante una conferenza stampa per pochi intimi: solo due fotografi, un reporter e tre videocamere riunite per passare i dettagli a ogni testata giornalistica possibile e immaginabile.

Quando Harry e Meghan entrarono nella St George's Hall, le macchine fotografiche impazzirono per immortalare il *royal baby*, avvolto nella tradizionale copertina di G.H. Hurt & Son (anche George, Charlotte e Louis avevano debuttato con lo stesso brand).

A differenza di quanto era successo durante il servizio fotografico per il fidanzamento, quel giorno fu Harry a fare un discorso d'incitamento a Meghan prima di uscire. «Sei bellissima» disse. Per l'occasione, la duchessa indossava un vestito trench Wales Bonner, décolleté Manolo Blahnik e una delle sue collane preferite, una creazione di Jennifer Meyer in oro e turchesi. Sfoggiava anche l'anello di fidanzamento, che non era riuscita a infilarsi nelle ultime sette settimane di gravidanza. Prima di arrivare, ammise di essere esausta ma contenta di condividere un momento così felice.

All'inizio Harry e Meghan avevano pensato di posare sui gradini dietro il castello di Windsor per richiamare la foto delle nozze scattata prima del ricevimento, ma la pioggerella li costrinse a cambiare programma, optando invece per St George's Hall.

Sara e Julie Burley, la vicesegretaria addetta alle comunicazioni, che si affrettarono a raccogliere qualche batuffolo di lanugine dal tappeto rosso vivo poco prima che arrivassero i Sussex, dissero ai fotografi che avevano soltanto dieci secondi per realizzare gli scatti prima delle tre domande concordate. Ma i duchi parvero contenti di fermarsi a chiacchierare più a lungo.

«Ho i due uomini migliori del mondo» dichiarò Meghan. «Sono davvero felice.»

Quando le chiesero che tipo di bambino fosse Archie, la duchessa rispose: «Ha un carattere dolcissimo. È molto tranquillo».

«Non so da chi abbia preso» scherzò Harry.

I Sussex espressero apertamente i loro sentimenti per il figlio, ma non rivelarono il suo nome. Non l'avevano ancora annunciato pubblicamente perché volevano che la regina ne venisse a conoscenza per prima e desse il suo benestare. Non fu una scelta dettata dal protocollo, bensì dal rispetto di Harry per sua nonna.

Dopo aver finito con i media i tre andarono dritti al castello di Windsor dalla regina Elisabetta, la bisnonna. Prima della conferenza stampa si erano già imbattuti nel principe Filippo all'interno della tenuta, ma quello sarebbe stato il suo primo, vero incontro con il pronipote.

Era presente anche Doria. Una foto di quel momento fu in seguito postata sui social. Tutti e cinque gli adulti intorno ad Archie, il primo nipote di origine mista della sovrana. Lo scatto – realizzato da Chris Allerton, il fotografo personale dei duchi – catturò un istante molto significativo per la famiglia reale. Per la prima volta, infatti, la monarchia dava una tanto agognata dimostrazione di inclusione e tolleranza razziale. «Mi ha resa orgogliosa» confessò Meghan a un'amica.

Doria restò al fianco della figlia. «Si prendeva cura di Meghan mentre Meghan si prendeva cura di Archie» dice un amico, aggiungendo che Doria aiutava a cucinare e a sbrigare altre faccende in casa perché la duchessa potesse investire tutte le sue energie nell'accudimento e nell'allattamento del neonato.

Anche Harry era «impaziente di fare tutto il possibile» raccontò all'epoca un amico della coppia. «Meghan gli è molto grata. È quasi sempre Harry a cambiare il pannolino ad Archie. Gli piace considerarlo il suo *lavoro*, soprattutto perché Meghan ha parecchie altre cose da fare.»

Da questo punto di vista, il duca assomiglia molto a suo

fratello, che si occupa di ogni aspetto dell'educazione dei suoi tre figli, portandoli e andando a prenderli a scuola e aiutandoli con i compiti. William e Kate, che hanno optato per un'equa divisione delle mansioni domestiche, sono genitori moderni. William cucina con la stessa frequenza di Kate.

Sotto tale aspetto, il duca di Cambridge porta avanti l'eredità materna. Diana fu una dei primi reali a trasformare la cucina del proprio appartamento in un punto d'incontro per la famiglia, e questo in un periodo in cui quasi tutti gli altri membri della Royal Family non mettevano mai piede in quella stanza. Quando i Cambridge si stabilirono nell'appartamento 1A, vollero che la cucina fosse il cuore della casa. Non fu solo una scelta pratica, ma anche simbolica. Come sua madre per lui, William desidera un'infanzia relativamente normale per i suoi figli, anche se il maggiore è destinato a diventare re.

Harry stava solo cominciando a conoscere Archie. I Sussex stentavano a credere quanto fosse silenzioso. Riposava così tranquillo, disse Meghan a un'amica, che certe volte lei avrebbe voluto che piangesse per essere sicura che stesse bene. Archie aveva una nursery, naturalmente, ma dormiva anche in una culla di vimini nella camera dei genitori.

Nel frattempo a Frogmore cominciarono a fioccare i regali. La casa, soprattutto la cucina, era invasa da fiori provenienti da tutto il mondo: i Clooney, i Corden e Jacinda Ardern inviarono delle composizioni. Oprah spedì un dono molto speciale: un'enorme biblioteca di libri per bambini, tutti muniti di adesivi personalizzati con la scritta *Archie's Book Club*.

Tra i primi libri di storie per la nursery ci fu *L'albero* di

Shel Silverstein, uno dei preferiti di Meghan, che Doria le leggeva da piccola. I Mulroney inviarono una lussuosa carrozzina, che la duchessa avrebbe usato ogni giorno per portare Archie a passeggio nei giardini di Frogmore, spesso con Guy e Pula al seguito.

Le ulteriori precauzioni che Harry e Meghan presero per la sicurezza informatica non impedirono loro di postare le immagini del piccolo come farebbe qualunque neogenitore. Nel giorno della Festa della mamma, che la duchessa iniziò facendo colazione in camera con Doria e Archie, Harry condivise con il mondo un'altra foto del neonato via Instagram. Lo scatto mostra il piedino del bebè nella mano di sua madre.

I non ti scordar di me sullo sfondo sono un accenno intenzionale a Diana. Comprensibilmente, il principe «pensava spesso» a lei da quando era diventato padre.

21

@SUSSEXROYAL

Per il loro primo anniversario di matrimonio, Harry e Meghan si concessero un tradizionale pranzo domenicale con Doria, il suo ultimo pasto prima di tornare a Los Angeles. Le cinque settimane a Frogmore erano volate e ora doveva tornare al lavoro.

Meghan era grata per l'affetto e il sostegno che sua madre le aveva riservato nelle ultime settimane di gravidanza e nelle prime della vita di Archie. Come osservò un'amica all'epoca: «Meg si è adattata facilmente alla maternità, ma di sicuro le è stato utile avere Doria a cui chiedere un secondo parere. È tutto così nuovo per lei». Inoltre la presenza della sua famiglia in quel periodo fu importante per condividere i primi ricordi del neonato.

Il 19 maggio 2019 Harry fece una sorpresa alla moglie regalandole un anello che aveva creato con Lorraine Schwartz, la gioielliera delle star e una delle preferite di Meghan. La fascia di diamanti etici rendeva omaggio alla loro famiglia con all'interno le pietre di nascita di Meghan, Harry e Archie (rispettivamente peridoto, smeraldo e zaffiro). «Harry voleva che fosse un dono speciale» dichiara Lorraine. «È la persona più amorevole del mondo. Molto romantico, molto premuroso.» (Tanto che il principe pensò anche di chiedere alla gioielliera di ridimensionare e rincastonare l'anello di fidanzamento di Meghan con una nuova fascia di diamanti.)

I Sussex non avrebbero mai immaginato che il primo anno sarebbe passato così in fretta e che avrebbero raggiunto tanti traguardi in un periodo tanto breve. «Il loro sogno era festeggiare il primo anniversario di matrimonio da genitori, ma sapevano che non sempre le cose vanno secondo i piani» rivela una fonte vicina alla coppia. «Si sentono entrambi incredibilmente fortunati. Meghan ringrazia Dio ogni giorno per aver dato loro Archie. Stentavano a credere di avere con sé all'improvviso quel bellissimo bambino. C'è stato un momento in cui si sono guardati come se volessero dire: "Ce l'abbiamo fatta". D'un tratto erano in tre.»

Nelle prime settimane dopo la nascita del bambino Harry e Meghan ricevettero le visite di amici da ogni parte del mondo. Jessica e sua figlia Ivy fecero un viaggio a Londra e trovarono il tempo di andare a conoscere Archie. Anche Serena, Alexis e la loro figlia Alexis Olympia furono ospiti dei duchi per un pomeriggio. Li andarono a trovare anche Charlie van Straubenzee e Daisy Jenks. Trascorsero qualche ora con i duchi anche Ellen DeGeneres e Portia de Rossi, che si fermarono per un pomeriggio in agosto. «Una coppia tenerissima e con i piedi per terra» commentò Ellen in seguito.

E ci furono le visite di molti parenti prossimi e membri della famiglia allargata. William e Kate arrivarono otto giorni dopo la nascita di Archie, senza i figli. Lady Sarah e Lady Jane portarono dei regali, come Celia McCorquodale, la cugina di Harry, e suo marito George Woodhouse. E un «emozionato» principe Carlo fece due visite, una da solo e una con Camilla.

Carlo fece il possibile per vedere Archie tutte le volte che gli impegni glielo permettevano, andando a trovarlo in tre occasioni nei suoi primi quattro mesi di vita. Anche se ora Harry e suo padre erano più vicini che mai, gli obblighi reali impedivano loro di vedersi regolarmente. Carlo tendeva a partecipare più spesso ai grandi eventi di famiglia. «I membri della Royal Family non si scambiano visite di cortesia e non si messaggiano per chiedere se vada tutto bene» spiega una fonte. «Sono molto formali.»

La bisnonna «Gan-Gan» (come i figli dei Sussex e dei Cambridge chiamano la regina) vide Archie molto più spesso. Il fatto che trascorresse parecchio tempo nella tenuta di Windsor (i suoi appartamenti nel castello sono a circa un chilometro e mezzo dal Frogmore Cottage) rendeva tutto assai più facile. Il neonato ricevette diverse visite anche da Eugenie e Jack.

Benché all'inizio Harry e Meghan avessero deciso di rinunciare a una baby-sitter a tempo pieno, non appena Doria tornò a Los Angeles, assunsero una tata notturna che aiutasse a regolarizzare i ritmi del sonno di Archie e a svolgere altre mansioni. La donna tuttavia rimase a Frogmore per un periodo brevissimo. I duchi furono costretti a licenziarla la sua seconda notte di lavoro, giudicandola irresponsabile e poco professionale.

Ne assunsero una seconda, che si rivelò molto brava, ma a causa dell'incidente con la prima, nessuno dei due riusciva a dormire di notte senza andare regolarmente a controllare Archie. Dopo qualche settimana decisero di accudire il bambino da soli e rinunciarono alla tata notturna, ingaggiando invece una baby-sitter per i giorni infrasettimanali. La donna entrò a far parte dello staff di Frogmore, che consisteva di un'assistente e una governante, nessuna delle quali viveva nel cottage.

Harry e Meghan non volevano una casa affollata di dipendenti. Il principe aveva visto quella situazione a casa di William (i Cambridge hanno una governante e una tata a tempo pieno che vivono con loro) e non desiderava la stessa cosa per la sua famiglia. Lui e Meghan amavano l'idea di restare soli con Archie quando andavano a dormire la sera. Un'atmosfera intima e raccolta.

La mattina, di solito Harry si preparava il caffè. Quando fissavano delle riunioni con lo staff intorno al grande tavolo della cucina, spesso era Meghan a fare il tè e a mettere cioccolatini o palline energetiche su un vassoio per offrire uno spuntino.

Meghan rimase in maternità per tutta l'estate, facendo solo apparizioni intermittenti in occasione di pochi impegni selezionati e inderogabili, e uscendo per gli eventi di famiglia. L'8 giugno, il Trooping the Colour, la parata ufficiale per il compleanno della regina, fu il suo primo impegno postparto. Harry rinunciò ai quindici giorni di congedo di paternità previsti nel Regno Unito, limitandosi a uno o due impegni alla settimana per rispettare gli appuntamenti fissati in precedenza e mantenere alta l'attenzione del pubblico sulle cause che stavano a cuore a lui e a Meghan. Non c'erano molte cose che riuscissero ad allontanare i neogenitori dal figlio. Harry si rese conto quasi subito della rapidità con cui crescono i bambini quando parlò di Archie agli amici. «Quando l'abbiamo portato a casa era minuscolo, ma è già diventato grande!»

Tuttavia, aiutare altri bambini meno fortunati diventò una priorità ancora più importante per la coppia. Il 9 maggio Harry volò nei Paesi Bassi per lanciare il countdown ufficiale degli Invictus Games, che si sarebbero tenuti a L'Aia di lì a un anno. Cinque giorni dopo andò a Oxford per dare visibilità al lavoro condotto in un ospedale pediatrico e visitare il centro ricreativo per disabili OXSRAD, che sua madre aprì nel 1989.

Il 24 maggio partì per Roma, dove si fermò due notti per partecipare alla Sentebale ISPS Handa Polo Cup. Dalla sua fondazione nel 2006, l'ente offre istruzione, assistenza sanitaria e programmi psicosociali per aiutare i bambini vittime dei pregiudizi contro l'AIDS e l'HIV. Organizza anche club, campi e programmi per oltre 4600 adolescenti costretti a convivere con il virus, ospitando più di duemila bambini nel Mamohato Children's Centre nel Lesotho.

Per William e Harry, le partite di polo erano uno strumento essenziale per raccogliere fondi destinati alle loro iniziative filantropiche. Harry, un giocatore appassionato, si era preparato all'evento per due settimane montando regolarmente il suo cavallo nel Windsor Great Park. E gli sforzi furono ripagati. La sua squadra vinse 9 a 6. Durante la partita e il ricevimento serale al St Regis Hotel, dove il principe soggiornò per due notti, raccolsero oltre un milione di dollari.

Quella sera, durante una cena privata, Harry spiegò cosa sperava di raggiungere con la Sentebale. «Questi bambini ricevono aiuto e sostegno perché capiscano che l'HIV non è più una condanna a morte, che non sono soli in questa battaglia e che possono vivere davvero, anziché limitarsi a sopravvivere» disse. «Il nostro campo non solo offre a questi giovani la fiducia e le rassicurazioni di cui hanno bisogno per convivere con l'HIV, ma li incoraggia a parlare del virus e a spronare i coetanei a conoscerlo e a prevenirne la diffusione.»

Prima della partita Nacho Figueras – ambasciatore della Sentebale, nonché caro amico e compagno di squadra di Harry – sottolineò quanto il principe fosse già cambiato grazie alla paternità. «Sembra molto, molto felice» osservò Nacho. «Era pronto, e credo che sia entusiasta. Ho sempre pensato che sarebbe stato un padre fantastico, perché ha una grande affinità con i bambini.»

Come Nacho fece notare durante l'intervista, Harry, che a casa si alzava dal letto per dare il biberon ad Archie, ebbe la sua prima notte di sonno ininterrotto dopo la nascita del figlio proprio durante quell'evento. La conversazione, però, prese un'altra piega quando un reporter chiese: «Non sono tanti i padri che vanno all'estero due settimane dopo l'arrivo di un bebè. Cosa ne pensa la madre?».

«Come osa quel tipo dire una cosa simile? Harry ama suo figlio e si è allontanato da casa per ventiquattr'ore per raccogliere fondi destinati a migliaia di bambini vulnerabili in Africa» si infuriò Nacho sulla CBS qualche giorno dopo. Il giocatore di polo non era l'unico a essere indignato per le insinuazioni. Il team di Harry a Palazzo era arrabbiato, perché gli sforzi del principe contro la crisi dell'AIDS non solo miravano al bene comune, ma tenevano anche vivo il ricordo di Lady D.

«Dopo che mia madre e molti altri hanno condotto per anni campagne contro questa epidemia, finalmente siamo a un punto di svolta» affermò Harry all'epoca. «O finiamo ciò che abbiamo iniziato e risolviamo questo problema una volta per tutte, o affrontiamo l'umiliazione di accontentarci e di permettere al virus di tornare alla carica proprio quando stiamo cominciando a sconfiggerlo.»

Per lui era una missione profondamente personale, perché rappresentava la possibilità di proseguire il lavoro che la principessa Diana non aveva potuto ultimare. «La nostra speranza è che la presente sia la generazione capace di cancellare questo stigma» continuò. «Sarà la generazione che parlerà di sesso sicuro, che sosterrà chi convive con l'HIV e che impedirà una volta per tutte la sua diffusione.»

I rimproveri che il principe ricevette per essere andato a Roma dopo la nascita di suo figlio erano niente rispetto alle critiche di cui i Sussex furono bersaglio dopo i loro viaggi estivi. I problemi iniziarono quando Harry, noto per la sua coscienza ambientalista, si servì di un jet privato per raggiungere tre diverse destinazioni in un mese.

La prima tappa fu il Google Camp, un evento di tre giorni, organizzato nell'ultima settimana di luglio in un'esclusiva località marittima siciliana, dove imprenditori d'alto profilo, star del cinema e filantropi come Barack Obama e Leonardo DiCaprio unirono le forze contro il cambiamento climatico. Il gigante tecnologico pagò tutte le spese, inclusi i viaggi di andata e ritorno. In un primo momento Harry aveva deciso di prendere un volo di linea, partendo e rientrando nello stesso giorno, ma durante l'evento accettò un passaggio a Londra sul jet privato di un altro ospite per fermarsi un giorno in più e discutere del suo lavoro durante un'iniziativa fuori programma per il turismo sostenibile.

Dopo il trentottesimo compleanno di Meghan il 4 agosto, i Sussex partirono da Londra per Ibiza, dove alloggiarono in un lussuoso complesso privato. Da lì usarono il jet di Elton John per volare a Nizza. Il cantante li aveva invitati a stare a casa sua per un po'.

Scoppiò un pandemonio per la cosiddetta ipocrisia del principe, che apparentemente esaltava le virtù della tutela ambientale e poi viaggiava su jet privati ad alto consumo di carburante. Per non parlare del fatto che all'inizio dell'estate i duchi avevano deciso di non andare a trovare la regina a Balmoral, accampando – a quanto si diceva – il pretesto che Archie era troppo piccolo per il viaggio. Alcuni giornalisti ci sguazzarono, definendolo un affronto.

Elton John prese subito le loro difese, dichiarando che aveva pagato di tasca propria il volo e la compensazione delle relative emissioni di carbonio (una pratica che consente ai passeggeri di investire in progetti come pannelli solari e foreste sostenibili, grazie ai quali si elimina la stessa quantità di anidride carbonica liberata nell'aria dal volo privato).

«Chiedo alla stampa di interrompere queste accuse false e implacabili contro di loro, inventate di sana pianta quasi ogni giorno» twittò il cantante.

Con la controversia che raggiungeva l'apice pochi giorni prima del lancio di Travalyst, l'iniziativa per il turismo sostenibile a cui Harry lavorava da quasi un anno, il principe rimpianse di non aver ascoltato i consigli di Sara. La collaboratrice l'aveva avvertito di una potenziale bufera mediatica se fosse tornato con un jet privato dal Google Camp, a cui aveva partecipato per presentare Travalyst in anteprima. Quando Harry commetteva un errore, era il primo ad ammetterlo.

Buckingham Palace non fece commenti, il che non fece altro che rafforzare il desiderio dei Sussex di cambiare modello di lavoro. Alla base dei loro problemi c'era l'impossibilità di parlare in prima persona, affidandosi invece alla lenta e ingombrante macchina della monarchia. Per una donna americana indipendente come Meghan, era particolarmente frustrante, il che spiega perché fosse così entusiasta dell'account Instagram @SussexRoyal che lei e Harry avevano reso pubblico nella primavera precedente.

«Il lancio dell'account è stata un'esperienza liberatoria per Meghan» rivela un aiutante di Palazzo. «Non avere una piattaforma tutta sua per parlare direttamente con il pubblico è stato uno dei cambiamenti più duri per lei, soprattutto dopo aver in gran parte costruito il suo brand su Instagram e sul suo blog. @SussexRoyal le offre finalmente uno spazio in cui raccontare le sue attività.»

I duchi cominciarono a progettare l'account più o meno nel periodo in cui annunciarono che avrebbero ottenuto un ufficio tutto loro sotto gli auspici di Buckingham Palace. Instagram non era una novità per il Palazzo. William, Kate e Harry avevano creato @KensingtonRoyal nel 2015. Quando Meghan sposò Harry, iniziò a postare anche sull'account condiviso. Persino la regina aveva usato l'account @TheRoyalFamily pubblicando il suo primo post (una foto degli Archivi reali del British Science Museum) nel marzo del 2019.

Per il duca e la duchessa di Sussex, la piattaforma social non era solo uno strumento per raggiungere una nuova generazione di *royal watchers*.

«Le persone possono ricevere le notizie direttamente da noi» disse Meghan a una delle prime riunioni preparatorie con lo staff, durante la quale lei e Harry scelsero la sfumatura perfetta di blu per il loro branding. Oltre a decidere che le foto avrebbero *sempre* dovuto avere il bordo bianco, all'inizio Meghan ideò personalmente molti post. Fu una delle attività che la tennero occupata negli ultimi giorni della gravidanza.

David Watkins, l'esperto social media manager della coppia, che si era trasferito da Burberry all'ufficio reale, fu avvistato spesso agli impegni dei duchi, intento a fotografare contenuti esclusivi. I Sussex, infatti, volevano che l'account fosse informale e accessibile. David era stato raccomandato da Isabel May, ex responsabile delle comunicazioni di Burberry e una delle migliori amiche di Meghan nel Regno Unito da quando Markus le aveva presentate nel 2017. Isabel («Izzy», per gli amici) era una stretta confidente della duchessa, nonché una delle madrine di Archie, e andava regolarmente al Frogmore Cottage. Diventò una delle poche persone in Gran Bretagna a cui Meghan sentiva di poter raccontare «qualunque cosa».

Per l'account, i Sussex lavorarono con un aiutante di Palazzo per creare una presentazione di fotografie inedita delle loro nozze la settimana precedente il primo anniversario. Si divertirono a ricordare i momenti fissati sulla pellicola un anno prima e a guardare alcuni videoclip di quel giorno speciale per la prima volta da quando l'avevano vissuto.

Instagram diventò ben presto una parte vitale della loro nuova strategia mediatica. Superarono il papa, battendo il record mondiale di un milione di follower raggiunti nel giro di ventiquattr'ore. In realtà, nel giro di un giorno, ne contavano già due milioni e centomila. E tennero il passo con l'account di William e Kate, che rimase @KensingtonRoyal.

«Ci è voluto un po' di tempo, ma comincio a vedere il segno di Meg su molte cose» osservò un'amica. «Certe volte i post dell'account mi ricordano il periodo di *The Tig*, e lo adoro. La sua voce diventa ogni giorno più forte.»

Pur essendo uno strumento efficace per controllare la propria immagine, @SussexRoyal era anche uno spazio per condividere alcuni momenti importanti, per esempio quando conobbero Jay-Z e Beyoncé a Londra, alla prima europea del *Re leone* a Leicester Square il 14 luglio. Quando Beyoncé le strinse la mano dicendo: «Vi vogliamo bene, ragazzi», Meghan sentì che era valsa la pena di programmare accuratamente quell'uscita di tre ore tra una poppata e l'altra.

Quell'occasione è un altro esempio di come le informazioni su Harry e Meghan siano state travisate.

Scherzando sul red carpet con Bob Iger, l'allora amministratore delegato della Disney, il principe disse: «Sai che fa anche doppiaggi?». Si riferiva a Meghan, che aveva accettato di essere la voce narrante di *La famiglia di elefanti*, un documentario di Disneynature. Qualcuno realizzò un video e, quando la clip venne a galla nel gennaio del 2020, i tabloid la spacciarono per una dimostrazione di come la coppia si fosse «venduta» a un dirigente di Hollywood. In realtà, Meghan aveva già firmato l'accordo, secondo cui sarebbe andata in sala registrazione nell'autunno del 2019 in cambio di una donazione della Disney all'organizzazione ambientalista Elephants Without Borders.

Instagram costituiva un altro strumento per pubblicizzare i loro enti e patrocini benèfici, per esempio il Diana Award National Youth Mentoring Summit, durante il quale Harry tenne un discorso il 2 luglio. «Essere un mentore e un modello di comportamento può aiutare a guarire le ferite del proprio passato e a costruire un futuro migliore per qualcun altro» disse. «Su un piano più personale, è la capacità di cambiare il corso di una vita, di essere la stella polare per un giovane che ha difficoltà a trovare la sua strada.»

Harry e Meghan amavano annunciare in anticipo i loro obiettivi, cosa che ora potevano fare almeno in certa misura. «Erano contenti di poter gestire la loro immagine» rivela una fonte, il che spiega perché per loro fu molto triste dover accettare di avere un ufficio a Buckingham Palace invece di crearne uno autonomo a Windsor, come avrebbero voluto.

Harry, che desiderava fare molte cose nel mondo, era sempre più frustrato al pensiero che le loro iniziative e priorità sembrassero spesso secondarie rispetto a quelle di altri membri della famiglia. Benché avessero entrambi un grande rispetto per la gerarchia dell'istituzione, era difficile rassegnarsi quando volevano promuovere un determinato progetto e si sentivano dire che un membro di grado più elevato, fosse esso William o Carlo, avrebbe annunciato un'iniziativa o un tour nello stesso momento e che dunque avrebbero dovuto aspettare.

Più la loro popolarità cresceva, e meno capivano perché a Palazzo fossero così in pochi a curare i loro interessi. Dopotutto erano un grande richiamo per la Royal Family. Secondo un articolo del *New York Times* che confronta la popolarità online dei Sussex con quella dei Cambridge dal novembre del 2017 al gennaio del 2020, «le ricerche legate a Harry e Meghan rappresentano l'83 per cento della curiosità mondiale verso le due coppie».

I Sussex cercarono di sfogare privatamente l'esasperazione ma, oltre a non portare da nessuna parte, le conversazioni finivano di solito in mano ai giornali britannici. A quel punto potevano fidarsi solo di pochi collaboratori del Palazzo: oltre a Sara, il responsabile delle comunicazioni James Holt, la segretaria addetta alle comunicazioni Marnie Gaffney (nominata dalla regina membro del Royal Victorian Order, un'onorificenza che riconosce il servizio personale alla sovrana o ai membri della famiglia reale, durante un'investitura nel giugno del 2019) e la segretaria privata Samantha Cohen, la loro collaboratrice di grado più elevato. Al di fuori di questo nucleo, nessuna informazione era al sicuro. Un amico della coppia chiamò «vipere» i componenti della vecchia guardia. Nel frattempo un funzionario esasperato dello staff reale definì il team dei Sussex «il terzo incomodo» del Palazzo.

Era questo il contesto disfunzionale in cui, alla fine di settembre, Harry, Meghan e Archie, che all'epoca aveva venti settimane, volarono a Città del Capo per iniziare un *royal tour* di quattro paesi nell'Africa meridionale.

Nella *township* di Nyanga, i Sussex ricevettero un caloroso benvenuto dagli artisti e dai giovani del posto, che si erano riuniti per chiacchierare, danzare e abbracciarsi. L'atmosfera era molto diversa dal clima negativo che la coppia aveva respirato per l'intera estate.

Non ci furono atterraggi in aeroporto con tanto di red carpet, come accade di solito durante le visite reali ufficiali. Quel tour di dieci giorni fu più familiare e informale. Di comune accordo con Harry, Meghan – il cui guardaroba consisteva di capi semplici, che aveva scelto perché erano comodi o li aveva indossati per precedenti impegni reali – aveva lasciato l'anello di fidanzamento nel Regno Unito. Il loro obiettivo non era far colpo sulle persone con il loro stile di vita, bensì instaurare un legame autentico con la gente del luogo.

«Ci tengo solo a dire che, pur essendo qui con mio marito e come membro della Royal Family» disse Meghan nel suo discorso alla *township* di Nyanga, «sono qui con voi come madre, come moglie, come donna, come donna di colore e come vostra sorella.»

Il viaggio diede inoltre al mondo l'opportunità di vedere Archie per la prima volta dopo il battesimo del 6 luglio nella cappella privata della regina al castello di Windsor. Alla cerimonia – a cui avevano partecipato ventidue ospiti, tra cui i Cambridge, Carlo e Camilla, Doria, le sorelle di Diana, i padrini, le madrine e alcune amiche come Genevieve e Lindsay –, Archie aveva indossato lo stesso abitino da battesimo già utilizzato da George, Charlotte e Louis. Il vestitino di pizzo Honiton è una riproduzione di quello che la regina Vittoria ordinò per la sua primogenita, poi usato da sessantadue *royal babies* – compresi cinque monarchi – in centosessantatré anni. Il battesimo di Archie era stato un evento assolutamente riservato, il che aveva suscitato le ire dei media, abituati a essere presenti all'arrivo degli ospiti. Per giorni, i reporter avevano ripetuto che la cerimonia aveva «violato la tradizione» e trasgredito a un tacito accordo della famiglia reale con i contribuenti, che finanziano parzialmente la monarchia. «Abbiamo il diritto pubblico di vedere Archie» aveva dichiarato un opinionista in un programma mattutino. Non che a Meghan importasse. «Le stesse persone che mi hanno insultata vogliono che serva loro mio figlio su un piatto d'argento» aveva detto a un'amica. «Un bambino che non godrà di alcuna protezione e che non ha un titolo. Che senso ha? Vallo a raccontare a qualunque madre del mondo.»

Allo stesso modo, i Sussex tennero i trecentottanta giornalisti assegnati al tour africano lontani dall'incontro privato con l'arcivescovo Desmond Tutu, preferendo invece scattare da sé la foto da pubblicare. A quasi cinque mesi, Archie (o «Bubba» o «Arch», come amano chiamarlo i suoi genitori) gorgogliò e sorrise per la gioia dell'ecclesiastico anglicano.

Per il bene del neonato, Meghan restò in Sudafrica con due aiutanti di Palazzo per tutta la durata del tour, lasciando che Harry andasse da solo in Malawi, Angola e Botswana. In Angola il principe accese i riflettori sulla rimozione delle mine antiuomo, continuando il lavoro iniziato da sua madre nel 1997 (quando, com'è noto, Lady D attraversò un campo minato bonificato dall'HALO Trust per attirare l'attenzione sulla tragedia dei residenti gravemente feriti dagli ordigni esplosivi improvvisati). Il lavoro di Diana non fu vano: un anno dopo la sua morte fu siglato un trattato internazionale per la messa al bando di tutti gli IED (Improvised Explosive Device) e nel 2013 Harry promise di proseguire lungo la strada intrapresa dalla madre.

Gli impegni lavorativi di Meghan erano scanditi dalle poppate e dai sonnellini. «È impegnativo, ma ogni momento è prezioso» confidò a un'amica. L'estate precedente Archie aveva cominciato a frequentare corsi di nuoto neonatale (dopo che i suoi genitori avevano guardato ansiosamente alcuni video su YouTube su come i neonati trattengono il respiro sott'acqua). Durante il viaggio il bambino continuò a imparare cose nuove, per esempio a imitare i versi degli animali durante il soggiorno nella residenza dell'alto commissario a Città del Capo.

Dopo aver percorso più di ottomila chilometri in cinque giorni (la distanza maggiore che l'avesse mai separato da Archie), Harry tornò dalla moglie e dal figlio. Pur rilasciando qualche dichiarazione alla stampa, il più delle volte evitò i giornalisti. Anche se era soddisfatto della positiva copertura mediatica del tour, faticava a essere cordiale con i rappresentanti di pubblicazioni che, a suo parere, avevano passato gran parte degli ultimi due anni e mezzo a scrivere articoli negativi, se non addirittura menzogneri, su sua moglie e sulla sua famiglia. Per nove di quei dieci giorni tenne per sé i suoi pensieri. Ma la verità venne a galla il 2 ottobre, quando fece una dichiarazione bomba che pochi avevano previsto.

22

METÀ DENTRO, METÀ FUORI

Alle diciannove e tredici del 2 ottobre, a soli due giorni dalla fine di quello che tutti consideravano un tour molto proficuo, sul gruppo WhatsApp #SussexRoyalAfrica arrivò un messaggio del team addetto alle comunicazioni. La chat era stata creata perché gli aiutanti di Palazzo fornissero a circa venticinque reporter accreditati informazioni logistiche come gli orari degli autobus e gli itinerari di volo.

«Buonasera a tutti. Per vostra informazione» esordiva il vago messaggio, contenente un link al sito sussexofficial.uk, che i corrispondenti reali non avevano mai sentito nominare. Questo perché fu creato per quel preciso momento: una lettera aperta di Harry, accompagnata dalla querela presentata contro il *Mail on Sunday*.

«Purtroppo mia moglie è una delle ultime vittime di una stampa scandalistica britannica che conduce campagne contro gli individui senza pensare alle conseguenze. Una campagna spietata che si è inasprita nell'ultimo anno, per tutta la gravidanza e mentre crescevamo nostro figlio» proseguiva la lettera.

«Questa propaganda implacabile ha un costo umano, soprattutto quando è consapevolmente falsa e malevola e, anche se abbiamo continuato a farci animo – come molti di voi potranno confermare –, non riesco a descrivere quanto sia stato doloroso. Nell'era digitale moderna, infatti, le montature giornalistiche vengono spacciate per verità in tutto il mondo. Il giornale di oggi non è più la carta per le patatine di domani (un riferimento al fatto che un tempo, nel Regno Unito, il *fish and chips* veniva servito in carta da giornale).

«Finora non siamo stati in grado di correggere i continui travisamenti, una cosa che queste testate hanno notato e di cui hanno approfittato ogni giorno e talvolta ogni ora.

«È per tale ragione che ricorreremo alle vie legali, una decisione maturata nel corso di vari mesi.»

La battaglia era iniziata.

La querela allegata, scritta da Meghan, denunciava la violazione della privacy, della protezione dati e del copyright da parte del *Mail on Sunday*, colpevole di aver pubblicato estratti della lettera privata che la duchessa aveva scritto al padre nell'agosto del 2018.

Pur non facendone menzione quando annunciò la causa legale di Meghan, anche Harry aveva querelato *The Sun* e *The Mirror* per le presunte intercettazioni illegittime dei suoi messaggi vocali tra il 2001 e il 2005. Sebbene di solito i reali si rivolgessero agli avvocati di Harbottle & Lewis, Harry e Meghan volevano tenere i loro procedimenti legali separati – e lontani da sguardi indiscreti a Buckingham Palace, i cui funzionari avevano sconsigliato loro di intentare una causa –, perciò ingaggiarono Clintons per lui e Schillings, il principale studio legale britannico nel campo della diffamazione e dei casi legati ai media, per lei.

Gli avvocati della duchessa (tra cui David Sherborne, che in passato aveva rappresentato Diana) erano preparati e stesero una lunga lista di articoli «falsi» e «assurdi» per dimostrare le menzogne incessanti. Molti testi contenevano dettagli errati sulla ristrutturazione di Frogmore, per esempio l'aggiunta di un campo da tennis e di un centro di yoga, la spesa di 500.000 sterline per insonorizzare la casa e di altre 5000 per una vasca da bagno di rame. Nei documenti presentati al tribunale gli avvocati facevano riferimento anche a un articolo che attaccava Meghan per la sua predilezione per gli avocado: «Il legame evidenziato, da una parte, tra il fatto che la persona offesa ama mangiare gli avocado e che preparò un toast all'avocado per un'amica in visita e, dall'altra, le violazioni dei diritti umani, gli omicidi e la devastazione ambientale è l'ennesima correlazione chiaramente infondata e volutamente incendiaria».

I reali che facevano causa agli editori non erano una novità. Nel 1849 il principe Alberto introdusse la *law of confidence* con un procedimento legale contro un tipografo britannico, colpevole di aver creato copie illegali di incisioni che Sua Altezza aveva realizzato con la regina Vittoria. Nel 1993 la principessa Diana usò questo precedente contro il *Sunday Mirror*, che aveva pubblicato fotografie di lei mentre si allenava in palestra con body e fuseaux, ottenendo un risarcimento di circa un milione e mezzo di sterline. Persino la regina ricorse alle vie legali, denunciando *The Sun* per aver pubblicato una copia trapelata del suo discorso di Natale del 1992.

Le cause legali di Harry e Meghan, tuttavia, erano diverse da qualunque altra nella storia del Palazzo. O almeno fu differente l'approccio dei duchi. Di solito – per esempio, quando William aveva querelato la rivista scandalistica francese *Closer* per aver pubblicato foto di Kate in topless nel 2012 – annunci simili venivano dati tramite la corrispondenza ufficiale con l'e-mail del Palazzo e poi pubblicati su royal.uk, il sito della Royal Family. Ma la nuova mossa non trovò il sostegno di molti membri della Firm, e la coppia dovette gestire la situazione da sola. I rappresentanti della stampa in Africa non si aspettavano di ricevere una notizia così scottante con un messaggio su WhatsApp.

La perplessità dei media derivò anche dal momento che Harry aveva scelto per diramare il comunicato, considerando che il tour era andato molto bene. Ma c'era una ragione per quel tempismo discutibile.

Le modifiche procedurali introdotte alla High Court di Londra il 1° ottobre avrebbero fatto sì che i casi venissero trattati in una divisione con giudici bendisposti verso gli editori. Le fonti confermano che gli avvocati dei Sussex si affrettarono a presentare le querele alla fine di settembre perché finissero in una divisione più orientata alla tutela della privacy. Harry e Meghan «erano entrambi incredibilmente nervosi» afferma una fonte. «Dovevano usare le maniere forti.»

Qualunque fosse il motivo per la scelta di quel momento, Harry voleva che la nota allarmasse molti membri della stampa, compresi quelli che l'avevano seguito in Africa. Il principe disse che era stanco del «gioco» in cui i reali concedevano esclusive ai tabloid in cambio di un po' di pace e riservatezza. Era anche disgustato dall'ipocrisia degli organi di stampa che un giorno idolatravano Meghan e l'indomani la demolivano.

«La copertura positiva dell'ultima settimana da parte di queste stesse pubblicazioni rivela il doppiopesismo di questo particolare gruppo di giornalisti, che ha insultato [Meghan] quasi ogni giorno negli ultimi nove mesi» scrisse Harry. «Per questi specifici media si tratta di un gioco, a cui ci siamo rifiutati di giocare fin dall'inizio. Sono stato un testimone silenzioso della sua sofferenza per troppo tempo. Tirarci indietro senza fare nulla sarebbe contrario a tutto ciò in cui crediamo.»

Secondo un amico, il principe voleva proteggere sua moglie e la sua famiglia, ma aspirava anche a gettare le basi per media più equi e sinceri. I principi e le principesse non erano gli unici bersagli delle pratiche editoriali disoneste. Uno scandalo riguardante alcune intercettazioni telefoniche aveva scosso l'Inghilterra nel 2011, quando era emerso che i dipendenti di *News of the World* e di altri giornali britannici di proprietà di Rupert Murdoch avevano ascoltato le caselle di posta vocale private di celebrità, politici e vittime di crimini. Questo metodo illegale di raccolta delle informazioni era sfociato nella chiusura del tabloid – una pubblicazione che esisteva da centosessantotto anni – e in una delle inchieste e dei processi più costosi nella storia della giurisprudenza britannica.

«Secondo Harry, la stampa scandalistica per il mercato di massa nel Regno Unito è un elemento tossico della società britannica, a cui bisogna porre rimedio» dice l'amico del principe.

Nonostante il rischio di essere chiamata sul banco dei testimoni, Meghan era determinata a querelare il *Mail on Sunday*. Non si stupì quando Thomas Markle annunciò sullo stesso giornale che sarebbe stato disposto a testimoniare contro di lei. In seguito, i documenti legali rivelarono come il *Mail on Sunday* intendesse fare affidamento sulle prove fornite da Thomas, che pensava di «avere tutto il diritto di raccontare la propria versione dei fatti accaduti tra lui e la figlia, incluso il contenuto della lettera».

Meghan non riconosceva più l'uomo che l'aveva cresciuta. Suo padre passò sei giorni con alcuni registi per girare un documentario di novanta minuti, *Thomas Markle: My Story* (Thomas Markle: la mia storia). «Dovrebbero darmi un premio per quello che ho passato» dichiarò il settantacinquenne. Harry e Meghan non guardarono il programma, che cercava di dipingere il ritratto di un uomo vessato dai Sussex. «In realtà è vittima del suo stesso comportamento» osservò all'epoca un amico della coppia.

Prima ancora di annunciare le querele, Harry e Meghan provarono a cambiare il modo in cui interagivano con la stampa. Misero in discussione la salda presa che la Royal Rota (il gruppo di giornalisti britannici che decide quale rappresentante dei media del Regno Unito debba presenziare agli impegni reali, a patto che condivida con gli altri tutto il materiale raccolto) aveva sulla loro copertura mediatica. «Per me non ha senso» osservò Meghan quando i funzionari anziani le dissero che, nonostante la sua nazionalità, era fuori questione concedere alla stampa americana il medesimo accesso di cui godevano i giornali britannici. La stessa regola paralizzava anche i media tradizionali e internazionali interessati ai progetti benefici dei Sussex, oltre a costringere la coppia a condividere le foto personali con i giornali britannici, quattro dei quali erano tabloid, anziché postarle in esclusiva sui propri social. A Harry e Meghan non piaceva avere così poco controllo sui propri contenuti personali.

«Sono stanco delle persone che, con il pretesto di scrivere dei nostri impegni, si limitano a criticare i vestiti degli ospiti» confidò Harry a un amico.

L'unico modo per cambiare davvero le cose era cominciare a pagare gli eventi di tasca propria, invece di attingere dal Sovereign Grant. «Certo, se i soldi non fossero un problema» commentò Harry. Era un circolo vizioso. Lui e Meghan non ricevevano una retribuzione e, essendo *working members* della Royal Family a tempo pieno, non avevano la possibilità di guadagnare.

I Sussex non erano pronti per un passo drastico come abbandonare la monarchia. Decisero invece di assumere tutto il controllo possibile, per esempio usando il nuovo account Instagram per limitare l'accesso dei media a materiale come le immagini di Archie. Trovarono la maniera di aggirare di tanto in tanto la Royal Rota organizzando impegni privati diversi da quelli pubblici. Quando Meghan condivise solo su Instagram e con un'altra testata le fotografie della sua visita alla Luminary Bakery di Londra, una panetteria che offre alle donne indigenti lavori e formazione sui social, gli altri giornali si infuriarono. Per Harry e Meghan fu una piccola vittoria sul «Cartello», come avevano preso a chiamarli scherzosamente.

Irritare le organizzazioni mediatiche più potenti del mondo non fu una scelta priva di rischi. «È una condanna a morte» commentò un membro anziano dello staff di corte, riferendosi alla guerra dei Sussex contro i tabloid. «Non si provoca la stampa britannica.» Il principe aveva sperato che la sua famiglia avrebbe appoggiato la decisione, ma il silenzio era assordante. Pur rispettando in privato la scelta del figlio, Carlo a sua volta dipenderà dal sostegno della stampa quando, un giorno, diventerà re.

«Anche se questa potrebbe essere la via meno sicura, è quella giusta» scrive Harry nella nota originale con cui annunciò l'azione legale di Meghan. «Perché la mia paura più profonda è che la storia si ripeta. Ho visto cosa accade quando qualcuno che amo viene mercificato al punto di non essere più trattato o visto come una persona in carne e ossa. Ho perso mia madre e ora vedo mia moglie cadere vittima delle stesse forze potenti.»

Harry manifestò totalmente le sue emozioni il 15 ottobre, quando quasi scoppiò in lacrime mentre teneva un discorso al pubblico dei WellChild Awards. «L'anno scorso, quando io e mia moglie abbiamo partecipato, sapevamo di aspettare il nostro primo bambino. All'epoca non lo sapeva nessun altro, ma noi sì» disse durante la cerimonia di premiazione, organizzata da questo ente benefico britannico, che aiuta i bambini e i giovani con gravi malattie. «Ricordo di aver stretto forte la mano di Meghan durante la premiazione, mentre entrambi ci chiedevamo come sarebbe stato, un giorno, essere genitori e soprattutto fare il possibile per proteggere e aiutare nostro figlio se fosse nato con difficoltà immediate o si fosse ammalato nel tempo.»

Chinando la testa, dovette fare una pausa di qualche secondo per superare la commozione. Tra gli applausi della folla proseguì: «E ora, come genitore, essere qui e parlare con tutti voi mi emoziona come non avrei mai potuto immaginare prima di diventare padre».

Harry vuole creare un mondo più sicuro per tutti i bambini, compreso il suo. Nel caso di Archie, significa farlo crescere lontano dal particolare tipo di battaglie che il principe ha dovuto affrontare.

La dichiarazione e le cause legali furono solo l'inizio della crociata dei Sussex. Tutto il mondo rimase a bocca aperta il 20 ottobre, quando il network britannico ITV mandò in onda un documentario dei loro viaggi nell'Africa meridionale, dove Harry e Meghan spararono diverse notizie bomba.

«Non basta semplicemente sopravvivere a qualcosa, giusto? Non è questo lo scopo della vita. Bisogna vivere, essere felici. Ce l'ho messa tutta per restare impassibile, ma penso che questo atteggiamento tipicamente britannico possa provocare gravi danni interiori» afferma Meghan in *An African Journey*. «Non mi sono mai illusa che sarebbe stato facile, ma pensavo che sarebbe stato equo.»

Quando Tom Bradby – conduttore del documentario, annunciatore di ITV e amico della coppia – le domanda come sta, la duchessa risponde: «Grazie per l'interessamento, perché non sono in molti ad avermi chiesto se sto bene».

Gli aiutanti di Palazzo presero il commento come una frecciata alla famiglia per non averla appoggiata abbastanza come nuovo membro della Firm.

«Quindi sarebbe corretto dire che la risposta è: *non benissimo*?» continua Tom. «È stato davvero così difficile?»

«Sì» conferma Meghan.

Durante lo speciale Harry ammette per la prima volta pubblicamente l'esistenza delle tensioni tra lui e William. «Per colpa di questo ruolo, di questo lavoro e delle pressioni a cui è sottoposta la nostra famiglia, gli scontri sono inevitabili» dichiara. «Ma siamo fratelli, saremo sempre fratelli. Sicuramente al momento ci troviamo su strade diverse, ma io ci sarò sempre per lui e, ne sono certo, lui ci sarà sempre per me. Non ci vediamo più spesso come una volta perché siamo molto impegnati, ma gli voglio molto bene e le voci sono perlopiù infondate. Tutti i fratelli hanno periodi sì e periodi no.»

Il giorno dopo un funzionario al servizio della casa reale rivelò la reazione di William. Diversi media, tra cui la BBC e *The Sun*, citarono un aiutante di Palazzo secondo cui

William era «preoccupato» per suo fratello. Riteneva che i Sussex stessero camminando «su un terreno fragile».

In seguito, una fonte vicina a Harry avrebbe detto: «Sono questi i giochetti da cui la coppia voleva allontanarsi. Anziché contattarli, un collaboratore di William ha riferito alla stampa il suo parere sulla salute mentale di Harry, che ha trovato meschino rivelare pubblicamente un'opinione simile». Un amico del principe aggiunge: «Secondo Harry, William e le persone che lo circondavano erano troppo interessate all'attenzione mediatica».

Molto sensibile e protettivo verso la moglie e il figlio, Harry era stremato dalla situazione particolare in cui si trovava la sua famiglia che, come dice una fonte, «non ha la possibilità di comportarsi come tale». Benché i giochi di potere influenzino qualunque dinamica familiare, si trovano su tutt'altro piano per William, Harry e il resto dei reali.

«Ogni conversazione, ogni problema, ogni dissapore personale, di qualunque cosa si tratti, coinvolge lo staff» spiega la fonte, riferendosi agli aiutanti di Palazzo che inviano e ricevono invariabilmente messaggi tra gli uffici reali. «Si crea un ambiente davvero strano che non permette alle persone di risolvere le questioni da sole.»

Non si poteva negare che la coppia fosse emotivamente esausta, a prescindere dal fatto che se la fossero andata a cercare o che fossero vittime di un meccanismo spietato. «Si sentivano sotto pressione» racconta una fonte. «Avevano la sensazione di essere soli.»

Con tutto quello stress, la loro unica gioia era Archie. Crescendo «alla velocità della luce», all'epoca del tour in Africa aveva già messo due dentini e stava imparando a gattonare. Amava quando i genitori gli leggevano qualcosa e aveva una predilezione per il libro di filastrocche

Is Your Mama a Llama? di Deborah Guarino. Come molti neogenitori, Meghan portava volentieri il figlio ad alcuni corsi, come la lezione di musica Happy Clappy a Windsor, dove lo accompagnò da sola a ottobre (le guardie del corpo rimasero fuori). Tutte le mamme e i due papà in aula fecero tanto d'occhi quando la duchessa di Sussex si unì al gruppo con Archie, che andò subito a prendere un tamburello e, secondo Meghan, «se ne innamorò».

Archie fu anche la ragione per cui i Sussex volevano eliminare dalla loro vita alcune di quelle che definivano «forze negative». A mano a mano che l'autunno passava lentamente, decisero che avevano bisogno di lasciare il paese per un po'. Il Natale era alle porte e trascorrerlo a Sandringham, circondati dai membri della Royal Family, era una prospettiva tutt'altro che allettante.

Stabilirono che avrebbero passato la seconda metà di novembre e tutto dicembre in Canada. Pensarono di andare negli Stati Uniti, ma conclusero che un paese del Commonwealth fosse più idoneo. Esistevano molti precedenti di membri della famiglia reale che avevano disertato i tradizionali festeggiamenti a Sandringham. Nel 2012 e nel 2016 i Cambridge avevano festeggiato con i Middleton nel Berkshire. Nel 2017 Zara e Mike Tindall avevano trascorso le vacanze con i parenti di Mike in Australia. Eppure la stampa demolì i Sussex quando fecero la stessa scelta.

Abbattuti e scoraggiati dagli attacchi dei tabloid e dalla mancanza di sostegno da parte della Royal Family, Harry e Meghan partirono per la tenuta da diciotto milioni di dollari canadesi sull'isola di Vancouver che Ben Mulroney li aveva aiutati ad affittare tramite il produttore discografico David Foster. Quest'ultimo era un caro amico del facoltoso investitore che aveva messo in vendita la proprietà e che era disposto ad affittarla alla *royal couple* per un prezzo di gran lunga inferiore al valore di mercato.

Mille Fleurs – la tenuta vicino a Victoria, nella Columbia britannica –, con le sue due spiagge private su 1,6 ettari di terreno, offrì un rifugio tranquillo alla coppia traumatizzata. La visita di Doria per il Ringraziamento fu molto gradita (benché la stampa abbia insinuato che si fosse licenziata, aveva soltanto preso un breve periodo di ferie).

Per tutto dicembre i Sussex passarono le giornate perlopiù godendosi la pace della loro sistemazione temporanea. Facevano lunghe passeggiate con i cani e, pur avendo una governante e una tata, cucinarono quasi sempre con le loro mani, usando spesso il forno da pizza in cucina. In un paio di occasioni cenarono al ristorante stellato Deep Cove Chalet. Mentre molti dei residenti più ricchi della zona raggiungono il locale in elicottero, loro arrivarono a piedi. Per il resto, non uscirono quasi mai dal complesso.

Lontani dallo staff di corte e dai doveri reali, ebbero la possibilità di riflettere. Pensarono agli eventi che si erano susseguiti dopo le nozze e parlarono di come gettare le basi per un futuro migliore, che prevedesse anche un maggiore impegno verso le loro iniziative umanitarie.

«Non ho bisogno di avere il momento da cinema in cui scendiamo da un'auto e facciamo ciao a cento fotografi prima di entrare in un edificio» confidò Harry a un amico, sfogando le frustrazioni generate dal proprio ruolo. «L'attenzione dovrebbe concentrarsi soltanto sul lavoro che si svolge all'interno. Soffermiamoci su ciò che conta davvero.»

Prima di lasciare il Regno Unito aveva parlato a più riprese con sua nonna, suo padre e alcuni funzionari chiave dell'esigenza impellente di cambiare le cose nella struttura del Palazzo per lui e per sua moglie. Si sentiva insieme sfruttato per la loro popolarità, perseguitato dalla stampa per l'affetto del pubblico verso quel nuovo tipo di *royal couple* e denigrato tra le mura dell'istituzione perché troppo sensibile e schietto. Lui e Meghan non volevano staccarsi completamente dalla monarchia; piuttosto, volevano trovare un luogo felice al suo interno.

In realtà, speravano di sfruttare la vacanza anche per dare gli ultimi tocchi alla Sussex Royal Foundation da lanciare nel 2020. Come la Royal Foundation, l'ente sarebbe stato un'organizzazione ombrello per tutte le loro attività filantropiche. Occorreva anzitutto creare un sito, SussexRoyal.com. Avevano assunto un team esterno al Palazzo per mantenere il riserbo sui loro progetti. Meghan collaborò con Made by Article, la stessa azienda di progettazione di Toronto che aveva realizzato il popolarissimo *The Tig,* e con un gruppetto della Sunshine Sachs, il suo team di PR prima che entrasse nella Royal Family.

Si ritagliarono qualche ora da dedicare alle visite degli amici, come Janina Gavankar che, vedendo Archie per la prima volta, fece una foto di lui e dei duchi, poi destinata a diventare la fotografia per i bigliettini di Natale dei Sussex. Anche Isabel May passò un po' di tempo a Mille Fleurs, dove la conversazione ruotò spesso intorno al futuro dei duchi, perché Harry e Meghan si fidavano dell'opinione sincera della PR.

Con lo scorrere delle settimane i Sussex si resero conto di non poter tornare alla vita di prima. Per quanto difficile fosse stato compiere quella scelta, erano giunti a una conclusione: avrebbero rinunciato al loro ruolo di *senior royals* e al Sovereign Grant. Guadagnarsi da vivere per finanziare le loro attività benefiche era una prospettiva spaventosa ma emozionante. Erano abituati a realizzare progetti ambiziosi e ad avere un profondo impatto; Harry aveva organizzato i primi Invictus Games in meno di un anno e tutte le iniziative di Meghan avevano battuto ogni record. Ora erano pronti a fare molto di più, rispettando i propri ritmi. Sganciandosi dal loro modello di lavoro corrente, avrebbero avuto anche la possibilità di vivere part-time nel Nordamerica, lontano dai tabloid britannici e dalla negatività dell'istituzione. Perciò valeva la pena tentare.

Nonostante il cambiamento, desideravano continuare a svolgere i loro doveri per la regina. Era l'unica cosa a cui non volevano porre fine, non solo perché Harry ama e rispetta sua nonna, ma anche perché Meghan riteneva di aver fatto molte rinunce per imboccare la strada del servizio alla monarchia. Una volta preso un impegno, non si tirava indietro. Inoltre, a novantatré anni, la sovrana necessitava del sostegno dei membri più giovani per dare la massima spinta alla sua eredità, che i Sussex volevano rappresentare orgogliosamente lavorando per la monarchia nel Regno Unito e in tutto il Commonwealth. Speravano che membri della famiglia come il principe Michael di Kent – che aveva rappresentato formalmente la regina in svariate occasioni all'estero e presenziato a migliaia di impegni reali negli ultimi dieci anni, ma in cambio non riceveva alcuna indennità parlamentare perché si guadagnava da vivere come presidente della sua azienda di consulenza – diventassero un precedente per unire il lavoro privato ai doveri reali.

Sapevano che ci sarebbero stati degli ostacoli, come le discussioni sulla sicurezza, garantita fino ad allora dalla polizia metropolitana per le «persone protette internazionalmente». Ma erano così fiduciosi che, prima di Natale, Harry inviò un'e-mail a sua nonna e a suo padre per informarli che lui e Meghan avevano deciso di cambiare metodo di lavoro, di fare un passo indietro e trascorrere più tempo all'estero. Non scese nel dettaglio, temendo che la notizia potesse trapelare attraverso i membri dello staff. Del resto, scrisse, ne avrebbero discusso di persona.

L'ufficio privato di Carlo fu incaricato di fissare un appuntamento tra i duchi e la regina, che in quel momento era a Sandringham per le feste, non appena i Sussex fossero tornati nel Regno Unito il 6 gennaio 2020. Il soggiorno a Londra sarebbe stato breve, ma Harry confidava che quando fossero rientrati in Canada alla fine della settimana, il nuovo capitolo della loro vita sarebbe potuto iniziare.

Aveva ragione a temere una fuga di notizie. Alcuni dettagli dell'e-mail finirono ben presto nelle mani di un reporter, che alla fine dell'anno cominciò a indagare sull'intenzione della coppia di passare più tempo in Canada. Ma quella era l'ultima delle preoccupazioni di Harry. Nonostante i ripetuti contatti con l'ufficio di suo padre, non riuscì a fissare un incontro con la regina. Sua Maestà, gli dissero, non sarebbe stata libera prima del 29 gennaio. «Aveva la sensazione di essere bloccato» dice una fonte vicina al principe.

Quando il volo Air Canada atterrò a Heathrow di prima mattina, Harry e Meghan accarezzarono l'idea di andare dritti dalla regina. Non volendo avere problemi (arrivando senza preavviso avrebbero irritato lo staff di corte), convocarono invece una riunione del loro team al Frogmore Cottage. Alla presenza di Sara e della segretaria privata Fiona Mcilwham, rivelarono per la prima volta i loro progetti.

A prescindere che il loro approccio frettoloso fosse giusto o sbagliato, erano più determinati che mai. «A quel punto ritenevano di aver affrontato l'argomento con i membri della famiglia fin troppe volte nell'ultimo anno, ed erano stanchi di non essere presi sul serio» riferisce una fonte vicina ai Sussex. «Tutti hanno avuto la possibilità di aiutarli, ma nessuno l'ha fatto.»

Poche cose restano segrete tra gli uffici reali, e l'e-mail iniziale di Harry non tardò a finire sulla bocca di quasi tutti gli aiutanti di Palazzo e i membri della famiglia. Temendo di perdere il controllo della situazione, il principe contattò sua nonna per esporle le proprie preoccupazioni e lei propose di scrivere una nota congiunta. I duchi esitarono a coinvolgere gli altri uffici, non sapendo se tutte le persone interessate avrebbero avuto le migliori intenzioni, ma accettarono che gli aiutanti di Palazzo si riunissero l'indomani e trovassero un accordo.

Una volta deciso come muoversi, il giorno seguente Harry e Meghan sfoderarono grandi sorrisi mentre chiacchieravano con i dignitari e assaggiavano i *Nanaimo bars* – tipici dolcetti canadesi al cioccolato – a un impegno con Janice Charette, alto commissario del Canada nel Regno Unito. Ma mentre ringraziavano Janice e il suo staff per la calorosa accoglienza ricevuta durante il soggiorno in Canada in cuor loro erano entrambi nervosi per ciò che stava per accadere. Avevano già preso visione di una bozza della nota che Buckingham Palace intendeva diramare dopo la loro, e la «freddezza» del tono era un chiaro segno che non tutti approvavano la loro decisione.

A ogni modo, ebbero poco tempo per rimuginare, perché poche ore dopo che ebbero lasciato la Canada House il sito del *Sun* pubblicò un articolo sulla loro intenzione di restare in Canada. Mancavano i dettagli, ma era evidente che qualcuno all'interno del Palazzo aveva informato il tabloid. Una fonte reale respinse categoricamente le accuse, incolpando invece i Sussex, «perché erano frustrati dall'andamento dei colloqui a Palazzo [...] Volevano forzare la decisione, accelerarla il più possibile». Harry e Meghan negarono ogni cosa.

Ora che la notizia era trapelata e che ogni società mediatica importante del pianeta stava contattando il Palazzo per chiedere commenti, era necessario emanare rapidamente un comunicato. L'8 gennaio i Sussex ricorsero a Instagram per dare la notizia al mondo.

«Dopo mesi di riflessione e discussioni interne, quest'anno abbiamo deciso di attuare un cambiamento, cominciando a ritagliarci gradualmente un nuovo ruolo in questa istituzione. Intendiamo rinunciare alla carica di membri senior della famiglia reale e lavorare per diventare indipendenti sul piano finanziario, pur continuando ad assicurare tutto il nostro appoggio a Sua Maestà la regina» dice la nota. «È grazie al vostro incoraggiamento, soprattutto negli ultimi due anni, che ci sentiamo pronti ad affrontare la transizione. Ora abbiamo in programma di dividere il nostro tempo tra il Regno Unito e il Nordamerica, continuando a onorare i nostri doveri verso la regina, il Commonwealth e i nostri patrocini.»

Insieme all'annuncio, lanciarono il loro sito, SussexRoyal.com, che ormai non era più la *landing page* della loro nuova fondazione, ma una mappa dettagliata del «nuovo modello lavorativo» che speravano di adottare. Il sito spiegava la decisione di essere economicamente autonomi, che non aveva solo lo scopo di dare loro più libertà nel lavoro, ma anche di contrastare l'ingerenza dei tabloid nella loro vita. Se usi i soldi pubblici, sei proprietà pubblica.

SussexRoyal.com colse di sorpresa tutti, persino il loro team delle comunicazioni. Gli aiutanti di Palazzo e i membri della famiglia sapevano che Harry e Meghan volevano fare un passo indietro, ma il sito pubblico, che illustrava i dettagli del loro nuovo modello *metà dentro, metà fuori* come se fosse cosa fatta, mise la regina in una posizione difficile.

Confusi, i funzionari di Buckingham Palace cestinarono la nota originale e rilasciarono un breve comunicato quindici minuti dopo quello della coppia: «I colloqui con il duca e la duchessa di Sussex sono nella fase iniziale. Comprendiamo il loro desiderio di adottare un approccio diverso, ma si tratta di questioni complicate, che richiedono tempo per essere risolte».

Lo staff di corte, tra cui Edward Young, il segretario privato della regina, era furioso. «Gli uffici privati non amano comportamenti simili» dichiara un funzionario anziano. «Sono profondamente malsani e sgradevoli.»

Ancora più inquietante, tuttavia, fu la reazione della famiglia. «Il fattore sorpresa e la scelta di prendere la regina alla sprovvista hanno gettato nella confusione gli altri *royals*, che giustamente fanno molta attenzione a queste cose» dichiara un membro anziano del Royal Household. Diversi componenti della famiglia ricordano che la sovrana e il principe Filippo erano entrambi «distrutti».

«La famiglia è molto riservata e, rendendo la notizia di dominio pubblico nonostante i divieti, [i Sussex] hanno ferito la regina» continua la fonte. «Hanno sbagliato a spiegare in una nota ciò che volevano senza prima consultare Sua Maestà. È lei a essere a capo dell'istituzione.»

Il Palazzo si affrettò a verificare che i progetti dei duchi fossero attuabili anche solo dal punto di vista logistico, compresa la richiesta di avere l'«autonomia finanziaria futura per lavorare esternamente». Quel desiderio era ben diverso dalla semplice idea di trascorrere più tempo all'estero presentata all'inizio. Implicava problemi di sicurezza e finanziamento, conseguenze fiscali e visti da ottenere. Come avrebbero potuto i Sussex avviare legalmente iniziative commerciali e continuare a rappresentare la regina? «È stata una brutta gatta da pelare» osservò esasperato un aiutante di Palazzo.

Persino una fonte vicina alla coppia ammette che, pur avendo riflettuto a lungo su questo enorme cambiamento, Harry e Meghan sapevano anche essere «impazienti e impulsivi».

«Sono irruenti, in un certo senso» dice la fonte. «Le reazioni nei singoli momenti non sono sicuramente le stesse che si osservano un mese o qualche settimana dopo.»

La regina mantenne la calma. Nonostante la tristezza al pensiero di perdere i Sussex come *working royals*, capì che una totale separazione dalla monarchia era necessaria. Nessuno deve essere costretto a fare ciò che non vuole. Ma se Harry pensava che l'annuncio pubblico avrebbe permesso loro di ottenere esattamente ciò che volevano «si sbagliava di grosso», afferma un funzionario anziano. «La regina comprendeva le difficoltà che stavano affrontando, ma non si fanno strappi alla regola per *nessuno*.» Buckingham Palace emanò un ulteriore comunicato annunciando che la risposta alle richieste di Harry e Meghan sarebbe arrivata «nel giro di giorni, non di settimane».

Dopo tre giorni di discussioni tra uffici reali e funzionari governativi, compreso il governo canadese, la regina chiese a Harry di andare a Sandringham per un incontro con lei, Carlo e William.

Al «summit di Sandringham», come lo denominò la stampa, i quattro avrebbero deciso il futuro una volta per tutte.

23

LA RIUNIONE DI FAMIGLIA

Quando la Range Rover imboccò il vialetto verso Sandringham House, Harry cominciò a essere nervoso. La tenuta, dove la regina risiedeva in quel periodo e dove la Royal Family aveva festeggiato così tanti Natali, sarebbe stata teatro della riunione più importante della sua vita da reale.

E anche della più difficile. Cercando uno stile di vita accettabile per sé e Meghan, si era ritrovato più in contrasto che mai con la sua famiglia. Ribellarsi alle antiche regole della monarchia non era una decisione facile, ma per Harry era l'unico modo per «sistemare le cose per la sua famigliola», rivela una fonte vicina al principe. «Questa storia lo sta distruggendo. Vuole bene alla regina, ma la moglie soffre molto, e lui adora suo figlio. Archie è tutto il suo mondo. Harry è un padre fantastico.»

Meghan non partecipò all'incontro del 13 gennaio, essendo appena tornata in Canada, dove Archie era rimasto con Jessica e la tata. Harry aveva con sé Fiona e Samantha Cohen, o «Sam», come la chiama il principe. Anche se la donna aveva lasciato il Palazzo a ottobre, dopo vent'anni di servizio, per diventare amministratrice delegata del Commonwealth Enterprise & Investment Council e condirettrice del consiglio della Cool Earth, era ancora una voce autorevole all'interno dell'istituzione, perché era stata una delle più strette collaboratrici della regina e aveva gestito l'ufficio dei Sussex. Harry aveva bisogno del suo aiuto. Sam era una delle poche persone a conoscere tutte le parti in causa e gli aveva sempre dato ottimi consigli.

I tre avevano passato la mattinata a esaminare i punti che Harry voleva discutere durante la riunione, a cui avrebbe partecipato perlopiù da solo. Era stata una sua richiesta. Aveva sperato che allontanando lo staff dalla stanza dopo le osservazioni iniziali si sarebbero evitate fughe di notizie. Benché per la Firm si trattasse di una questione d'affari, era anche un colloquio privato che il principe voleva tenere in famiglia.

Sebbene l'incontro fosse riservato ai soli membri della Royal Family, Harry avrebbe affrontato la regina, Carlo e William per la prima volta da quando lui e Meghan avevano comunicato i loro progetti al mondo (nonostante molti si aspettassero che fosse presente anche il principe Filippo, quest'ultimo partì per la sua fattoria nella tenuta poco prima che iniziassero i colloqui).

Dal lancio di SussexRoyal.com, lo sgomento di Buckingham Palace si era trasformato in ferma volontà di risolvere la situazione con un approccio adeguato, voltando pagina il prima possibile. Anche se il modello ibrido di *royalty* proposto da Harry e Meghan implicava ostacoli che molti giudicavano insormontabili, una fonte osservò: «Sono la tensione e le divisioni a causare i danni più gravi».

Prima dell'incontro gli aiutanti di Palazzo avevano assicurato al principe che la sovrana voleva aiutare i Sussex a trovare una soluzione, anche se forse non avrebbero ottenuto *tutto* ciò che volevano. Nonostante le rassicurazioni, Harry non sapeva più a chi credere, ma trasse un po' di conforto dalla certezza che sua nonna sarebbe stata sensibile alle sue preoccupazioni.

Carlo, William e Harry raggiunsero la sovrana in biblioteca, una delle stanze più tranquille della tenuta. Il locale accogliente fu ricavato da una sala da bowling nel 1901, una conversione che la regina Alessandra (che risiedette a Sandringham fino alla sua morte nel 1925) rimpianse per tutta la vita. Meghan era in attesa a Vancouver, pronta a partecipare alla riunione in audioconferenza. Ma quando Harry si offrì di chiamarla, gli altri non lo ritennero necessario.

Le trattative si svolsero all'insegna di quello che una fonte definisce «un approccio pratico e competente». Harry, convinto da tempo che lui e Meghan fossero stati tagliati fuori dall'istituzione, pensava di non essere una parte fondamentale del suo futuro. Bastava guardare le fotografie di famiglia esposte durante il discorso della regina il giorno di Natale. Nella Green Drawing Room di Buckingham Palace, dove la sovrana si rivolgeva ai suoi sudditi, facevano bella mostra di sé le foto dei Cambridge e dei loro figli, di Carlo e Camilla, del principe Filippo e un'immagine in bianco e nero del padre di Elisabetta, re Giorgio VI. Il ritratto di Harry, Meghan e Archie brillava per la sua assenza. Le fonti di Palazzo sostenevano che le foto erano state scelte per rappresentare la linea di successione diretta, ma per i Sussex quella era un'ulteriore conferma della necessità di andare per la loro strada.

Carlo mise in chiaro che Harry e Meghan facevano parte del futuro della Royal Family nonostante le richieste di una «monarchia più snella», con meno membri senior attivi. Anche se William, per diritto di nascita, sarà sempre più importante all'interno della gerarchia istituzionale, la visione di Carlo comprende entrambi i suoi figli.

Benché William non avesse preso bene la notizia dei progetti di suo fratello, il destino di Harry dipendeva dalla regina, ed Elisabetta sapeva che l'esito della riunione avrebbe definito lo standard per le generazioni a venire.

Alla fine la sovrana disse che l'approccio pseudoreale proposto dai Sussex non avrebbe funzionato. «Era insostenibile» commenta una fonte interna al Palazzo. «Se Harry e Meghan fossero stati reali semiattivi, sarebbe stato necessario supervisionare tutte le loro iniziative autonome, nominare un comitato che approvasse eventi e accordi.»

Quando l'incontro finì, Harry chiamò immediatamente a rapporto i suoi collaboratori e poi inviò un messaggio a Meghan. Quella sera, la regina fece diramare una nota straordinariamente candida e personale. «Io e la mia famiglia appoggiamo totalmente il desiderio di Harry e Meghan di farsi una nuova vita» si legge nel comunicato. «Anche se avremmo preferito che restassero a tempo pieno membri attivi della Royal Family, rispettiamo e comprendiamo la loro volontà di condurre una vita più autonoma pur restando una parte importante della mia famiglia.»

La nota ufficiale annunciava anche che i Sussex non avrebbero più usato il denaro pubblico nell'imminente periodo di transizione, durante il quale avrebbero diviso il loro tempo tra Canada e Regno Unito.

«Sono questioni di famiglia complesse da risolvere, e c'è altro lavoro da fare» proseguiva la regina, «ma ho chiesto di arrivare a una decisione definitiva nei prossimi giorni.»

"Altro lavoro" era un eufemismo. Harry trascorse i giorni successivi tra riunioni frenetiche e audioconferenze con i principali funzionari dei tre uffici reali – Buckingham Palace, Clarence House e Kensington Palace –, guidati da Clive Alderton, il segretario privato di Carlo. William fu più che felice di lasciare che se ne occupasse lo staff. Secondo il *Sunday Times*, il duca di Cambridge disse a un amico: «Ho sostenuto mio fratello per tutta la vita, ma ora non posso più farlo; siamo due entità separate».

Ciò valeva anche per Meghan e Kate. Il rapporto tra le duchesse aveva faticato ad andare oltre la fredda cortesia del primo incontro. La scarsa affinità tra loro era diventata evidente quando avevano assistito insieme al King Power Royal Charity Polo Day l'estate precedente. Pur essendo state fotografate l'una accanto all'altra con i loro bambini, le due madri amorevoli non avevano scambiato nemmeno una parola. A ogni modo, avevano condiviso qualche altro momento quando gli aiutanti di Palazzo avevano suggerito loro di andare a Wimbledon insieme tre giorni dopo. Entrambe avevano intenzione di presenziare al torneo di tennis. Meghan voleva tifare per Serena Williams nella finale femminile, mentre Kate è la madrina dell'All England Lawn Tennis Club. Durante la partita, a cui partecipò anche Pippa, le donne risero e chiacchierarono insieme nel palco reale sul Centre Court. Kate accarezzò persino la schiena a Meghan per consolarla della sconfitta di Serena. «Si sono divertite molto» afferma una fonte vicina alla duchessa di Cambridge. «È stata una splendida giornata.»

La situazione tra loro era soltanto una conseguenza del vero problema: il conflitto tra Harry e l'istituzione. Il principe ricorda che durante le riunioni di quella settimana ebbe la sensazione di essere davanti a un plotone d'esecuzione. «Ci sono stati scambi di accuse e fughe di notizie» racconta un aiutante di Palazzo. «È stato tutto alquanto sgradevole.»

Quando Harry parla della mancanza di sostegno da parte della sua famiglia, si riferisce proprio a questo. Gli altri membri fecero la propria parte durante l'incontro a Sandringham, quindi lo lasciarono da solo a difendersi e a negoziare con i funzionari dello staff reale: esattamente ciò che il principe voleva evitare. «A suo parere, ci sono state parecchie occasioni in cui l'istituzione e la famiglia avrebbero potuto aiutarli, difenderli, sostenerli, e non l'hanno mai fatto» dice una fonte.

I collaboratori della casa reale giudicavano la posizione di Harry totalmente velleitaria. Dire che i Sussex non avrebbero più attinto al Sovereign Grant era facile, ma mettere in pratica tale proposito era un altro paio di maniche. «La discussione più accesa ha riguardato i soldi, come succede sempre» rivela una fonte informata sulle negoziazioni. Un aiutante di Palazzo fece una battuta maligna sulla possibilità che Meghan lanciasse una linea di cosmetici.

Più precisamente, la coppia sperava di guadagnarsi da vivere con conferenze efficaci, accordi di produzione e altre iniziative commerciali con un certo impatto sociale. Tuttavia c'erano alcuni calcoli complessi da fare. Se Harry e Meghan avessero ricoperto alcuni incarichi ufficiali, avrebbero dovuto capire quale parte delle spese – per esempio, i costi legati all'ufficio e i soldi per la sicurezza o i vestiti – fosse privata anziché soggetta a sgravi fiscali. «Hanno dato dei bei grattacapi a tutti» si lamentò un aiutante di Palazzo, esausto dopo cinque giorni di riunioni.

I sentimenti feriti da entrambe le parti costituivano un problema più intricato delle formule fiscali. Persino le fonti vicine a Harry e Meghan dovettero ammettere che la maniera in cui i Sussex furono costretti ad affrontare la situazione (perlopiù tenendo familiari e collaboratori all'oscuro del lancio del sito) «ha generato un notevole scontento in ufficio e soprattutto in famiglia».

«Harry e Meghan avrebbero raggiunto un accordo più vantaggioso che avrebbe permesso loro di vivere la vita che desideravano, se avessero gestito le cose in modo riservato e dignitoso» spiega un membro anziano del personale di Buckingham Palace. «La facevano troppo facile. Si illudevano di poter cedere il comando a Carlo, negoziare via e-mail, andare a Londra, dare tre mesi di preavviso e tornare in Canada» aggiunge un suo collega.

Harry e Meghan, tuttavia, ritenevano di essere stati trattati per troppo tempo con condiscendenza dalla famiglia e dallo staff, che li avevano assecondati quando avevano esposto le loro lamentele, senza mai credere che avrebbero fatto qualcosa di drastico. La reazione esplosiva era conseguenza diretta della loro crescente impazienza. Se il resto della Royal Family e i funzionari degli uffici avessero preso sul serio le loro richieste, non si sarebbe arrivati a quel punto.

In una maniera o nell'altra, dice la fonte, «il personale di corte, e anche alcuni membri della famiglia, incolpano Meghan».

I media ipotizzarono che dietro la decisione di abbandonare la monarchia ci fosse la duchessa, ma pochi sapevano quante rinunce avesse fatto per provare a far funzionare le cose. Come confidò in lacrime a un'amica a marzo, «ho sacrificato la vita per questa famiglia. Ero disposta a fare tutto il necessario. Ma eccoci qui. È molto triste».

Anche se spesso i media britannici addossano la colpa alle mogli reali, Harry era altrettanto ansioso di allontanarsi dai riflettori. È per questo che è entrato nell'esercito, ha evitato il più possibile lo sfarzo e non ha trasmesso un titolo a suo figlio. Desiderava da tempo una vita lontano dagli occhi indiscreti dei media. Meghan lo incoraggiò semplicemente a imboccare quella strada, appoggiandolo a qualunque costo. «Fondamentalmente, Harry voleva andarsene» conferma una fonte vicina alla coppia. «In cuor suo si era sempre sentito a disagio in quel mondo. Lei gli ha soltanto aperto la porta.»

Di sera, dopo ore di riunioni, il principe era sfinito. In Canada, Meghan fece del proprio meglio per tenersi occupata, arrivando persino a salire su un idrovolante il 14 gennaio per visitare il Downtown Eastside Women's Center a Vancouver, un rifugio per donne e bambini in una delle regioni più povere del paese. Il lavoro la distraeva, ed era impaziente di conoscere le organizzazioni benefiche vicine alla sua nuova casa. Nel profondo si sentiva impotente quando riceveva aggiornamenti dall'Inghilterra. Cercava regolarmente di tirare su il morale a Harry inviandogli foto di Archie, oltre a un video della prima volta che aveva visto la neve.

Cinque lunghi giorni dopo il primo incontro, la regina fece diramare una nota per annunciare che avevano trovato «un modo costruttivo e generoso per aiutare mio nipote e la sua famiglia». Il provvedimento sarebbe entrato in vigore nella primavera del 2020. Seguì un comunicato di Harry e Meghan. Entrambe le dichiarazioni riassumevano le condizioni dell'accordo, secondo cui i due si sarebbero ritirati completamente dai doveri reali. Non essendo più membri attivi della Royal Family, non avrebbero più potuto usare il titolo di Altezze Reali né la parola "reale" per le loro iniziative future. Harry avrebbe perso sia le onorificenze militari sia il ruolo di Commonwealth Youth Ambassador.

I Sussex furono autorizzati a conservare i patrocini privati. Pur non potendo più rappresentare formalmente la regina, «si impegnano a far sì che tutti i loro progetti siano conformi ai valori di Sua Maestà».

Quanto alla questione del denaro, non avrebbero più ricevuto fondi pubblici in cambio dell'espletamento dei doveri reali. Spingendosi oltre, la coppia dichiarò in un comunicato: «Il duca e la duchessa di Sussex hanno espresso il desiderio di restituire al Sovereign Grant le spese per la ristrutturazione del Frogmore Cottage, che resterà la loro casa nel Regno Unito».

Si trattava dei 2,4 milioni di sterline di soldi dei contribuenti, che avevano suscitato le ire di parte dell'opinione pubblica britannica quando la cifra era stata confermata nel Sovereign Grant Report del 2018-2019, reso noto nel luglio precedente. I costanti commenti negativi della stampa sul restauro dell'edificio non avevano certo aiutato. Zittire i detrattori fu una bella soddisfazione. L'offerta di restituire i soldi indicava fino a che punto Harry e Meghan desiderassero troncare qualunque legame. In privato, Carlo disse che se ne avessero avuto bisogno, li avrebbe aiutati dal punto di vista economico, attingendo dal suo patrimonio personale. Così facendo, parlò in veste di padre affettuoso e non di principe di Galles.

Forse, tuttavia, la principale dimostrazione di solidarietà venne dalla regina in una nota ufficiale: «Riconosco le difficoltà che hanno dovuto affrontare negli ultimi due anni a causa delle intense pressioni, e comprendo il loro desiderio di una vita più indipendente».

Per tutto quel periodo teso e infelice per la coppia, la sovrana aveva sempre tentato di mostrarsi sensibile alle esigenze del nipote. Questo significava molto per Harry, poiché dimostrava che Elisabetta l'aveva ascoltato durante il summit quando, ancora una volta, aveva espresso rabbia e frustrazione perché riteneva che nessuno, a Palazzo, avesse mai capito davvero cosa lui e Meghan avessero passato da quando la loro relazione era diventata di dominio pubblico.

Se le parole di sua nonna furono un incoraggiamento, l'aspetto più sconfortante del nuovo accordo era la perdita delle nomine militari che gli erano state assegnate in quanto *senior royal*. Essendo un soldato in congedo, Harry avrebbe sempre potuto indossare le medaglie, ma non l'uniforme di capitano generale dei Royal Marines, comandante aereo onorario della RAF Honington e comandante delle piccole imbarcazioni e del servizio immersioni della Royal Navy. Ormai non rivestiva più quelle cariche. «È stato un boccone amaro da ingoiare, e per Meghan è stato molto doloroso vederlo costretto a questa rinuncia» racconta una fonte vicina alla coppia. «È l'unico sacrificio che gli è costato caro.»

Harry si commosse il 19 gennaio, il giorno dopo la pubblicazione delle note, quando, nel centro di Londra, si rivolse agli ospiti di una cena in favore della Sentebale. Ammise sinceramente di provare «tristezza» all'idea di non essere più un *working member* della famiglia reale, una decisione che lui e Meghan non avevano preso «alla leggera». Chiarì anche che non avrebbe «dimenticato» i suoi impegni, compreso quello con l'organizzazione, bensì avrebbe «continuato a lavorare per dare vita a cambiamenti concreti e duraturi per tutte le persone vulnerabili».

«È stato un privilegio servirvi, e seguiteremo a condurre una vita all'insegna del servizio. Avrò sempre il massimo rispetto per mia nonna, il mio comandante in capo, e sono profondamente grato a lei e al resto della famiglia per il sostegno che hanno dato a me e a Meghan negli ultimi mesi» disse durante il discorso, condiviso anche sull'account Instagram. «Continuerò a essere lo stesso uomo che ha a cuore il suo paese e dedica la propria vita a promuovere le cause, le organizzazioni benefiche e le comunità militari a cui tiene. Insieme, mi avete dato un'istruzione sulla vita.»

L'ultima frase ricorda quella pronunciata da sua madre nel dicembre del 1993, un anno dopo l'annuncio al Parlamento della separazione da Carlo. Anche Diana comunicò il suo ritiro dalla vita pubblica con un discorso a un evento benefico (un pranzo in favore di Headway, la National Head Injuries Association di cui era madrina).

«Posso dire sinceramente che negli ultimi dodici anni una delle mie soddisfazioni più grandi è stata il contatto con persone come voi» disse Lady D. «In questo periodo ho conosciuto migliaia di persone magnifiche e straordinarie, sia qui sia nel resto del mondo. Coloro che ricevono aiuto e coloro che lo danno. Al pubblico generale posso dire di aver trovato molti amici. Ho avuto la possibilità di condividere i vostri pensieri e sogni, le vostre delusioni e gioie. Mi avete anche dato un'istruzione, offrendomi più insegnamenti sulla vita di quanto avrebbe potuto fare qualunque libro o maestro.»

Le somiglianze tra i due discorsi non erano una coincidenza. Prima di scrivere il suo intervento, Harry rilesse ciò che aveva detto sua madre dopo aver deciso di abbandonare una vita che l'aveva fatta sentire insieme privilegiata e prigioniera.

A trentasei anni, più o meno l'età che aveva Diana quando morì, Harry aveva ricevuto la stessa *istruzione*.

24

ALLA RICERCA DELLA LIBERTÀ

Mentre si avvicinava il 31 marzo, l'ultimo giorno di Harry e Meghan da *working royals*, la coppia non smise mai di lavorare. Gli impegni presi molto prima dell'annuncio di gennaio andavano rispettati, ed era importante non deludere nessuno. Inoltre entrambi davano il meglio di sé quando erano occupati.

Anche se dopo l'annuncio avevano passato gran parte del tempo in Canada, un'ultima tornata di impegni li riportò nel Regno Unito. Siccome l'epidemia di coronavirus minacciava già l'Europa, ritennero che non sarebbe stato prudente portare Archie. Non erano nemmeno propensi a costringere il bambino ad affrontare voli a lungo raggio se non era proprio indispensabile. Così decisero che Meghan sarebbe rimasta a casa finché non avesse dovuto raggiungere Harry di lì a una settimana.

Al suo ritorno nel Regno Unito, il 25 febbraio, il principe dovette fare immediatamente i conti con la realtà. Dopo essere atterrato a Heathrow, proseguì verso la Scozia in treno con due guardie del corpo che l'avevano accompagnato dal Canada. Non appena arrivò alla stazione di Waverley a Edimburgo, incappò in tre fotografi che avevano ricevuto una soffiata sul suo itinerario. Nell'udire il rumore degli otturatori, fece una smorfia. «Dài, ragazzi, a cosa serve?» disse quando un paparazzo gli chiese di sorridere. Harry strinse i denti, allungando il passo fino alla Range Rover che lo stava aspettando. Era esattamente il genere di accoglienza che aveva previsto.

Si trovava a Edimburgo per Travalyst, che aveva lanciato l'estate precedente con colossi del settore come Tripadvisor, Visa, Booking.com e Skyscanner. Ora avrebbe portato l'ambizioso progetto alla fase successiva durante un vertice operativo, dove intendeva illustrare un nuovo sistema di punteggio online non solo per mostrare ai turisti quanto fossero green i loro viaggi, ma anche per insegnare loro ad avere un impatto positivo sulle destinazioni di cui erano ospiti. L'ispirazione gli era venuta dai numerosi viaggi in Botswana. Per la precisione, ha detto agli autori di questo libro, ogni volta che tornava in quel paese africano la sua esperienza di turista migliorava, ma la comunità che gli permetteva di viverla restava sempre la stessa. «Mi ha sorpreso vedere che i residenti ricevevano pochissimo denaro» ha affermato. «Ci sono queste grandi aziende che traggono vantaggio dal turismo, ma spesso non si può dire la medesima cosa degli abitanti di quelle aree. I guadagni devono tornare in misura adeguata alle comunità che accolgono i viaggiatori.»

Il giorno dopo Harry salì sicuro di sé sul palco per rivolgersi a cento rappresentanti del settore turistico e dei viaggi in Scozia. Gli aiutanti di Palazzo e la consueta folla di fotografi accreditati che lo aspettava fuori per immortalarlo mentre entrava erano spariti. Al suo fianco c'erano solo due collaboratori: James Holt, che ha continuato a lavorare per lui a titolo privato, e Heather Wong, la sua ex vicesegretaria personale, ora assegnata al progetto Travalyst. «È bello tornare al lavoro» osservò il principe. «È questo che conta.»

(Nelle settimane seguenti Harry decise di aggiungere all'iniziativa un'altra area di interesse in risposta alla pandemia di coronavirus. Dato che tutto il mondo aveva smesso di viaggiare, spiegò durante una riunione, i viaggi del futuro avrebbero subìto un «cambiamento radicale». Voleva che Travalyst – ora un'iniziativa no-profit indipendente dalla monarchia – contribuisse alla ripresa globale e spingesse i consumatori a sostenere le comunità più bisognose quando avessero ricominciato a viaggiare per il mondo. «Abbiamo l'opportunità di cambiare le cose in meglio» affermò.)

Oltre a suggellare un nuovo successo, la Scozia dimostrò che, pur avendo perso molte cose, Harry aveva ancora tanto da offrire. La sua eredità stava prendendo forma lontano dalla famiglia reale. Rientrando al Frogmore Cottage, tuttavia, il principe non percepì lo stesso calore che l'aveva circondato nei primi mesi in cui aveva vissuto lì con Meghan e Archie. La casa, seppur ancora piena dei loro averi, era vuota e fredda. Il giardino rigoglioso intorno alla proprietà si mostrava ancora nella sua veste invernale, senza il minimo segno della primavera imminente. «Sono cambiate parecchie cose dall'ultima volta che siamo stati qui» disse Harry a un amico.

Benché dedicasse gran parte delle giornate alle riunioni con lo staff di corte per definire gli ultimi dettagli, trovò ugualmente il tempo per la sua famiglia. Non parlava con suo fratello dal summit di Sandringham, ma chiacchierava spesso al telefono con suo padre, il cui segretario privato Clive Alderton continuava a supervisionare la fase finale della transizione dei Sussex. Il confine tra famiglia e monarchia era più labile che mai, ma i ruoli diventarono perfettamente chiari quando la regina invitò Harry a pranzo domenica 1° marzo. Anche se l'incontro precedente era stato più formale, quel giorno ci sarebbero stati solo loro due. «Niente titoli» spiega un aiutante di Palazzo. «Soltanto nonna e nipote.»

Quando il principe si sedette nella sala da pranzo nell'appartamento della sovrana al castello di Windsor, ebbe la sensazione di essere tornato indietro nel tempo. Durante i periodi più bui era stato spesso impaziente di trascorrere qualche ora con sua nonna, a prescindere che l'occasione fosse un tè o un pasto. Nonostante la curiosa dinamica della sua famiglia, che molti osservatori esterni faticano a comprendere, avrebbe sempre voluto bene alla regina Elisabetta. Benché avesse perso il rispetto per alcuni aspetti della monarchia, e a tratti persino per certi membri della Royal Family, la regina era ancora una delle donne più importanti della sua vita. Mentre si apprestavano a mangiare, Sua Maestà precisò che avrebbe sempre appoggiato ogni sua decisione. Anche se all'inizio del 2019 gli avevano concesso un periodo di prova di un anno, la regina gli ricordò che lui e Meghan sarebbero sempre stati i benvenuti, se mai avessero voluto riprendere i loro ruoli.

«È emerso molto chiaramente che possono tornare in qualunque momento, quando saranno pronti» dice una fonte coinvolta nelle negoziazioni.

Due giorni dopo Harry si ricongiunse con Meghan (Archie era rimasto a Vancouver con la tata e con Jessica, che era volata sull'isola da Toronto per dare una mano). Quel pomeriggio la coppia portò fuori a pranzo le quindici persone del proprio team di Buckingham Palace. La location fu il Goring Hotel a Londra, uno dei preferiti della regina, dove, a quanto si dice, si mangia il miglior filetto alla Wellington della città. Fu una delle ultime volte che la coppia passò del tempo con tutti gli assistenti privati e gli addetti alle comunicazioni riuniti nella stessa stanza. Benché i duchi fossero riconoscenti per il sostegno che avevano ricevuto da quel gruppo devoto, il trasferimento all'estero e la rinuncia al Sovereign Grant avrebbero impedito loro di continuare a collaborare con il team. A turno, Harry e Meghan ringraziarono tutti per l'impegno, profuso soprattutto in quello che la duchessa definì un «periodo duro e difficile».

La sera successiva parteciparono al gala degli Endeavour Fund Awards, che furono l'ennesima dimostrazione spettacolare della loro capacità di attirare l'attenzione del mondo. Qualche ora prima Daniel Martin (che, mentre progettava il make-up di Meghan per tutta la settimana, aveva scherzato dicendo: «Uscirai di scena con il botto!») aveva truccato la duchessa e George Northwood l'aveva pettinata.

L'evento si celebra tutti gli anni in onore dei soldati e dei veterani feriti, disabili o malati che desiderano sfruttare lo sport e le sfide avventurose ai fini del recupero fisico e della riabilitazione. Le foto dei Sussex che arrivano sorridendo sotto l'ombrello diventarono virali in tutto il mondo. La pioggia scintillante nell'inquadratura fu una pura coincidenza, ma la camminata disinvolta verso la Mansion House e il vestito midi blu di Meghan, disegnato da Victoria Beckham, erano frutto di un'accurata progettazione. Se fuori tutti gli occhi erano puntati sui Sussex, dentro l'attenzione si concentrò totalmente sui veterani, che a turno elogiarono il duca, o «Captain Wales», come è conosciuto negli ambienti militari. La volontà di sostenere i soldati e le soldatesse fece sì che si impegnasse ad aiutarli anche nella sua nuova vita di membro non attivo della famiglia reale, tanto nel Regno Unito quanto in Nordamerica. Il primo compito? Unire il lavoro di due delle sue creazioni, l'Endeavour Fund e gli Invictus Games. «Tiene molto a queste cause» racconta un amico. «Ha perso le onorificenze, ma ciò non fa vacillare il suo supporto.»

Il costante impegno di Harry verso la comunità militare è il motivo per cui, tre giorni dopo, il Mountbatten Festival of Music fu un momento particolarmente difficile: il principe avrebbe indossato per l'ultimissima volta l'uniforme da capitano generale dei Royal Marines. Quando arrivò, durante una conversazione dietro le quinte, disse al maggior generale Matthew Holmes: «L'idea di dovermi ritirare mi distrugge».

«Non era affatto necessario» avrebbe detto in seguito Meghan a un'amica, riferendosi alla decisione di privare il principe delle nomine militari. «E non è una perdita solo per lui, ma anche per l'intera comunità dei veterani. È evidente che anche loro tengono molto a lui. Perché, dunque? Purtroppo i poteri [della monarchia] sono più grandi dei miei.»

La serata fu un toccante omaggio alle forze armate britanniche, ma anche l'occasione per ringraziare l'amatissimo principe per i suoi contributi al mondo militare. Come di solito accadeva alla fine della premiazione, gli ospiti della Royal Albert Hall si alzarono per una *standing ovation* quando Harry e Meghan si affacciarono dal palco reale. Di fronte a quell'addio entusiastico e a quell'innegabile manifestazione di affetto, la coppia si sforzò di frenare le lacrime mentre si teneva per mano.

Nei giorni seguenti i Sussex fecero altre apparizioni

pubbliche e private. L'arrivo a sorpresa di Meghan mandò in visibilio i bambini di una scuola di East London dove, nella Giornata internazionale della donna, la duchessa prese parte a un'assemblea per parlare del ruolo che gli uomini svolgono nella responsabilizzazione femminile. E le ore passate da Harry agli Abbey Road Studios per guardare Jon Bon Jovi riregistrare la canzone *Unbroken* con l'Invictus Games Choir allo scopo di raccogliere fondi per l'Invictus Foundation furono divertenti e significative.

Naturalmente il principe presenziò anche a impegni reali più tradizionali, come l'inaugurazione dell'interattivo British Motor Museum con il campione di Formula 1 Lewis Hamilton («Non c'è nulla di meglio di aprire ufficialmente un edificio già aperto» scherzò il duca, perché il museo era entrato formalmente in funzione nell'ottobre del 2019).

L'8 marzo Harry volle assistere a una cerimonia in omaggio di un marine reale morto in Afghanistan tredici anni prima. Sarebbe stata presente anche la regina, che non vedeva Meghan dall'annuncio bomba dei Sussex. Harry la portò in auto dal Frogmore Cottage alla Royal Chapel of All Saints nel Windsor Great Park. La sovrana fu cordiale e affettuosa con Meghan, trattandola come una nipote e non come una disertrice. La funzione era in onore di Ben Reddy, ucciso a ventidue anni quando la K Company del 42° commando si ritrovò sotto il fuoco dei militanti nell'instabile provincia dell'Helmand il 6 marzo 2007. Durante l'evento, a cui Harry sfoggiò la cravatta del Royal Marines Corps, fu inaugurata una targa in sua memoria. Per il principe, Ben non era un semplice commilitone. Suo padre era stato anche il giardiniere della regina per diversi anni.

Meghan apparve molto emozionata il giorno dopo, al suo ultimo impegno privato: un incontro con i ventidue studenti che avevano ricevuto una borsa di studio dall'Association of Commonwealth Universities. La duchessa, subentrata alla regina Elisabetta come madrina reale dell'ACU nel 2019, promise di continuare a dare priorità all'organizzazione anche dopo il suo ritiro ufficiale dalla monarchia, soprattutto dato il suo ruolo di vicepresidentessa del Queen's Commonwealth Trust ed ex beneficiaria di una borsa di studio.

L'evento si svolse nella Room 1844 di Buckingham Palace, considerata uno degli spazi più importanti tra i 775 locali della residenza reale. È un ambiente ricco di storia, dove la regina e la Royal Family ricevono spesso i visitatori più illustri, dagli Obama al presidente cinese Xi Jinping, ad Angelina Jolie. Anche l'annuale discorso natalizio della sovrana viene filmato lì.

Benché fosse una giornata difficile, Meghan fece in modo di dedicare la giusta attenzione a ogni studente che conobbe. Da un lato della stanza, Joanna Newman, la segretaria generale dell'ACU, osservò orgogliosamente la scena. Avendo conosciuto la duchessa durante numerosi impegni e riunioni dell'organizzazione, era contenta all'idea che il rapporto proseguisse anche in futuro, consapevole del fascino di Meghan. «I giornali non si sono soffermati su cosa indossasse la nostra madrina, sull'ora di inizio e di fine dell'impegno ufficiale o sulla tazza di tè che eventualmente abbiamo bevuto nel mezzo» dichiara Joanna. «Piuttosto, hanno spiegato perché facciamo quello che facciamo e perché l'ACU esiste. Meghan è una vera paladina del lavoro svolto dalle università.»

Dopo la riunione era ora di andare al Commonwealth

Service nell'abbazia di Westminster. Fu allora che Harry entrò silenziosamente nella Room 1844 per un saluto, e finalmente la realtà e le emozioni presero il sopravvento. Meghan si voltò per abbracciare le ultime persone rimaste, tra cui uno degli autori di questo libro.

Con la sala di rappresentanza quasi vuota se non per qualche viso familiare, le lacrime che la duchessa aveva trattenuto cominciarono a scorrere liberamente. Meghan strinse tra le braccia alcuni membri devoti del suo team, i cui sforzi instancabili – finalizzati a promuovere il lavoro dei Sussex, a lanciare progetti importanti e a gestire le crisi pressoché quotidiane causate dai tabloid – avevano subìto una brusca battuta d'arresto. «Non posso credere che sia finita» disse abbracciando una giovane aiutante di Palazzo a cui si era affezionata. Anche se il team Sussex era una struttura molto più piccola dei sofisticati uffici di Clarence House e Kensington Palace, nel breve periodo di un anno dalla sua creazione i membri erano diventati come una famiglia.

Alla fine dell'evento Harry raggiunse Meghan e la prese tra le braccia prima di correre a cambiarsi per il Commonwealth Service. «L'ultimo incarico per un po' di tempo, gente!» disse la duchessa sorridendo, dopo essersi asciugata le lacrime.

Il breve viaggio in auto fino all'abbazia di Westminster portò i Sussex al loro ultimo impegno condiviso come *senior working royals*. Se mai avessero avuto bisogno di una conferma del fatto che abbandonare la monarchia fosse la scelta giusta, le macchinazioni che avevano preceduto il Commonwealth Service furono un utile promemoria. Quantunque negli anni precedenti il duca e la duchessa avevano sempre preso parte al corteo di *senior royals* che entravano in chiesa con la regina, in quell'occasione scoprirono di essere stati esclusi. La decisione era stata presa senza consultarli, ed erano stati informati solo dopo la stampa dell'assenza dei loro nomi sugli oltre duemila programmi della cerimonia che sarebbero stati distribuiti agli ospiti, con la vistosa assenza dei loro nomi. Quell'anno a varcare la soglia dell'abbazia con Elisabetta sarebbero stati soltanto il duca e la duchessa di Cambridge, il principe di Galles e la duchessa di Cornovaglia. Sembrava fatto a bella posta. «Harry ci è rimasto molto male» ricorda un amico. «Ha protestato, ma ormai il danno era fatto.»

Nel tentativo di appianare le cose, i Cambridge accettarono di prendere posto contemporaneamente ai Sussex, al principe Edoardo e a Sophie. Ma, a giudicare dall'espressione, William e Kate parevano tutt'altro che contenti. Benché Harry e Meghan li avessero salutati entrambi con un sorriso, i Cambridge si mostrarono freddi. Era la prima volta che le due coppie si vedevano da gennaio. «Harry» disse William con un cenno del capo, ignorando Meghan. Nei minuti precedenti l'arrivo della regina, William e Kate rimasero seduti dando le spalle ai Sussex, girandosi soltanto per chiacchierare con Edoardo e Sophie, che si erano accomodati dietro di loro, accanto a Harry e Meghan. Anche se Meghan provò a intercettare lo sguardo di Kate, l'altra non la degnò di un'occhiata.

Pur essendo migliorati leggermente dopo la nascita di Archie, i rapporti tra le due coppie erano tornati a deteriorarsi a gennaio, quando la famiglia aveva negoziato i nuovi ruoli di Meghan e Harry. William, spiega una fonte di Kensington Palace, se l'era presa perché i Sussex avevano reso pubbliche le questioni private della famiglia. «Non era rabbia» aggiunge la fonte. «Era delusione.»

«Era l'unico momento pubblico durante il quale la Royal Family avrebbe potuto mettere il braccio intorno alle spalle dei Sussex per dimostrare loro il suo sostegno» dice una fonte vicina a Harry e Meghan. «Invece ha scelto volutamente di non inserirli nel corteo e di essere ostile. È stato molto sgradevole.» Un portavoce di Buckingham Palace scrollò le spalle quando gli segnalarono la modifica al corteo, dicendo che non c'era «un formato prestabilito» per l'evento.

Dopo la funzione Meghan prese un aereo per il Canada. Aveva prenotato il primo volo utile per tornare da Archie. «Meg voleva soltanto andare a casa» riferisce un'amica, osservando che la duchessa era ferita ed esausta sul piano emotivo. «Ormai non riusciva più a immaginare di voler rimettere piede nel mondo dei reali.»

Harry si fermò nel Regno Unito per altri tre giorni, per partecipare alle ultime riunioni sul loro abbandono dei doveri reali e ai colloqui con il suo nuovo team, tra cui James e Heather. Ma non ebbe ulteriori contatti con il fratello o la cognata. «Ci vorrà tempo per ricostruire il rapporto» sostiene un amico. «Hanno una visione diversa delle cose, un approccio differente all'esperienza che hanno vissuto negli ultimi anni. William dovrà superare il fatto che suo fratello abbia lasciato la monarchia. Ciascuno dei due è frustrato per il comportamento dell'altro ma, come ha detto Harry, in fin dei conti il legame tra fratelli è molto più forte di qualunque altra cosa.»

Una volta tornati sull'isola di Vancouver, i Sussex ebbero finalmente la sensazione di poter riprendere fiato. All'inizio si erano sentiti in dovere di preparare subito un annuncio per il giorno successivo all'abbandono ufficiale della monarchia, il 31 marzo 2020, «ma si sono resi conto di aver bisogno di rallentare» dichiara un amico. «Si sono presi un po' di tempo, sentendosi subito più sereni e rilassati.» In quel momento dedicarsi ad Archie era più importante che affannarsi per dare il via a una nuova vita. Sebbene Harry avesse confidato agli amici di non essersi ancora scrollato totalmente di dosso il peso degli ultimi mesi, rientrare in Canada, lontano dal trambusto in patria, fu una bella sensazione.

Mentre si reimmergevano nel verde di Mille Fleurs – la fresca aria primaverile fu un toccasana dopo il ritmo frenetico degli ultimi giorni a Londra –, Harry e Meghan conclusero entrambi di dover affrontare un giorno alla volta. Ma per quanto volessero continuare a vivere in quell'idillio, la pandemia di coronavirus che ormai stava dilagando ovunque nel mondo, imponendo la probabile chiusura dei confini per diversi mesi, li costrinse ad accelerare i progetti per il trasferimento in California durante l'estate. Parlavano di spostarsi negli USA da quando avevano cominciato a pianificare la loro vita lontano dal Regno Unito, il che spiega perché avevano usato la prudente espressione "Nordamerica" nelle dichiarazioni riguardo al loro avvenire, riservandosi la facoltà di traslocare al momento giusto.

Con la chiusura imminente delle frontiere, decisero di anticipare il trasferimento in California. Se non avessero potuto viaggiare nell'immediato futuro, la cosa migliore era spostarsi nella loro sede definitiva, vicino a Doria.

Avendo così tante cose da organizzare, si imposero una ferrea tabella di marcia. Dopo aver passato qualche ora insieme e con Archie, iniziavano le giornate contattando lo staff nel Regno Unito, in particolare James e Heather. I briefing in videochiamata alle dieci del mattino (i duchi amano vedere con chi stanno parlando) erano di rigore. Spesso i collaboratori gioivano quando Archie, spinto dalla curiosità, faceva una fugace apparizione sullo schermo, infilando la testolina nell'inquadratura della webcam. L'acquisto più recente del team era Catherine St Laurent, capo dello staff e direttrice esecutiva della no-profit. Nata a Montréal e forte delle esperienze professionali maturate a Bruxelles e a Londra, era stata per diversi anni la responsabile delle comunicazioni della Bill & Melinda Gates Foundation, prima di gettare le basi per la Pivotal Ventures, la società di investimento e incubazione aziendale di Melinda. «Sono felice e onorata di poter contribuire a realizzare la loro visione mentre intraprendono questo viaggio di istruzione e ascolto, ispirando tutti noi ad agire» disse.

Un altro pilastro della loro nuova realtà lavorativa era Keleigh Thomas Morgan, cara amica di Meghan e socia della Sunshine Sachs, che aveva rappresentato l'ex attrice per due anni finché non si era sposata con Harry. Molto stimata nel settore delle pubbliche relazioni, Keleigh era più famosa per aver lanciato Time's Up[11] nel 2018 e rappresentato Jennifer Lopez, ma aveva partecipato con discrezione anche alla promozione del numero di *Vogue* di cui Meghan era stata *guest editor* e al progetto Travalyst di Harry.

I tabloid britannici avevano cercato di screditare l'agenzia, affermando che in precedenza aveva rappresentato

[11] Time's Up (Tempo scaduto): movimento e fondo a difesa delle vittime di molestie sessuali sul posto di lavoro, fondato in seguito allo scandalo Weinstein da un gruppo di donne appartenenti all'industria dello spettacolo statunitense. *(N.d.R.)*

Michael Jackson e Harvey Weinstein, ma le accuse erano infondate. Invece l'azienda, che ha sede a New York, è formata perlopiù da PR esperti di politica e sostenitori delle cause umanitarie. «È stato questo ad attirare i Sussex» spiega una fonte.

A mano a mano che la pandemia si aggravava in tutto il mondo, Harry e Meghan, che avevano già spedito quasi tutti i loro averi, partirono per Los Angeles il 14 marzo. Si stabilirono in una grande villa in stile mediterraneo in un complesso residenziale privato, famosa tra i personaggi dello spettacolo. Non era una sistemazione permanente (desideravano entrambi trovare qualcosa di più piccolo e magari più vicino al mare), ma per il momento era una soluzione perfetta. Mentre la coppia si abituava alla nuova vita, per esempio osservando Archie che prendeva dimestichezza con la piscina, ebbe il tempo di riflettere sulla strada che aveva percorso fino ad allora e sulla direzione da imboccare in futuro.

Per quanto quel nuovo capitolo della loro vita fosse entusiasmante, Harry e Meghan non si illudevano che le cose sarebbero state facili, né sul piano personale né su quello globale. I due ambiti si fusero nel pomeriggio del 24 marzo, quando arrivò una telefonata dal Palazzo: Carlo era risultato positivo al coronavirus e sarebbe dovuto restare in isolamento. Era una notizia che Harry aveva temuto di ricevere. Suo padre, che all'epoca aveva settantun anni e dunque era più a rischio di complicazioni, aveva presenziato agli impegni pubblici fino a un paio di settimane prima. Benché, secondo i medici, il principe di Galles fosse «di buon umore» e mostrasse sintomi lievi, Harry era preoccupato. Chiamò immediatamente Carlo a Birkhall, la residenza scozzese dove si trovava in quarantena, continuando a telefonargli finché non si fu ripreso. Contattò regolarmente anche Camilla, che si era messa in isolamento per precauzione. Prima che la regina comparisse in TV per il discorso alla nazione sul virus, Harry chiamò anche lei per augurarle buona fortuna.

Nonostante la pandemia che imperversava nel mondo, i tabloid non diedero pace ai Sussex. La coppia era ancora alle prese con le cause legali contro tre giornali britannici – procedimenti da cui continuano a emergere risvolti sconcertanti – quando, il 10 marzo, *The Sun* rivelò che Harry era stato vittima di uno scherzo telefonico da parte di due comici russi che si erano spacciati per Greta Thunberg e suo padre. In due chiamate registrate a dicembre e a gennaio il principe aveva parlato senza remore delle tensioni con la Royal Family. «Siamo totalmente isolati dalla maggior parte della mia famiglia» aveva dichiarato. Quando gli avevano chiesto dell'amicizia del principe Andrea con Jeffrey Epstein, aveva risposto: «Non ho nulla da dire sulla questione» (i Sussex hanno sempre evitato l'argomento, preferendo tenere per sé la loro opinione). Harry, tuttavia, non si era trattenuto quando era stato invitato a esprimere un parere su Donald Trump. «Il semplice fatto che stia promuovendo l'industria del carbone in America indica che ha le mani sporche di sangue.» Anche se, qualora ne avesse avuta la possibilità, non avrebbe esitato a condividere il contenuto delle telefonate, essere il bersaglio di una burla fu umiliante per il principe, che si infuriò quando scoprì che il tabloid aveva pagato profumatamente per avere accesso esclusivo agli audio.

Forse la fuga di notizie fu la ragione per cui Trump, famoso per la sua permalosità, non nascose i suoi sentimenti verso la coppia quando si addentrò nel dibattito sui costi per la loro sicurezza come membri non attivi della famiglia reale. Il tema era stato al centro di numerosi articoli nel Regno Unito, con il pubblico britannico in gran parte arrabbiato all'idea che forse i Sussex avrebbero continuato a usare i soldi dei contribuenti, seppur per proteggere la propria incolumità personale. «Sono un grande amico e ammiratore della regina» twittò Trump il 29 marzo. «Ora che [il duca e la duchessa] hanno lasciato il Canada per gli Stati Uniti, però, gli Stati Uniti non sosterranno le spese per la loro protezione. Devono pagarle di tasca propria!»

Meghan reagì alzando gli occhi al cielo. I Sussex non avevano mai chiesto aiuto al governo americano e avevano sempre avuto intenzione di provvedere personalmente alla propria sicurezza dopo il 30 marzo. Si affrettarono a rispondere con un comunicato. «Sono stati presi accordi finanziati privatamente» dichiarò un portavoce. La libertà di mettere a tacere le notizie false era magnifica, ed entrambi furono felici di approfittarne.

Libertà. Una parola che si poteva applicare a svariati aspetti della loro nuova vita, tanto personale quanto professionale. Spinti dal desiderio di cambiare il mondo, volevano dedicarsi a progetti che unissero i loro punti di forza per risolvere i problemi. Da quando avevano cominciato a parlare di creare un'organizzazione benefica, sapevano che l'America sarebbe stata al centro dell'iniziativa. Offriva un panorama filantropico ancora più vasto e avrebbe stroncato sul nascere eventuali accuse di concorrenza ai membri della famiglia reale nel Regno Unito. In principio, dopo essersi sganciati da Kensington Palace nell'aprile del 2019, pensarono di dar vita alla Sussex Royal Foundation, una sorta di copia carbone della Royal Foundation. «Si sono sentiti in dovere di creare immediatamente una fondazione tutta loro» dice una fonte a conoscenza dei loro piani. «Ma nei mesi seguenti, più parlavano con le persone – compresi i funzionari delle fondazioni degli Obama e dei Gates –, più capivano quali fossero le loro motivazioni, e più si rendevano conto di non voler passare tutto il tempo a raccogliere fondi per sovvenzioni di cui altri enti si occupavano già in modo così egregio.» Alla fine di novembre del 2019 interruppero il lavoro sulla fondazione e all'inizio dell'anno nuovo ricominciarono da capo con una no-profit, nella speranza che sarebbe diventata una costante del loro futuro.

Il nome dell'organizzazione ronzava loro in testa da quando si erano sposati: Archewell. «Prima di Sussex Royal ci è venuta l'idea di *archè,* la parola greca che significa "fonte d'azione"» spiegano. «Abbiamo collegato questo concetto all'ente benefico che speravamo di costruire un giorno.» Il termine greco fu anche l'ispirazione per qualcos'altro: il nome del loro bambino.

Anche se forse non saranno mai più membri attivi della famiglia reale, Harry e Meghan non rinunceranno mai ai loro ideali e princìpi originali. Il principe sarà sempre interessato a proteggere l'ambiente e sostenere i veterani e coloro che soffrono di HIV e di disturbi mentali. Per Meghan, l'obiettivo fondamentale resta la responsabilizzazione delle donne e delle bambine di tutto il pianeta. «Vogliono che la loro eredità sia moderna e significativa per una nuova generazione» aggiunge la fonte. «Un lavoro che non replichi le iniziative altrui e che superi la prova del tempo.» E sono disposti ad aspettare per raggiungere tale traguardo. Pur ammettendo di essere entrambi impulsivi di tanto in tanto, sono entrati in una fase di riflessione e lanceranno Archewell solo «al momento giusto».

Curiosi e aperti alle nuove idee, Harry e Meghan vogliono esplorare le innovazioni tecnologiche. È questa la ragione della loro visita privata a Palo Alto a gennaio, quando hanno preso parte con discrezione a una seduta di brainstorming con i docenti della Graduate School of Business e del Center for Social Innovation all'Università di Stanford. Si sono fatti consigliare da esperti di ogni campo, compresi gli Obama, che hanno aiutato il loro team e suggerito loro nuovi collaboratori. Soprattutto, i Sussex desiderano continuare a fare ciò che si sono sempre riproposti di fare: responsabilizzare gli altri. «Esaltare e valorizzare le persone, spingendole a riconoscere il loro ruolo sia nel mondo sia nella comunità a cui appartengono» dice una fonte vicina a Meghan.

Il 30 marzo Buckingham Palace riferì alla stampa gli ultimi dettagli sul futuro della coppia dopo la transizione. Fu l'ultimo incarico per Sara Latham, che aveva aiutato a chiudere l'ufficio dei Sussex e accettato un nuovo lavoro come consulente della regina per i progetti speciali, riferendo al suo segretario privato. Dal 1° aprile Harry e Meghan sarebbero stati ufficialmente indipendenti.

Di lì a poco, il duca e la duchessa pubblicarono l'ultimo post su @SussexRoyal. Anche se avrebbero voluto continuare a usare l'account, i funzionari di corte chiarirono che era un profilo reale e che avrebbero dovuto aprirne uno tutto loro. Consapevole della crisi planetaria in corso, la coppia commentò: «Mentre tutti cerchiamo di orientarci in questo sconvolgimento globale che ha stravolto le nostre abitudini, noi ci concentreremo su questo nuovo capitolo della nostra vita per capire come contribuire al meglio.

Anche se forse non ci vedrete più qui, il nostro lavoro continua. Grazie a questa comunità per il sostegno, l'ispirazione e l'impegno collettivo per il bene nel mondo. Non vediamo l'ora di riprendere i contatti con voi. Siete stati meravigliosi!».

NOTA DEGLI AUTORI

Questo libro, che riferisce eventi accaduti tra il 2016 e il 2020, si basa sul materiale raccolto in oltre due anni. I fatti descritti in queste pagine attingono a centinaia di ore di conversazioni e interviste con più di cento fonti, oltre al tempo che abbiamo passato personalmente ad accompagnare e osservare il duca e la duchessa di Sussex e a interagire con loro durante impegni formali e non. Li abbiamo seguiti in numerosi viaggi in Gran Bretagna e all'estero. Il nostro lavoro di corrispondenti reali ci ha condotti in tutto il mondo: Australia, Nuova Zelanda, isole Figi, Tonga, diversi paesi dell'Africa, Francia, Canada, New York e Los Angeles. Abbiamo parlato con cari amici di Harry e Meghan, aiutanti di Palazzo e membri del personale di corte (passati e presenti), interpellando anche gli enti e le organizzazioni benefiche con cui la coppia ha instaurato rapporti di lunga data e, quando appropriato, i duchi stessi.

In svariati casi abbiamo garantito l'anonimato delle fonti perché fossero libere di rilasciare dichiarazioni spontanee senza temere di essere identificate (vuoi per la delicatezza dei loro ruoli, vuoi per proteggere il loro posto di lavoro). Molti hanno parlato con noi in modalità *on-background*, cioè autorizzandoci a usare le informazioni ma senza virgolettati. In alcune occasioni, le conversazioni si sono svolte strettamente *off-the-record*, ossia con la possibilità di riportare le notizie acquisite, ma attribuendole a una fonte generica.

Abbiamo assistito personalmente ad alcune delle scene presentate in questo libro, mentre per altre ci siamo affidati alla coerenza delle descrizioni fornite dalle fonti a cui abbiamo avuto accesso e che abbiamo giudicato attendibili. I dialoghi riportati in questo volume sono tratti direttamente dai resoconti di diverse persone che hanno confermato le stesse informazioni. Si tratta di versioni che entrambi riteniamo veritiere.

Essendo due reporter obiettivi e sinceri, che lavorano in un'epoca di notizie veloci e giornalismo acchiappaclic, abbiamo continuato a rispettare rigorosi criteri di verifica, citando soltanto dettagli che avessero almeno due fonti. Nei casi in cui persone di schieramenti differenti erano in disaccordo sulla descrizione di un certo evento, abbiamo riportato entrambe le versioni.

Lo scopo di questo libro è presentare i veri Harry e Meghan, una coppia che spesso è stata bersaglio di maldicenze e vittima di persone animate da secondi fini. La nostra missione nasce dal desiderio di smentire le notizie fuorvianti, diventate vangelo semplicemente per il numero di volte che sono state ripetute. Grazie alla collaborazione delle fonti citate in queste pagine siamo riusciti a dipingere quella che, a nostro avviso, è la vera immagine del duca e della duchessa di Sussex. Saremo eternamente grati a tutti coloro che hanno permesso a questo libro di vedere la luce e alla storia di Harry e Meghan di prendere vita.

RINGRAZIAMENTI

(da Omid)

Come potrei iniziare senza ringraziare l'incredibile team di Dey Street e HarperCollins? Avete trasformato questo splendido progetto in realtà durante un momento particolarmente difficile per il mondo. Peter Kispert, Ben Steinberg, Heidi Richter, Kendra Newton, Kelly Rudolph, Ploy Siripant (adoro la tua copertina!), Andrea Molitor, Pam Barricklow, Carolyn Bodkin, Andy LeCount e Christine Edwards: sono un uomo fortunato ad avere una squadra così competente, guidata dalla forte impronta editoriale di Carrie Thornton. Carrie, è stato un piacere imparare da te. Naturalmente, nulla di tutto ciò sarebbe stato possibile senza Liate Stehlik.

Albert Lee, dopo tutti questi anni sono molto contento di aver potuto lavorare di nuovo insieme. Grazie per avermi sempre dato i consigli giusti e aiutato a superare ogni ostacolo. Quegli speciali sono stati solo l'inizio! Zander Kim e David Wiener dell'UTA, vi sono riconoscente per la disponibilità. Rebecca Paley, grazie per avermi spinto a trovare la mia voce. Ho appreso moltissimo da te e non vedo l'ora di portarti a bere un tè con *crumpets*! E Reena Ratan, grazie per il sostegno e le impeccabili ricerche fotografiche.

Carolyn, ce l'abbiamo fatta! Sono felicissimo che siamo riusciti a pubblicare *Harry e Meghan. Libertà* insieme.

Grazie a tutte le persone che hanno contribuito alla realizzazione di questo progetto, sia togliendo tempo ai loro impegni per incontrarmi di persona sia rispondendo alla mia cinquantesima e-mail che iniziava con «Scusa, un'ultima domanda». È stato un viaggio incredibile! Vorrei potervi menzionare tutti, ma per tutelare l'anonimato devo limitarmi a dire che queste storie hanno preso vita solo per merito vostro. Spero, un giorno, di potervi restituire il favore.

Grazie ai miei colleghi, che mi hanno sostenuto mentre mi barcamenavo tra questo incarico e gli altri di cui ho la fortuna di occuparmi. Un ringraziamento va anche agli straordinari team di ABC News, *Good Morning America* e ABC Audio, che hanno reso il mio lavoro così divertente. Prometto di portare sempre Yoshi con me. Alla mia famiglia di *Harper's Bazaar*, con cui sono molto orgoglioso di collaborare, grazie per avermi aiutato a conservare la salute mentale con i vostri meme. E a tutti coloro che leggono, guardano o ascoltano i miei testi, grazie per l'incoraggiamento instancabile, che mi ripaga delle lunghe ore di lavoro.

Naturalmente devo ringraziare i miei fantastici amici per la pazienza e la comprensione dimostrate quando ero in preda a emozioni di ogni tipo mentre scrivevo queste pagine. Vi farà piacere sapere che non mi sentirete più parlare del *libro*!

E infine grazie alla mia magnifica famiglia per avermi sempre sostenuto e aver creduto in me. Vi voglio un mondo di bene.

RINGRAZIAMENTI

(da Carolyn)

Grazie mille a Liate Stehlik di HarperCollins e a Carrie Thornton di Dey Street Books per aver creduto in questo progetto, per la vostra lungimiranza, i suggerimenti e la scelta di un team favoloso. Carrie, siamo stati molto fortunati a trovare un'editor tanto competente ed esperta.

Albert Lee, il tuo sostegno incrollabile, il tuo entusiasmo e la tua conoscenza del mondo editoriale si sono rivelati inestimabili dal primo all'ultimo momento. Un ringraziamento anche a Rebecca Paley per la creatività e la passione con cui ha dato vita a questo libro. Nulla di tutto ciò sarebbe stato possibile senza l'incredibile redazione di HarperCollins e Dey Street Books – tra cui Andrea Molitor, Peter Kispert, Heidi Richter, Kendra Newton, Kelly Rudolph, Ploy Siripant, Pam Barricklow, Andy LeCount, Christine Edwards, Beth Silfin, Arthur Heard, Carolyn Bodkin – e senza David Wiener, Steve Sadicario e Zander Kim dell'UTA. Un ringraziamento speciale a tutti coloro che hanno accettato di parlare *on-background*, mettendo generosamente a disposizione il loro tempo. Talvolta sono stati così disponibili da sopportarmi anche quando sono tornata alla carica con nuove domande o richieste di chiarimenti per raccontare la vera storia di Harry e Meghan.

Grazie a Brenda Rodriguez per aver avuto fiducia in me. Peter Hunt, Laura Day, Michael Hager, Mark Miller, Miguel Marquez, Michelle Dodd, Julie Bick, John Green, Santina Leuci, Alexa Miranda, Marc Eisenberg, sono molto fortunata ad avervi nella mia vita.

Omid, sono felice di essere riuscita a creare con te qualcosa di tanto importante per entrambi.

Phyllis McGrady, sono convinta che niente di tutto questo sarebbe accaduto se non mi avessi mandata a fare quell'incredibile viaggio a Londra diciotto anni fa. Sei stata una mentore fantastica e ti sono grata per la tua solida amicizia. Mark Robertson, non smetti mai di stupirmi. Grazie per la gentilezza e il sostegno.

Anne Morris Salinas, per quanto gli ostacoli sembrassero insormontabili, sei sempre stata pronta a incoraggiarmi. Senza di te non avrei osato imbarcarmi in questa impresa. David e Victoria Wright, grazie per esserci sempre stati e per aver portato le vostre tre bambine nella mia vita. Moomer, Phinna e Deanna, per voi vale la pena fare qualunque sforzo. Karen Trosset, non ti ringrazierò mai abbastanza per il supporto e l'amicizia instancabili nei momenti belli e in quelli brutti. Anne Ferguson Foster, non sarò mai in grado di esprimere la mia gratitudine per la straordinaria generosità che tu e Dave mi avete dimostrato nell'ultimo anno.

INDICE

Questo volume è stato stampato nell'agosto 2020
presso Grafica Veneta, Trebaseleghe (PD)